ONETTI: OBRA Y CALCULADO INFORTUNIO

INSTITUTO DE INVESTIGACIONES FILOLÓGICAS

FERNANDO CURIEL

ONETTI: OBRA Y CALCULADO INFORTUNIO

UNIVERSIDAD NACIONAL AUTÓNOMA DE MÉXICO
México, 1980

Primera edición: 1980

Dirección General de Publicaciones

Impreso y hecho en México
ISBN 968-58-2788-5

CONTENIDO

PRIMERA PARTE

SEGUNDA PARTE

TERCERA PARTE

Para Hilda

Los valores románticos son esencialmente privados.

H. Levin

PRIMERA PARTE

I. PÁGINAS PRELIMINARES: UN FUERA DE LA LEY

a. La leyenda siniestra; b. El signo enterrado; c. La pequeña historia; d. La realidad novelesca; e. Los dos discursos.

a. *La leyenda siniestra*

Juan Carlos Onetti alias Johnny Dolter alias *Periquito el Aguador* alias H. C. Ramos. También J. C. Onetti, Juan C. Onetti o J. C. O. Montevideano dejado de la mano de Dios pero deidad de un culto subterráneo, fanático, cuyos textos sagrados llevan por título *El pozo; El astillero; Bienvenido, Bob; La vida breve; Los adioses; La cara de la desgracia;* etcétera. El mejor escritor que jamás ha tenido el Uruguay (Rodríguez Monegal). Creador de la Nueva Novela Latinoamericana (Vargas Llosa). Uno de los tres o cuatro novelistas mayores de América Latina (Gutiérrez). Hombre de cara aburrida (Brausen). Pesimista total (Luchting). Monstruo sagrado (Gilio). Padre mágico, sátiro espectral (Grande). Progenitor de una raza ficticia que se debate entre la infamia y la inmortalidad: "Juntacadáveres" Larsen, Díaz Grey, la *Lolita* estrangulada bajo la luna de otoño en *Villa Petrus,* Jorge Malabia, Moncha Insaurralde, Risso, Jacob van Oppen, etcétera. Cuentista y novelista, miembro inclasificable de la *Generación de* 39 o *Generación crítica,* porteño de palabra y hecho, expublicista, primer Secretario de Redacción del semanario *Marcha,* faulkneriano, arltiano. Fundador de *Santa María*: puerto ubicado en algún paraje del Río de la Plata, tierra de promisión de inmigrantes suizos y alemanes, infierno (a la postre) tan temido. Hincha de Carlos Gardel. Personaje de *La vida breve.* Hacedor de un universo textual, de un orden imaginario al que la crítica ha dispensado tan sólo y a deshora reseñas, glosas, solapas, prólogos, prefacios, escolios, introducciones, ensayos si penetrantes ocasionales, interrogatorios sin respuesta, capítulos de literatura oriental, homenajes y recopilaciones (y refundiciones de recopilaciones, homenajes, capítulos, interrogatorios, ensayos, introducciones, escolios, prefacios, prólogos, solapas, glosas y reseñas); salvadas, desde luego, las lógicas excepciones de ésta y toda regla.

Lo observo.

Observo detenidamente a Juan Carlos Onetti en tanto cruzo, rumbo al bar donde él da vueltas a un vaso semivacío, el restaurante del Hotel Montejo del Paseo de la Reforma. Último mito viviente de la narrativa de América Latina (o algo por el obvio estilo). Así lo había llamado yo en un editorial periodístico que consignaba y festinaba su arribo al país como jurado del premio de novela *México* (él, Onetti, contumaz y conspicuo perdedor de justas literarias, una historia de segundos lugares y piadosas menciones que incluía *El astillero* y comprendía los respectivos esplendores de Ciro Alegría y Mario Vargas Llosa).

Los rayos del sol caen a plomo sobre la terraza del hotel, como si intentaran fundir seres y cosas. Recién salido de su cuarto, de lo que éste retuvo de la noche, Onetti bebe en medio de una escenografía enemiga, diurna, del todo ajena a la de sus más populares retratos. Galería tremendista donde se asocian firmas de críticos, escritores, poetas e, incluso, la de un personaje onettiano: Juan María Brausen alias Juan María Arce. Esa misma mañana, antes de dirigirme a Reforma, hojeé el álbum:

> Él está ahí; jadea. Se oye el sonido grave, amarillo y ancho como el pito de un barco dentro de la niebla; una ballena enferma —diría O'Neill— quejándose en el patio del fondo; un gran crustáceo desmantelado, un caballo abatido, de ojos lentos, intimidado; algo tierno derrumbado en el tragaluz de una sucia casa de apartamentos; naufragado bajo el polvo triste que llovizna sobre las ciudades / A veces se repliega contra el fondo de bares turbios y pensiones, tiznándose la cara, el cuello y la corbata con el hollín de baldosas percudidas; a veces deambula calmosamente como una fiera acobardada dentro del invierno cuadrado de su jaula, donde las calles se repiten y todos los seres son Juan Carlos Onetti / Come su comida fría, fuma minuciosamente, bebe largo vino tinto sin buscar a nadie, como llorando al revés, hacia adentro, por lo que se escapa y pierde mientras el humo se disuelve entre las cuatro paredes de su pozo de aire /
>
> *Carlos Maggi*

> En la lenta llovizna, metido en un voluminoso abrigo, doblado bajo el peso de la ciudad, avanza, opaco, un sonámbulo en la noche insomne. Como la ciudad, lleva con fatiga la carga de los años. Es alto, enjunto, con mechones blancos en el pelo gris, ojos desvelados, labios torcidos en una mueca dolorosa, alta frente profesoral, las huellas de la renuncia y del desgano en su andar de oficinista envejecido / Parece huérfano, desocupado y ausente, males que padece desde siempre, por algún defecto de naturaleza / Lleva su cruz inclinando los hombros, como si purgara una culpa innonimada e imperdonable. Fuma, bebe y se tortura, y después queda tendido días enteros /
>
> *Luis Harss*

Se llamaba Onetti, no sonreía, usaba anteojos, dejaba adivinar que sólo podía ser simpático a mujeres fantasiosas o amigos íntimos / fumaba sin ansiedad, conversaba con una voz grave, invariable y perezosa.

J. M. Brausen

Etcétera, etcétera. ¿Encajaba el modelo real en estas imágenes de abatimientos, martirio, nocturnidad, angustia culposa, llanto seco, ruina física, ensimismado desdén? Lo irrefutable —pensé, acercándome al bar— era que ningún escritor hispanoamericano de las últimas tres décadas —antes, durante y después del *boom*— había conseguido nimbarse de un aura semejante. La leyenda oscura y semiclandestina de Juan Carlos Onetti o J. C. Onetti o Juan C. Onetti. Destello que destituía, suplantaba la simple y llana lectura de los textos.

El vaso debió contener whisky.

El escritor no está solo.

Acompáñalo su actual mujer, Dolly Muhr, violinista, ángel guardián, "ignorado perro de la dicha" al tenor de celebérrima dedicatoria. La pareja había llegado a México la víspera, procedente, vía París, de Madrid: el paraje nada porteño al que la empujó el naufragio de la República Oriental del Uruguay (hundimiento oportuna, alegóricamente anticipado en las páginas magistrales de *El astillero*). No me fue posible hablar esa misma noche, la de su llegada, con Onetti: harto, malhumorado, exánime por culpa de las largas y tediosas horas del vuelo. Sin embargo, al punto le hice llegar, a través de Dolly, dos trabajos míos ya publicados sobre Santa María en particular (fundación y tres postales) y su obra en general (el orden imaginario que la sustenta). Primeros apuntes, lector, de un análisis voraz y fascinado que databa de finales de 1973, el mismo año de aparición del hasta hoy último Episodio Sanmariano: *La muerte y la niña.*

Al término de multiplicados espejismos, incertidumbres y fracasos, juraba haber tocado finalmente fondo en la ambigua, helada, cruel escritura onettiana. No ignoraba yo, por supuesto, el desprecio que al autor uruguayo le merecen, cito de memoria, "exegetas y neodescubridores". No obstante, me había impuesto la exigencia de conversar con él antes de aplicarme a la redacción de este libro (simple reportaje crítico, según precisaré más adelante).

Y ahí estaba yo, frente al legendario cuando no mítico Juan Carlos Onetti, un mediodía luminoso, ardiente, del mes de septiembre de 1976 (mediodía, lo admito, sin embargo menos real que aquel otro en que Brausen reúne a Díaz Grey y a Elena Sala, pareja original, en el *Génesis* de la saga sanmariana). Onetti dipsómano, lacerado, sadomasoquista, misántropo, tramposo, cínico, impertérrito, rufianesco, misógino, pornógrafo, polígamo, apátrida, apolítico, lóbrego, enemigo jurado de los críticos y qué (más) sé yo.

¿Verdad imbatible?

¿Mera superchería?

¿Pose deliberada, artificiosa?

b. *El signo enterrado*

La primera impresión obsequia la parte maldita de la leyenda: la de un ser que atraviesa tristes insomnios lanzando *uppercuts* a los espejos y vaciando frascos de barbitúricos. Hombre encerrado en sí mismo, que te mira áspero tras los espejuelos, que destila una impaciencia angustiada, que masculla las palabras.

Y luego, anejos, están los rasgos enfatizados, melodramatizados si se quiere por Maggi y Harss: heridas físicas y metafísicas que no son, a todas luces, fruto exclusivo de sus (entonces) 67 años de edad, buena parte de ellos pasados en Buenos Aires, la Jerusalén uruguaya (y sanmariana). Tiempo después descubriré que su forma de caminar evoca el adjetivo largamente buscado por Díaz Grey para definir a Angélica Inés Petrus, su futura esposa: procesional. Paso procesional.

Sentado frente a él observo sin recato, descaradamente, al autor de *Juntacadáveres*. Barajo las cartas de la dilatada y encontrada leyenda: ¿dureza?, ¿señal de la desgracia?, ¿ternura soterrada?, ¿autoflagelación? Arrojo, por fin, aquella que más conviene a mi libre examen de los papeles onettianos, a la especie que el propio escritor ha propagado aquí y allá (y acullá también). El hombre enfermo, desprovisto, que realiza un gran esfuerzo para tolerar mi presencia, mi curiosidad, mis palabras, lo que lleva a cuestas es una elección, no una culpa; una adolescencia en pena, a ultranza, no una senectud atónita; el resultado de un "descomunal empeño" (como diría Lanza) que si en sus inicios transgredió los hábitos de la buena sociedad literaria rioplatense, hoy por hoy informa un escándalo romántico y sostiene una de las contadas creaciones que sobrevivirán al juicio final —no coyuntural— de la narrativa latinoamericana del siglo XX.

Apostar la vida al arte. El arte a sus floraciones sígnicas.

Lo explico de otro modo.

Al despuntar la presente década, se vierte al italiano uno de esos textos en verdad excéntricos de América Latina. Me refiero a *Los siete locos,* novela del finado escritor, dramaturgo y periodista argentino Roberto Arlt (1900-1942). *I sette pazzi* se acompaña de un prólogo intitulado: *Semblanza de un genio rioplatense.* Su autor, J. C. Onetti, retornaba a la crítica literaria ("alacraneo", corregiría él) después de largos años de no ejercerla. Onetti había mantenido con Roberto Arlt una amistad idéntica al recuerdo que, tiempo más tarde, la recupera y celebra: sin estridencias ni aspavientos: "cara a cara". El resultado de su evocación es un aguafuerte, un aguafuerte arltiana para ser exacto. Reproduzco, en particular, una pincelada: *En aquel tiempo, como ahora, yo vivía apartado de esa consecuente masturbación que se llama vida literaria. Escribía y escribo y lo demás no importa.* Aquel tiempo: los 30's. Ahora: los 70's.

La insolente, no pedida aclaración dejada caer al desgaire sobre la superficie de la semblanza de Arlt, admite dos interpretaciones.

Primera: aparte y aporte autobiográfico. Qué pensaba Onetti de la "vida literaria" cuando, cuentista debutante, novelista inédito, conoció a Roberto Arlt en la redacción de *El Mundo,* periódico de la ciudad de Buenos Aires para el que el autor de *Los lanzallamas* —segunda parte de *Los siete locos*— pintaba sus semanales "Aguafuertes porteñas". Encuentro histórico: Arlt lee y aprueba el manuscrito de *Tiempo de abrazar;* manuscrito que Onetti hará perdedizo más adelante luego de fracasar en las eliminatorias del concurso Farrar & Rinehart de 1941; manuscrito que, según algunos especulan, de haberse publicado en su momento, habría adelantado varias décadas el reloj de la NNL o *boom.*

Segunda lectura: rencor o, peor aún, autocompasión. Después de todo, el engreído prologuista de Arlt era un escritor proscrito. No obstante su ejecutoria, originalidad, constancia, edad venerable y sacrificios sin cuento, para vastos sectores de la crítica y de la historiografía literarias de nuestro continente, la obra de Juan Carlos Onetti informaba, a comienzos de los 70's, una región no cartografiada, oculta por la espesa bruma. ¿Onetti? ¿Quién diablos es Onetti? No me refiero, lector, a juicios respetabilísimos, como el de Fernando Alegría, en el sentido de no incluir a Juan C. Onetti entre los autores que "han revolucionado la novela uruguaya en los últimos años" (dos: Carlos Martínez Moreno y Mario Benedetti). Cada quien sus razonadas preferencias. Tampoco aludo al hecho de que en el "Índice de Nombres" de *América Latina en su Literatura* (UNESO / Siglo XXI), Onetti merezca sólo 15 menciones, en tanto Julio Cortázar consigue 45 y Carlos Fuentes 29 (Benedetti alcanza, por su parte, 10; y Martínez Moreno, apenas, 5). De lo que hablo, lector, es de omisiones flagrantes, conmovedoras.

Sea un caso. Durante la primavera de 1966, se efectúa, bajo el patrocinio de la Washington University, un simposio sobre la novela hispanoamericana contemporánea. Uno de los expertos participantes, Juan Loveluck, encara el tema *Crisis y renovación.* Contra todo pronóstico, Onetti, tenido por uno de los creadores de la novela urbana, es ontológicamente ignorado. Digo esto porque de la ponencia no se desprende que a Loveluck le suene disonante, le parezca impropio, el título atribuido a Onetti; más bien que *El pozo* (1939) y *Tierra de nadie* (1941) y

Para esta noche (1943), novelas que en su momento descubren Montevideo y Buenos Aires, la *ciudad* en resumidas cuentas, jamás habían sido publicadas.

Otro. Al tenor de la muy divulgada antología *El cuento hispanoamericano,* para Seymour Menton, su autor, tampoco han sido todavía escritos *Un sueño realizado* (1941), *Bienvenido, Bob* (1944), *Esbjerg en la costa* (1946), *El infierno tan temido* (1957), *Jacob y el otro* (1961), etcétera.

Sea, por último, un caso muchísimo más ejemplar que los dos anteriores: ni más ni menos que la serie que incluye *Semblanza de un genio rioplatense,* el prólogo de Onetti a *I sette pazzi.* Trátase de *Nueva novela latinoamericana* I y II, volúmenes compilados por Jorge Lafforgue. Sendos trabajos críticos dedicados a José María Arguedas, Agustín Yáñez, Juan Rulfo, Carlos Martínez Moreno, José Lezama Lima, Gabriel García Márquez, Juan García Ponce, Vicente Leñero, Mario Vargas Llosa, Cabrera Infante y Fernando del Paso, pero no al autor de *La cara de la desgracia;* a Macedonio Fernández, Leopoldo Marechal, Borges, Sábato, Cortázar, Di Benedetto, Walsh, Conti, Manuel Puig y Roberto Arlt, pero no al creador de "Juntacadáveres" Larsen. Porque no creo que se piense que cumple ese papel, el de un asedio frontal a Onetti, en una serie que rinde culto a los grandes narradores de América Latina, la breve y apresurada nota a través de la cual el compilador Lafforgue despacha —palabra justa— a Onetti.

Basta.

Visto lo anterior, ¿por qué no sospechar que Onetti se vale de la presentación extranjera de un compañero de infortunio, el también despreciado, el también postergado Roberto Arlt, para dar rienda suelta a su despecho e injuriar, llamándolo "consecuente masturbación", al establecimiento literario? Desahogo. Reblandecimiento del otrora duro y solitario Onetti.

Empero, no es así.

El autor de *La vida breve* posa, qué duda cabe, para el público italiano; sin embargo, ni cobra venganza contra críticos y dispensadores de famas ni, lo fundamental, falta a la verdad. De Juan Carlos Onetti o J. C. Onetti o Juan C. Onetti se ha predicado: *caso extremo de vocación, dedicación y profesión literarias* (Benedetti), *outsider* (Ainsa), *lobo estepario de las letras uruguayas* (Harss), etcétera. Así y no de otro modo ha sido: lo mismo a los veinticuatro que a los cuarenta y uno que a los sesenta y cuatro años (edades en que publica, respectivamente, *Avenida de Mayo-Diagonal-Avenida de Mayo*, su primer édito; *La vida breve,* novela que inicia el ciclo sanmariano; y *La muerte y la niña,* el más reciente de sus títulos).

Desde que, con fecha 1o. de enero de 1933, debuta en las letras rioplatenses como dotado cuentista, Onetti ha escrito para la escritura, en soledad inexpugnable. Veintiún cuentos (algunos de ellos, en puridad, pasajes de composiciones más vastas), cuatro novelas cortas, cinco novelas a secas, un manuscrito extraviado, dos manuscritos y medio destruidos, un manuscrito inconcluso y un *work in progress* que, de llevarse a feliz término, narrará la consunción del discurso: voces y fuego abatiéndose sobre Santa María la Imaginada, Santa María la Abominable. Signo que se autodevora, espejo que se pulveriza en sus reflejos.* Obra mayor, la supradicha, a la que se suman: un *requiem* por William Faulkner, otro por Ernesto *Che* Guevara, un puñado de pastiches policiales bajo falsos nombres europeos, un rimero de *cartas al director* (de *Marcha*) firmadas Grucho (sin la o) Marx, y decenas de homilías con el picaresco y muy memorable pseudónimo *Periquito el Aguador.* Lo demás (fastos, preseas, bustos y coronas) "no importa". Jamás importó.

Si, como arguyen algunos semiólogos, la literatura es el lugar y proceso de comunicación entre un emisor y un receptor, un codificador y un descodificador por fuerzas diversos, nos encontramos con que Onetti emite mensajes para sí mismo y para sus creaturas. Mensajes cifrados que, en ocasiones, merecen el nombre de *graffitti.* Si, como aduce la crítica hegemónica de estos años, al menos en América Latina, el discurso narrativo es al mismo tiempo una metatextualidad de derechas o de izquierdas, resulta que Onetti desconfía de los hechos, da la espalda a la historia, desoye todo lo que no sea el rumor íntimo, vicioso, pasional y desgraciado de los sueños. De su recuerdo. Al filo de la navaja, a medio camino entre la autarquía y la autofagia, el narcisismo y el autismo, la escritura onettiana discurre al margen de la lectura pública.

c. *La pequeña historia*

> Pensaba en la vida y no sentía de ella más que su fatalidad; su fuerza ciega que lo obligaba a crecer, a envejecer, a ir acumulando impresiones, a sufrir, a gozar, a sentir tantas cosas distintas, le interesaran o no / Jauría de perros castrados. ¿Por qué no se le ocurrían más que palabras tristes para decirle que la quería? También él. Un sucio sentimentalismo en las almas, como aguas servidas. Triste el amor, el coito, la vida. Una puerca salsa de lágrimas untándolo todo.
>
> *Julio Jasón*
> *Tiempo de abrazar,* 1934

No hay nadie que tenga el alma limpia, nadie ante quien sea posi-

* Ya en prensa este libro, Onetti concluye otra novela: *Dejemos hablar al viento.* Ignoro en que medida, dicho relato cancela, ilumina o refuta mi interpretación del nacimiento y muerte de Santa María.

ble desnudarse sin vergüenza / Todo en la vida es mierda y ahora estamos ciegos en la noche, atentos y sin comprender.

Eladio Linacero
El pozo, 1939

Pero cubriendo todo aquello, velando lo que era posible recordar y lo enardecía, los años de Catalina se extendían, duros, con el contacto de la mañana de invierno. El buscaba dejar de sentirla, desanimado, como si un calcetín húmedo le rodeara el pie o una barba descuidada le hiciera triste la cara; retrocedía contra el respaldo para no dejarse atrapar por aquella atmósfera de desconsuelo, que parecía fluir de un viejo retrato como de un calcetín empapado o una barba miserable, aquel aire mezquino y fatigoso de la vida.

Diego E. Aránzuru
Tierra de nadie, 1941

La miraba como si quisiera verse a sí mismo, su infancia, lo que había sido, lo que estaba aplastado y cegado en él, la perdida pureza inicial, lo que había abandonado sin realizar.

Luis Ossorio Vignale
Para esta noche, 1943

Gertrudis y el trabajo inmundo y el miedo de perderlo (...); las cuentas por pagar y la seguridad inolvidable de que no hay en ninguna parte una mujer, un amigo, una casa, un libro, ni siquiera un vicio, que puedan hacerme feliz.

J. M. Brausen
La vida breve, 1950

Así que, mientras lo miraba morder el vaso para beber ansioso, como con verdadera sed, adiviné que si lograba contarme la historia iría gastando al decirla lo que le quedaba aún de adolescente.

Díaz Grey
Una tumba sin nombre, 1959

No quiero aprender a vivir, sino descubrir la vida de una vez y para siempre.

Jorge Malabia
Juntacadáveres, 1964

Es suficiente.

Lector: en el *corpus* que nos ocupa no tienen cabida los temas a los que la novelística latinoamericana debe, en no poca medida, su bien ganada estima. El paisaje telúrico, la lucha de la civilización contra la barbarie, el costumbrismo, el retrato del colonizado y, más recientemente, la guerra revolucionaria, la revuelta semiótica, el neobarroco, la algarada pop, la matafísica o las heridas de la página por las que hablan los mitos y la conciencia increada de la raza. Nada de esto. Ni siquiera, en puridad, el paisaje urbano, cosmopolita, del que el autor de *Tierra de nadie* fuera, en una hora de letras abrumadoramente campesinas, esforzado descubridor. No. Lo que aquí, apenas, obstinada, confidencialmente tiene lugar, es la derrota sigilosa y fatal del ser a manos de la existencia, de lo que Víctor Suaid denomina el "mundo exterior" y Eladio Linacero, su notorio descendiente, el "mundo de los hechos reales".

Adviértase la identidad y persistencia de los pasajes arriba citados: antología que comprende cuatro décadas. Y si bien es cierto que sólo espigué en las novelas, también lo es que los cuentos ofrecen un muestrario semejante. Lexico del habla onettiana:

—Culpa
—Suciedad
—Estafa
—Vejamen
—Desgaste
—Inocencia
—Pecado
—Congoja
—Pesar
—Penar
—Pureza
—Descreimiento
—Marchitamiento
—Desconsuelo
—Desilusión
—Babas
—Adióses
—Desdicha
—Desgracia
—Despojo

Etc., etcétera. Luz vencida, luz afligida. Cosas del alma individual. Infiernos privados. Anónimos apocalipsis. Eso que el "inevitable" Díaz Grey, médico, narrador y maestro de ceremonias, advierte en la mirada de Fernández, joven ayudante del hospital edificado en las goteras de Santa María. Mirada que inequívocamente dice: *"Alguien me estafa, la vida no es más que una vasta conspiración para estafarme"*.

No otro es el mensaje, el pánico que los lectores de Onetti pueden captar en las miradas y lances de Julio Jasón, Moncha Insaurralde, Raucho, Lorenzo, Julita Bergner y Jorge Malabia. Por no citar sino unas cuantas víctimas camino al *Sacrificio,* a la *Abyección,* a la escena que Onetti se esmera en describir desde 1933: *la Caída.*

Ahora bien: sólo la maestría, aunada a una mala fe narrativa poco común en la novelística nuestra, tan edificante, tan bien intencionada, faculta al autor uruguayo a regresar un título tras otro, lo mismo en los 30's que en los 50's que en los 70's, al lugar del crimen. Para iluminar tonalidades inadvertidas en esos cadáveres vivientes, insepultos, adultos lamentables expulsados de cualquier forma —compañía, inocuos placeres— de consuelo. El Dr. Baldi, Eladio Linacero, Montes, Roberto (algún día, remoto y magnífico, Bob), Aránzuru, Luis Ossorio Vignale, Barthé, Juan María Brausen (etcétera). Aunque también, menester es subrayarlo, María Eugenia, Cecilia Huerta (algún día, remoto y marítimo, Ceci), Kirsten, Gertrudis Brausen (etcétera). Porque la traída y llevada misoginia de Juan Carlos Onetti no encuentra excesivo, rotundo eco en el texto Onetti. Aquí la abyección, ese pudrirnos sin remedio en la tierra de nadie de la existencia, esa "condenación biológica al fracaso" de la que habla (me parece) Brausen, no discrimina entre uno y otro sexo. Si Bob oculta a Roberto, "un hombre hecho, es decir deshecho", la muchacha en flor nutre entre sus pétalos a la matrona gastada y zafia.

Un breve paréntesis acerca del mismo asunto. Mucho se ha hablado de la rebosante predilección de Juan Carlos Onetti por una de sus creaturas: "Juntacadáveres" Larsen. Acoto que es un amor compartido, que (casi) igual sitio ocupa, en su corazón, un personaje femenino: María Ramona Insaurralde Zamora. Amén de inventarla (*Juntacadáveres*) y reinventarla (*La novia robada*) Onetti le dirige a Moncha, a su cadáver nupcial, una larga carta amorosa, una elegía. Así la firme, perezoso, *J. C. O.* A dicho texto me remito poniendo fin al paréntesis.

La de Onetti, en suma, es una saga de la condición humana, no de la condición masculina. Aunque, verdad es, precisémoslo, priva un "sexismo" quizá más infatuado que cualquier otro. Únicamente un personaje femenino, la heroína de *Un sueño realizado,* participará del juego secreto, blasfematorio, herético que en Montevideo y Buenos Aires, de cara a la desgracia, juegan Onetti y sus cómplices Suaid, Linacero, Aránzuru, Ossorio y Brausen (asunto del que me ocuparé más abajo). Al resto de las mujeres onettianas tan sólo se les consiente convalecer (*Convalecencia* se intitula un texto clave: tema femenino bajo un pseudónimo también femenino). Convalecer, decía, y luego, de nueva cuenta, hundirse en la puerca, la desolada, la desalmada vida.

Concluyo.

El mismísimo Juan C. Onetti ha tenido a bien hablar de su pequeña y obsesiva y, por qué no, monótona historia. Si en 1939, refiérese a "la aventura humana y su absurdo", décadas adelante, en 1961, declara a Carlos María Gutiérrez: "Yo quiero expresar nada más que la aventura del hombre". Bien. Trátase, sin duda, menos de una definición que de un acertijo. De cualquier forma abundan sus glosas, desentrañamientos. Cito dos:

> El mensaje que (Onetti) nos inculca con distintas anécdotas y en diversos grados de indirecto realismo, es el fracaso esencial de todo vínculo, el malentendido global de la existencia, el desencuentro del ser con su destino.
>
> *Mario Benedetti*

> En su conjunto la obra de Onetti constituye una muy personal diagnosis de la situación que vive el hombre de nuestro tiempo. Esa diagnosis diseña una imagen desoladora, negativa, casi cruel. Esa imagen nos muestra a un ser solitario, en el que todo ademán de comunión parece frustrarse y quedar inacabado; esa imagen nos muestra a un ser despojado interiormente de toda fe y de toda fuerza creadora (salvo la tan discutible constituida por la hipertrofia imaginativa, por la devoradora capacidad de ensoñar). Esto le da a sus obras, aunque quizá el autor no se lo proponga, aunque quizá sólo quiera mantenerse en el plano de la pura creación literaria, una intensa calidad de testimonio. Lo que sería difícil determinar es si este testimonio puede convertirse en una denuncia contra el hombre de hoy, o si es solamente una resignada, sufrida y paciente aceptación.
>
> *Arturo Sergio Visca*

En puridad, lector, hay, en Onetti, dos mensajes, aventuras y, asimismo, fracasos. Según veremos líneas adelante.

d. *La realidad novelesca.*

Onetti musita su conformidad.

Charlaríamos él y yo, más tarde, a solas, después del almuerzo.

Me retiro a un sitio discreto, desde el que domino el bar y el restaurante, la entera terraza del Hotel *Montejo*.

Revolotean alrededor de Onetti camarógrafos de la televisión, fotógrafos de los diarios, reporteros y un manojo de nínfulas que acaban de debutar en la semiótica o en los estudios literarios. Prenabokov según la leyenda y los hechos Onetti posa, un poquito menos imperturbable, entre ellas. Pero no se trata de Gabriel García Márquez o Vargas Llosi. Ni *El astillero* anda en su reedición número treinta y tantos. La atención que convoca el autor de *El pozo* satisface más un trámite noticioso que las incidencias de un suceso espectacular. Uno de los periodistas que aguarda su turno para entrevistarlo, me pregunta, sin embozo, honesto, las mínimas señas de identidad del narrador uruguayo.

Dolly Muhr lo vigila a distancia: preocupada, solícita. Su esposo no andaba nada bien de salud, y había pasado mal su primera noche mexicana, y el programa de actividades era nutridísimo por no decir criminal —lecturas, presentaciones, viajes al interior de la República.

Hablamos de la vida en Madrid, del exilio impuesto por las circunstancias y no, como en los 30's, como en los 40's, por el deseo. No hay queja, los tratan bien, ocupan un piso en un edificio de los suburbios. Pero el Manzanares no es, como el Río de la Plata. Pese a su pública expulsión, Junta Larsen regresa cinco años más tarde a Santa María. ¿Retornará algún día Juan Carlos Onetti a Montevideo, a Buenos Aires, en suma, a los parajes inventados más que descritos por su obra? Recuerdo que en tanto Larsen es acusado de lenón, sobre Onetti se blanden cargos tales como apología del crimen y calumnias a las fuerzas uruguayas de seguridad.

Pero vayamos al grano.

En resumidas cuentas, hasta ahora he sostenido:

1. Que el discurso onettiano se factura en una soledad forajida y, de concluirse el manuscrito en proceso, "novelón" en palabras del propio autor, además de forajida, autófaga. Santa María Destruida.

2. Que el tema obstinado y confidencial de Onetti es la derrota del individuo. Derrota impuesta, fatal.

Llegado es el momento de formular la pregunta: ¿de dónde toma el cuestista y novelista los materiales trabajados en los sótanos de la vida literaria, sordo a los deliquios y transportes de la celebridad pública? ¿Del escenario rioplatense: Montevideo (tierra natal), Buenos Aires (tierra prometida), Paraná (tierra mitificada)? No: sería la respuesta. ¿Entonces, el referente del signo enterrado sería él mismo, su vida sentimental, sus destierros, su existencia económica al día, su clausura? Sí: sería la respuesta. Ahora bien: una y otra, negación y afirmación, deben ser matizadas conforme a los párrafos siguientes. Ni el *corpus* onettiano es políticamente inocente ni Juan Carlos Onetti nos ha infligido, a trasmano, una autobiografía.

Ese "mundo exterior" que asedia y aniquila, sin distinción de sexos, a los personajes, surge del texto como Venus de las aguas (aguas, aquí, "servidas", sombrías). Quiero decir: los episodios de cuentos, relatos y novelas breves o a secas —digamos las tribulaciones del hamponcete de *El obstáculo,* digamos la puesta en escena de *Un sueño realizado*, digamos las insólitas excequias de *Una tumba sin nombre,* digamos (por último) el impune uxoricidio de *La muerte y la niña*—, son simple y llana mentira. Realidad novelesca que la escritura funda para sus propios fines, despiadados y aviesos.

Más de una ocasión he leído (y escuchado) que *Juntacadáveres*, finalista del Premio Rómulo Gallegos 1967, relato de la apertura y cierre del prostíbulo regenteado por Larsen, lío que confunde hetaíras y catones y sábanas y altares, documenta la solitaria novela de acción en medio de una prosa absorta, vagarosa, en la que en resumidas cuentas nada (o casi nada) sucede. Me permito recordar que *Juntacadáveres* es fragmento de un sueño (Santa María y sus habitantes) soñado (*La vida breve*) por un personaje onettiano (J. M. Brausen).

Es que nuestro autor coloca el espejo de Stendhal (disculpas, pero no hay mejor lugar común que éste) de espaldas al camino, frente a la página. Y esto, lector, desde el mismísimo comienzo. Los desolados, los amargos, los abyectos, los inertes, los sucios "hechos reales" que Juan Carlos Onetti y sus vicarios (Díaz Grey el más notable) cuentan y recuentan, únicamente refulgen (luz inmisericorde) dentro del espacio verbal que los secreta. Su inmanencia es la de la lectura. La realidad, aquí, es el filo de luz que se proyecta, hacia la oscuridad, bajo una puerta. La oscuridad es el texto nutrido por su propia savia.

> Si algo puede decirse de su trabajo es que su perspectiva resulta hipotética, más sombras que substancias. Está hecha de pensamientos inacabados, de gestos truncos, de afirmaciones vacilantemente propuestas, examinadas, negadas, contradecidas. Se interesa menos por llegar a la verdad de una situación que por aislar sus componentes —sus alternativas— de las que probablemente brotarán tantas falsedades como evidencias / Las ficciones de Onetti son láminas que dejarían de existir en el momento en que nadie las mirara. Están en el ojo del observador, y de él dependen.
>
> *Luis Harss*

> Desde *El pozo* hasta *Juntacadáveres* (desde *Avenida de Mayo-Diagonal-Avenida de Mayo* hasta *La muerte y la niña, F. C.*) este novelista ha logrado crear un mundo de ficción que sólo contiene algunos datos (y, asimismo, varias parodias de datos) de la maltratada realidad; lo demás es invención, concentración, deslinde. Pese a que sus personajes no rehúyen la vulgaridad cotidiana, ni tampoco las muletillas del coloquialismo vernáculo, por lo general se mueven (a veces podría decirse que flotan) en un plano que tiene algo de irreal, de alucinado, y en el que los datos verosímiles son poco más que débiles hilvanes.
>
> *Mario Benedetti*

Sin embargo, cabe destacarse que, pese a lo anterior, Onetti (su lenguaje) es tenido por fiel reflejo, impecable registro, de lo cotidiano:

El lenguaje coloquial de Onetti lo aproxima a los narradores que han sabido asimilar mejor los giros y acentos del habla cotidiana. Maneja el diálogo con naturalidad y llaneza, lo que se palpa en novelas que poseen por escenario tanto Montevideo como Buenos Aires / pocos contemporáneos han sabido interpretar más cabalmente las modalidades de la vida en las grandes ciudades...

Ricardo Latcham

Esto último, no una estratagema publicitaria, habría llevado al editor de *Tierra de nadie* (1941) a precaver a los lectores contra la crudeza fonográfica de ciertos giros y vocablos empleados en la novela.

Sigo adelante.

Por supuesto, naturalmente, que los sucesos imaginados, muchos de ellos, dejan tras de sí rastros capaces de conducirnos fuera de la literatura, de la lectura, hasta los sucesos fenoménicos. El propio Onetti ha tenido a bien revelar las anécdotas reales que inspiraron personajes de la talla (mítica) de un Larsen o textos tales como *Tierra de nadie, El infierno tan temido, La novia robada,* etcétera. Y no voy a demorarme en el recuento de las tesis que intentan discernir cuándo y a través de qué cristalizaciones, de que manipulaciones si no químicas sí alquímicas, la contextualidad (*facts,* diría Onetti) se transmuta en textualidad. No.

Mi propósito se agota en subrayar la deliberada índole fabulatoria de los episodios montevideanos, bonaerenses y, a la postre, sanmarianos, que atraviesan, en direcciones imprevistas, insomnes, la obra de Juan Carlos Onetti. La mínima deuda que éste tiene con la realidad.

Propósito a su vez, lector, anticipo de una caza crítica mayor: la abominación, ya no sólo desapego, de lo real. La otra historia. La que subyace bajo la crónica reiterada de la *Caída.*

e. *Los dos discursos*

Durante el último tercio de los 60's, J. C. Onetti condescendió a charlar, más de una vez, con su compatriota María Esther Gilio. Transcribo, con la venia del lector y de la reportera, un pasaje de lo conversado:

—¿Podría no escribir?

—Nunca probé.

—¿Por qué escribe?

—Escribo para mí. Para mi placer. Para mi vicio. Para mi dulce condenación.

—¿Quiere decir que verdaderamente escribe para usted? ¿Que en una isla desierta escribiría?

—Escribiría.

—¿Sabiendo que nadie nunca lo va a leer?

—Sí. ¿Duda?

—No, simplemente me imagino un barco que llega a buscarlo y usted que sale corriendo a buscar sus manuscritos para leérselos al primero que encuentra.

—Bueno, no quiero decir que escribiría con un lápiz y papel. Sé que imaginaría historias.

Hasta aquí.

El entrevistado pudo ir más lejos en la confesión de su subjetivismo desorbitado, salvaje. Rememorar, digamos, que hacia finales de los 30's había sentenciado lo que a la letra cito: "Los buenos libros —podemos jurarlo— se escriben "para" que gusten a sus autores, en primer término; luego para que gusten a Dios o al Diablo o a ambos dos conjuntamente; y en tercer término para nadie. El resto sí que es literatura". Acotar, digamos, que la isla desierta supuesta por Gilio existía ya y llevaba por nombre *Bisinidem* (según lo notifica Onetti en la carta prologal de *La novia robada*). Advertir, digamos por último, que si una catástrofe natural o social redujera *Bisinidem* al espacio de una roca pelada y náufraga, él, Onetti, seguiría "escribiendo", imaginando historias (historietas sólo para adultos, diría, respetuosamente, yo).

Lector: el narrador Juan C. Onetti no sólo desdeña el mundo real. Este, en su sistema estético y ético, encarna el *Mal,* aquello que nos arrebata el ánima, emporcándola, envileciéndola, infamándola, constriñéndola a un dolor apagado y gris y ruin.

La historia como pecado (original).

Para azoro e irritación de nuestro tiempo, el autor de *Un sueño realizado* fija el *Paraíso* (perdido) antes de la pareja, en una soledad intocada, apátrida, autocontemplativa. Dos inexorabilidades deciden, ¡ay!, nuestra *Condenación.* De un lado: el paso del tiempo. De otro: las tentaciones, las acechanzas del alma: el amor, la amistad, las alianzas, la ciudad, el trabajo, la fe, el comercio, la vida literaria, la literatura de floripondio, el pasado, la familia, las grandes causas, el sexo, el espíritu popular, las palmas académicas, el confort burgués, la mala conciencia pequeñoburguesa, la veneración de los mayores (etcétera).

Tamaña renuncia se ramifica en planos cada vez más (y más) hondos.

No se contenta con obtener temas, episodios, etcétera, de la propia escritura, de sus pliegues y repliegues. Tampoco en poner en tela de juicio aquello en que descansa el conocimiento objetivo del discurso histórico: los hechos ("cáscaras de huevo vacías", diría Díaz Grey mientras se decide, insomne, la noche ya avanzada, entre un frasco de seconales y un mazo de cartas). En ocasiones, la realidad produce repugnancia física. Caso extremo de esto último es la novela *El pozo*: *corpus* verbal cimbrado por las sacudidas de la náusea, náusea derivada de la memoria del amor, de la fe, del contacto con el exterior.

Pero existe otra vuelta de tuerca: al mismo tiempo absoluto imaginario y tabla de salvación en medio de ignomioso páramo citadino. Me explico.

Si entre el alma y el cuerpo, el ser y el "mundo exterior", lo subjetivo y lo objetivo, la adolescencia y la madurez, se entabla un nexo exánime y antiheroico, una herida sucia y blanda que no cicatriza, una marca, una señal, entre el personaje y su derrota nace una flor sorprendente. Hablo de contemplaciones secretas, evasiones fantásticas, desdoblamientos hamponescos, sueños que se realizan, vidas aventureras, expediciones extrañas, fundaciones maravillosas. Hablo de abjuraciones antirrealistas. Hablo de una desobediencia réproba al *dictum* de perdernos, de pudrirnos día a día "por el sólo hecho de vivir". Hablo (en suma) de herejías de la imaginación.

Avenida de Mayo-Diagonal-Avenida de Mayo, 1933: Víctor Suaid sortea los peligros de Buenos Aires auxiliado por Jack London y la Caballería Zarista. *Los niños en el bosque,* 1936: Raucho y Coco realizan una cópula homosexual deseada, dictada, por los sueños. *El pozo,* 1939: Eladio Linacero se abandona a la travesía de un velero digno de Salgari, "El Gaviota", rumbo a una "bahía de arena blanca que no figuraba en mapa alguno"; amén de que, blasfemia ésta sí capital, noche a noche recibe una aparición desnuda y palpitante (imagen arrebatada al tiempo y su estela de corrupción). *Para esta noche,* 1943: Luis Ossorio Vignale protagoniza una Novela de Amor Imposible en medio de un estallido fascistoide, de una ciudad de pesadilla en la que hoy pueden mirarse, adivinadas, no pocas ciudades del Cono Sur. Etcétera, etcétera. Deplorar, burlar, deturpar, zaherir, execrar, estigamatizar, transgredir el "mundo de los hechos reales". Si la heroína de *Un sueño realizado,* esa Bella Durmiente en procura de un narcótico más potente, sorprende y humilla a la vida con las artes del sueño, Juan María Brausen imagina y funda todo un territorio, Santa María, que acaba por desplazar a Montevideo y Buenos Aires como unidades de lugar de la obra onettiana (y por atraer hasta sus costas, oscuras de fango, como la miel atrae a la abeja o el excremento a la mosca, a personajes de la vieja guardia: Nora Num, Diego E. Aránzuru, Junta Larsen). Juan María Brausen, desamado, estafado, empleado ínfimo de una transnacional, el último de los bonaerenses, *hombre pequeño y tímido, hombrecito confundido con la legión de hombrecitos a los que les fue prometido el reino de los cielos;* Juan María Brausen, decía, preside hoy, desde una estatua ecuestre, beatificado, mitologizado, el trajín del *Barrio Viejo* de Santa María. En la columna que soporta cabalgadura y jinete, leemos:

BRAUSEN-FUNDADOR

Nuestro Señor Brausen.

Ahora bien, lector: si la *Caída,* aunque infierno de todos, es un suceso privado, otro tanto ocurre con la *Herejía.* Sálvese quién pueda, es la consigna. Porque fuera de uno no hay nada, nadie.

Buenos Aires, un atardecer cualquiera. Repantigado en el asiento trasero de un taxi, Juan María Brausen, agente de ventas de *Macleod Publicidad,* reflexiona acerca de la cara de la desgracia y su reverso: la evasión fantástica. A través de la ventanilla del auto desfila pletórica, desfila ominosa, la ciudad. Monólogo (fragmento) de Brausen: "El hombrecito y sus malentendidos, en definitiva como para todo el mundo. Tal vez sea esto lo que uno va aprendiendo con los años, insensiblemente, sin prestar atención. Tal vez los huesos lo sepan y cuando estamos decididos y desesperados, junto a la altura del muro que nos encierra, tan fácil de saltar si fuera posible saltarlo; cuando estamos a un paso de aceptar que, en definitiva, *sólo uno mismo es importante, porque es lo único que nos ha sido indiscutiblemente confiado; cuando vislumbramos que sólo la propia salvación puede ser un imperativo moral, que sólo ella es moral;* cuando logramos respirar por un impensado resquicio el aire natal que vibra y llama al otro lado del muro, imaginar el júbilo, el desprecio y la soltura, tal vez entonces nos pese, como un esqueleto de plomo metido dentro de los huesos, la *convicción de que todo malentendido es soportable hasta la muerte menos el que llegamos a descubrir fuera de nuestras circunstancias personales, fuera de las responsabilidades que podemos rechazar, atribuir, derivar*". Hasta aquí Brausen. Los subrayados son, por supuesto, míos.

Creador y creatura, escritor, narrador y personaje se confunden, sospecho, en el fragmento apenas transcrito. Uno mismo, su íntima salvación, informan los únicos imperativos categóricos dignos de tal nombre. Brausen escuchará el llamado que lo reclama del otro lado del muro que lo encierra: se transfigurará en chulo y héroe epónimo. ¿Y Juan Carlos Onetti?

Los rayos del sol ya no calcinan.

Apuramos a buen ritmo una botella de vino tinto.

Aunque las antenas de televisión asoman ya en el paisaje ahistórico de Santa María, Onetti observa, con desagrado, la grabadora. Decido, a último momento, conservar en la bolsa del saco los apuntes que preparé en el bar, esa misma mañana, mientras esperaba la hora de reunirme con él. Conversamos, pues, sin someternos a un cuestionario fijo. De obviedades y verdades aún inéditas. De este libro, mejor dicho, de la tesis que (lo) sustenta.

Los dos discursos: infamia y herejía, condenación y desobediencia, sucesos oprobiosos y sueños salvacionistas.

Sostengo que pareja a la "aventura del hombre", misma que le ha valido a Juan C. Onetti la fama de pesimista irredento y relator del fracaso, discurre otra empresa, subrepticia y jubilosa: la aventura del escritor, de la escritura. Onetti devuelve el golpe, conspira contra la vida. Empresa solitaria que, por cierto, va más allá de la fundación del reino imaginario de Santa María.

1953: *El álbum;* 1954: *Los adioses;* 1959: *Para una tumba sin nombre;* 1960: *La cara de la desgracia.* A través de estos textos, tenaz, brillantemente, los hechos de la existencia son enfrentados a una instancia que los escarnece y reduce a un puñado de polvo: el relato narrativo (su composición, su artificio).

Si Brausen intenta salvarse a través de las imágenes interpuestas a la iniquidad y a la renuncia, Onetti, Juan Carlos Onetti, crea de la nada, encuentra su salvación personal en la heurística (o al menos, cree encontrarla). Paso intransigente, romántico, sin boleto de regreso.

Toca a la psicohistoria indagar los motivos de una elección que escinde la persona del mundo, la intimidad del exterior, los sentimientos de los hechos, el arte de la sociedad. Anticipo que el crítico Ángel Rama atribuye el origen del código onettiano a los negros 30's, al asalto a la razón en Europa y en América (derrota de la República Española, avance de nazismo, pacto germano-soviético, "dictaduras derechistas en América Latina", etcétera). Yo probaré, anticipo también, que su origen fehaciente y flagrante radica en el texto, en la literatura. Que esto es lo esencial. Sin que, desde luego, dejen de tener vivísimo interés las desilusiones políticas. Políticas o, sin más, sentimentales. Tal como hace suponer este pasaje de *El pozo*: "Hubo un mensaje que lanzara mi juventud a la vida; estaba hecho con palabras de desafío y confianza. Se lo debe haber tragado el agua como a las botellas de los náufragos".

Ningún oleaje sepultará, borrará, en cambio, las dos mil y tantas páginas que contiene la obra del solitario, del réprobo Juan Carlos Onetti.

II. ADVERTENCIAS

a. Reconocimientos; b. Plan de trabajo; c. Lista de abreviaturas empleadas.

a. *Reconocimientos*

Agradezco al Dr. Rubén Bonifaz Nuño, Director del Instituto de Investigaciones Filológicas de la UNAM, su aliento y confianza, decisivos para la realización de este trabajo. Asimismo agradezco al Dr. Carlos Quijano, fundador y director de *Marcha,* el haberme dispensado su tiempo e implacable memoria. No menos amplia es mi deuda para quienes, puntual o tardíamente, por dictado del deber o de la moda, eso no importa, han asediado antes que yo el cuento y la novela onettianos: mi lectura —lo sé— es, en alto grado, una lectura digerida, dirigida.

El trabajo mecanográfico fue realizado por la señora Araceli Romero.

b. *Plan de trabajo*

Son contados los lectores que se atreven más allá de *Puerto Astillero,* al norte del litoral de Santa María. La crítica, por su parte, lo dije ya, aún no excede el límite autoimpuesto de las lecturas fragmentarias. No en balde, en fecha tan próxima como 1970, Rodríguez Monegal llama *Terra incognita* a Juan Carlos Onetti; y éste demora, hasta el año 2000, el momento de su (re)valoración definitiva.

Un poco de estadística.

Salvo prueba en contrario, Onetti comienza a ser estudiado en la década de los 50's. Escribe Rodríguez Monegal hacia 1966: "Es evidente que sus libros no suelen ser analizados muy a fondo. En realidad, para un escritor de su importancia resulta paradójico que el primer estudio largo que se le haya dedicado (en la revista *Número*) sea de 1951; que otro trabajo extenso y posterior, de Mario Benedetti, sea recopilación de artículos sueltos. Existen, eso sí, muy largas reseñas de sus obras, algunas de ellas son verdaderos estudios en síntesis. Pero no hay todavía un trabajo que analice a fondo el mundo miterioso, sobrerreal de Juan Carlos Onetti". El "primer estudio largo" del montevideano es el prólogo de Mario Benedetti al libro *Un sueño realizado y otros cuentos* (a saber: *Bienvenido, Bob; Esbjerg en la costa* y *La casa en la arena*). Ahora bien: para 1951, Juan C. Onetti tenía publicados tres cuentos (incluidos los arriba citados) y cuatro novelas (incluidas *El pozo* y *La vida breve*).

El ensayo prologal de Benedetti, cuyo título definitivo reza *Juan Carlos Onetti y la aventura del hombre,* ha crecido al paso de la producción de su compatriota (la última entrega que yo conozco, recoge la parte dedicada a la novela *Juntacadáveres*).

Nada tiene pues, lector, de extraordinario, el hecho de que Mario Benedetti participe en tres de los cinco festejos, homenajes o contricciones a través de los cuales el estamento de la crítica intenta saldar la deuda contraída a lo largo de tantos años. Eventos, los tres mencionados, a cargo, respectivamente, de Reinaldo García Ramos, Jorge Ruffinelli y Helmy F. Giacoman; respectivamente: *Recopilación de textos de Juan Carlos Onetti* (La Habana: Casa de las Américas, 1969); *Onetti* (Montevideo: Marcha, 1973) y *Homenaje a Juan Carlos Onetti* (Long Island: Anaya-Las Américas, 1974).

Evoco un momento del homenaje organizado por Anaya-Las Américas:

> En 1967, al recibir el premio Rómulo Gallegos, en Caracas, Mario Vargas Llosa expresó lo siguiente:
>
> > ...pienso en el gran Onetti..., a quien América Latina no ha dado aún el reconocimiento que se merece...
>
> Esta colección de estudios críticos de la narrativa de Juan Carlos Onetti se propone remediar, modestamente, esa manifiesta injusticia con uno de los escritores más trascendentales de nuestra literatura.
>
> *Helmy F. Giacoman*

No se pierda de vista la fecha, abrumadoramente tardía, de esta vindicación: 1974 (vindicación que, por otra parte, no significa un avance notable respecto a la primera de la serie, cinco años anterior —la realizada en 1969 por el Centro de Investigaciones Literarias de Casa de las Américas). Giacoman, además, omite mencionar que Vargas Llosa, uno de los más empeñosos y efusivos descubridores de Juan Carlos Onetti, acabábale de arrebatar, a éste, el Premio Rómulo Gallegos.

Desde luego que el ensayo de Benedetti no documenta el único caso de repetición. No. Ángel Rama (*Origen de un novelista y de una generación literaria*) y Emir Rodríguez Monegal (*La fortuna de Onetti*) están presentes en las ediciones de Casa de las Américas y de Anaya-Las Américas; igual que algunos nombres y textos del homenaje auspiciado por

Marcha reaparecen en el más caudaloso homenaje jamás intentado hasta ahora. Especie de summa, apoteósis, túmulo, tumulto, compendio de 750 páginas. Aludo, lector, al número triple (292 a 294) de *Cuadernos Hispanoamericanos* (Madrid: octubre a diciembre de 1974). Que alberga:

Páginas de Onetti / diecinueve (una de ellas, el (por lo menos) inefable poema intitulado "Y el pan nuestro").
Poemas para Onetti / dieciocho (más de uno igualmente inefable).
Aproximaciones / quince.
Libro tras libro / veinte pesquisas.
El oficio y la vida / once aproximaciones.

Abundancia que significa pobreza, al menos en lo relativo a las totalizaciones exegéticas, al punto de vista crítico omnisciente que el (doble) discurso de nuestro autor (re)clama. En su *Contribución a la bibliografía de J. C. Onetti,* última parte de la inmensa, inabarcable antología, Hugo J. Verani resume la cuestión:

Libros sobre Onetti: I
Tesis: 8.
Colecciones: 5.
Entrevistas, reportajes y encuestas: 32.
Estudios y reseñas: 274.
Menciones breves: 45.

Publicado cuatro años antes por Alfa de Montevideo, *Las trampas de Onetti,* de Fernando Ainsa, constituía, para 1974, el único libro de un sólo autor dedicado al análisis de la *opera omnia* de Juan Carlos Onetti. En cuanto a las tesis, de las ocho, sólo dos habían sido publicadas a la fecha del censo (utilísimo) de Hugo J. Verani.

La situación de 1974 no ha cambiado mayormente en 1979: fecha ésta en que la novela *El pozo* cumple cuarenta años de haber sido publicada (1939) y J. C. Onetti, su autor, setenta de haber visto su luz primera (1909).

No se me mal interprete:

1) Los homenajes tributados a Onetti, a partir de 1969, han resuelto el crispante, el frustrante problema de una crítica dispersa en periódicos y revistas de difícil acceso más allá del territorio donde brotó el culto secreto, la "oscura leyenda" (Montevideo, Buenos Aires).

2) En cuanto a las recopilaciones y refundiciones de antologías críticas, siempre es de provecho volver a los trabajos de Benedetti, Rama, Rodríguez Monegal, Harss y otros que (sin dolo) se me escapan: aportaciones luminosas, hábiles fracturas perpretadas en el *texto Onetti.*

Sin embargo: lo cierto, lo inapelable, es que una de las hazañas artísticas (y personales) más riesgosas, sostenidas y originales de América Latina, se ha consumado subterránea, sigilosamente. Y aguarda, todavía, las vastas exploraciones que la descubran.

¿Postula este libro un juicio apodíctico e inédito de la narrativa de Juan Carlos Onetti?

Ni de lejos (es la respuesta). Dicho suceso pertenece al futuro y a más avezadas plumas. Me mueve, eso sí, una visión de conjunto, absolutista mejor dicho, para la cual cuentos, relatos, novelas y ensayos o simples "alacraneos" se subsumen en una escritura unívoca: la primera ficción de J. C. Onetti contiene la más reciente ficción de Juan Carlos Onetti.

¿Desde qué óptica metodológica, escuela o ismo recorro de ida y vuelta el camino que va de 1933 a 1973, de Buenos Aires a Santa María, camino que es una representación, un lenguaje, una mitología?

Intentaré explicarme:

De admitir la preceptiva algo tan extravagante, mi modelo sería el *Reportaje crítico*. De un lado: reconstrucción del doble discurso, de su génesis y arborescencia. De otro: exégesis de su sentido. Cartografía y criptografía. Guía de forasteros y lectura.

Diré, por último, que estoy con quienes proclaman la especificidad de la crítica frente al texto literario; pero, asimismo, con quienes reclaman la "literariedad" del texto crítico.

Las aportaciones de la reciente arqueología onettiana, disciplina —fervor, fidelidad— en la que descuellan los nombres de Ángel Rama, Alberto Oreggioni, Hugo J. Verani y Jorge Ruffinelli, autorizan dos terminantes conclusiones:

1a. Que el surgimiento de las dos aventuras, la del *Hombre* y la del *Escritor*, la de la *Caída* y la de la *Herejía*, datan del cuento bautismal del narrador uruguayo: *Avenida de Mayo-Diagonal-Avenida de Mayo*. Temas como el del "soñador", la ciudad enemiga, la pareja condenada, la evasión rocambolesca, etcétera, irrumpen indubitables.

2a. Que existe un *Manifiesto onettiano* al que la escritura, desplegándose, se pliega (la escritura y, como veremos en su oportunidad, la vida).

Hechas las anteriores precisiones, expongo a grandes rasgos el plan trazado.

En primer término, observo más de cerca el "caso Onetti", su leyenda entre atormentada y maldita, su lógico infortunio. En segundo, me ocupo del *Manifiesto*: cuerpo de consignas disperso en una prédica (*La piedra en el charco*) y un ejemplo (*El pozo*). En tercero, examino el (dícese) único canto de vida y esperanza redactado por Juan Carlos Onetti: *Tiempo de abrazar*, manuscrito perdido del que se publicaron doce capítulos en 1973. Acto seguido, desmonto la "aventura del hombre", sus instancias y acechanzas fundamentales (la ciudad, el amor, la madurez). En quinto término, discierno un aspecto íntimamente ligado al anterior: el rol asignado a "Juntacadáveres" Larsen dentro de la saga (antiépica) que lo hospeda, persigue, martiriza. Enseguida acometo el *Discurso de la herejía*, la manera y ocasión en que éste evade (primero), anatemiza (después), suplanta (a la postre) el *Discurso de la caída.* Por último, lector, abordo el desenlace de la conspiración antirrealista, del cisma imaginario. Desenlace, anticipo, desventurado. Santa María no será en definitiva el *Paraíso* (recobrado). Santa María será definitivamente el *Infierno* (tan temido). Escuche (o recuerde) usted, ésta plegaria del Vicario Díaz Grey: "Juan María Brausen, maldita sea su alma que ojalá se abrase durante uno o dos pares de eternidades en el infierno adecuado que ya tiene pronto para él un Brausen más alto un poco más verdadero". ¿Quién es ese Brausen? Juan Carlos Onetti, desde luego. El escritor que posiblemente redacta, en un suburbio de la ciudad y corte de Madrid, el *Apocalipsis* del *Exodo*, la autófaga página final.

c. *Lista de abreviaturas empleadas*

Por lo que hace a la cita de las fuentes, sigo diversos sistemas. La producción de Onetti, narrativa o ensayística, la consigno de dos maneras: bien mencionando, dentro de un paréntesis, el título abreviado y la o las páginas correspondientes; bien mencionando la página y la edición. En los casos restantes, empleo asteriscos o remito un apéndice llamado, justamente, NOTAS.

He aquí la lista de abreviaturas empleadas:

ADM: *Antología de Marcha.* 1939. Montevideo: Biblioteca de Marcha, 1970.
CC[a]: *Cuentos completos.* Buenos Aires: Centro Editor de América Latina, 1967.
CC[b]: *Cuentos completos.* Buenos Aires: Corregidor, 1976.
LMYLN: *La muerte y la niña.* Buenos Aires: Corregidor, 1973.
OC: *Obras completas.* Aguilar: México, 1970.
RPF: *Réquiem por Faulkner y otros artículos.* Montevideo: Arca, 1975.
TDA[a]: *Tiempo de abrazar y los cuentos de* 1933 *a* 1950. Montevideo: Arca, 1974.
TDA[b]: *Tiempo de abrazar.* Barcelona: Bruguera, 1978.

El último apéndice del libro recoge la bibliografía general.

III. UN CALCULADO INFORTUNIO

a. El espejo y la niña; b. Un *boom* dentro del *boom*; c. El regreso a la clandestinidad; d. La Teoría del Anacronismo y otras (igualmente insatisfactorias).

a. *El espejo y la niña*

Segundo de dos hermanos, Juan Carlos Onetti nace en Montevideo, Uruguay, el 1o. de julio de 1909. Su padre: Carlos Onetti, funcionario público. Su madre: Honoria Borges, dedicada, como solía decirse antaño sin ofensa, a las labores propias del hogar. Fuera de los datos anteriores, todo es conjetura. ¿Hubo, en efecto, un inglés de apellido O'Nety que abandonó su natal Gibraltar para probar fortuna en Sudamérica, una familia faulkneriana por parte de la madre, una infancia épica y lectora, una adolescencia absorta, unos padres enamorados hasta el último instante, sendas bodas con dos primas (a su vez hermanas), un irreparable fracaso escolar a la altura del Liceo, un ataque knuthamsuniano rápidamente conjurado, un viaje irrealizado a la URSS, un deseo también irrealizado de sumarse a las Brigadas Internacionales que combatían en España, un disparo en Bolivia, unos guantes de *pecarí* que atesora una dama, la promesa de un consulado, etc., etcétera? Poquísimo se sabe de la vida de Onetti: datos inconexos, suposiciones, pistas dudosas.[1] No obstante, el escritor uruguayo es menos conocido por sus ficciones que por sus facciones. Buster Keaton tétrico, amargo. Son muchos los que ignoran: ora las razones que empujan al suicidio a Risso, reportero de *El Liberal,* ya la lamentable decadencia de Jorge Malabia, la gran esperanza sanmariana. No así, en cambio, la "bella historia" recogida de boca de Dolly Muhr por María Esther Gilio.

Historia que dice:

Alta, altísima noche montevideana.

Año del 66, o 7.

Onetti relee *El perseguidor* de Julio Cortázar en medio de esa "escenografía de obsesiones" que el español Félix Grande ha pintado con minucia naturalista. Insomnio y alcohol y tabaco y un frío húmedo que trasuda bajo la piel, inmune al abrigo.[2] Rodean al autor de *El astillero,* sumidos en la penumbra del departamento, adosados a las paredes, fijos en sus fotografías o dibujos, los rostros venerados: Dylan Thomas, Mónica Vitti, Hemingway, Proust, William Faulkner, Charlie Parker (etcétera).

Cuando el personaje de *El perseguidor,* el jazzista Johnny Carter, es alcanzado en París (en el corazón) por la noticia de la muerte de *Bee,* su pequeña hija, Onetti deja caer el libro, que rueda al suelo. Con su andar procesional se dirige al cuarto de baño y, una vez ahí, lanza un puñetazo al espejo del botiquín. ¡Pak! ¡Crash!

"Se deshizo la mano. El cuento lo hace sufrir por su hija, que vive en Buenos Aires, ¿usted lo leyó? ¿Lo recuerda?"

Es Dolly Muhr. Por supuesto que Gilio había leído el cuento de Cortázar. Segundos antes, Dolly había conducido a la reportera al baño del departamento, donde le mostró "un botiquín al que arrancaron el espejo. Sobre la madera que lo sostenía habían escrito en lápiz rojo: *Charlie, brother*: Se trata de Bee". Como el lector recordará, *El perseguidor* está dedicado al finado y genial jazzista Charlie Parker.

Así, pues, luego de hacer añicos su rostro a través del espejo, Onetti redactó con lápiz rojo, no con su propia sangre como (a mi entender) convenía al episodio, un mensaje al verdadero personaje del cuento de Cortázar: Charlie brother, Charlie Parker.

De regreso de la inspección ocular en el cuarto de baño, Gilio dice a Onetti (hasta entonces mudo, hasta entonces ajeno a la conversación de su mujer y la periodista); dice:

—Es una bella historia.

—*Babilonia revisitada* de Fitzgerald, también suele arruinarme la vida.

—¿El mismo motivo?

—El mismo.[3]

Por obvias razones, Dolly Muhr echó del domicilio conyugal a *El perseguidor* de Julio Cortázar. Suerte corrida, supongo, también por el no menos formidable relato de Scott Fitzgerald. Sobra aclarar que ni Johnny Carter, al enterarse de la muerte de *Bee,* ni Charles J. Weles, al perder la tutela legal de su hija Honoria, arremetieron a puñetazos contra espejo alguno. El caso, lector, es que Onetti había probado una ración de ese veneno, de esa pócima que él suele suministrar a sus lectores (piénsese en *El infierno tan temido,* piénsese en *La cara de la desgracia*). Sabor, dulcísimo, de la venganza.

Con anécdotas como la relatada y otras, ciertas o fementidas, se forja la leyenda siniestra de Juan Carlos Onetti. Misma que, lo dije ya, y ahora repito, tiende a distraer la lectura, el encuentro con los textos. Ahora bien: llegado es el momento de subrayar que, durante muchísimos años, ni la leyenda ni la obra interesaban fuera de una minoritaria secta de iniciados, secta aposentada en ambas bandas del Río de la Plata. De hecho, Onetti comienza a ser conocido, revalorado, la década pasada, cuando la profecía de Lanza se cumple en sus términos y Larsen o "Juntacadáveres" regresa a Santa María: caserío que se tiende sobre una suave pendiente, entre una Colonia de agricultores helvéticos y un río sin nombre ni oleaje ni espuma, de riberas lodosas (Larsen procederá de Colón, ciudad rival a la que por su culpa, por su grandísimo arrojo, pensó emigrar la buena sociedad porteña. Será otoño. Lloverá en toda la región soñada desde Buenos Aires por J. M. Brausen: la *Plaza Nueva,* la *Curva de Tavarez,* el *Cementerio Viejo,* la *Avenida Artigas, Míguez,* la llanura tapizada de avena y trigo, las casas de campo edificadas en las faldas de la sierra, el *Club Náutico,* la *Isla de Latorre,* el *Portugués,* el *Chamamé, Puerto Astillero, Villa Petrus.* Lloverá, sí. Nadie, ni siquiera Froylán Vázquez, el solitario amigo robado a la ciudad enemiga, lo aguardará en la estación de autobuses. Habrán pasado cinco años. Se verá más bajo y gordo. Domado. Seguirá en pie la orden de expulsión dictada en su contra para aplacar a un pueblo dispuesto a ofrendar su sangre. Santa María Mártir, Santísima María*).

Aludo, por supuesto, a *El astillero.*

b. *Un boom dentro del boom*

Con dedicatoria a Luis Batlle Berres, *El astillero* aparece el año de 1961 luego de fracasar en el seno del Primer Concurso de Novela de la Compañía Fabril Editora. Casa bonaerense ésta que, sin embargo, publica el libro. La postrer e imperecedera batalla del proxeneta E. Larsen había arrancado al menos un gesto conmiserativo de Norah Lange, Marco Deveni y demás miembros del jurado: recomendamos su publicación. Desconozco el título del manuscrito elegido en lugar de *El astillero.*

El traspiés de Juan Carlos Onetti a sus cincuenta y cuatro años de edad y veintiocho de escritor se ceñía a los hechos del pasado. Salvo dos ocasiones, la primera en 1933, la segunda hacia 1940, el narrador uruguayo había llamado en vano, inútilmente, a las puertas de la Judicatura Literaria.

La historia principia con los 40's, con el concurso novelístico patrocinado por la casa Farrar & Rinehart de Nueva York. Concurso dividido en dos instancias: local, final; ambas inapelables. Onetti envía *Tiempo de abrazar,* el mítico manuscrito leído por Roberto Arlt en treinta y tantos. Pero *Tiempo de abrazar* no pasa de la primera eliminatoria. El jurado uruguayo encargado de escoger la novela que contendería en la final neoyorkina, resuelve en favor de *Yyaris* de Diego Nollare. Más perspicaces, los peruanos seleccionan la novela a la postre ganadora del concurso Farrar & Rinehart: *El mundo es ancho y ajeno* de Ciro Alegría.

Sin reponerse aún del todo del golpe asestado por Nollare, J. C. Onet-

* Acerca de la fundación de la ciudad imaginaria, *cf.* cáp. XVII.

ti (así firmaba entonces) apresura la redacción de otro manuscrito: *Tierra de nadie.* Esto con el fin de participar en el concurso de novela convocado, del otro lado del río, en Buenos Aires, por la Editorial Losada. Infructuoso desvelo. El jurado, cuya integración ignoro, otorga el primer lugar a *Es difícil comenzar a vivir* de Bernardo Verbitsky. Premio de consolación: Losada publica *Tierra de nadie* (si bien curándose en salud, como lo dije ya, en lo relativo a la crudeza del lenguaje).

Nueva York, 1960: la revista *Life en Español* alienta los sueños y las esperanzas de los cuentistas latinoamericanos. Aunque Juan Carlos Onetti participa con una obra maestra, *Jacob y el otro,* el primer lugar es para Marco Denevi y su *Ceremonia secreta.* Poco después tiene lugar la derrota de *El astillero* en el certamen de la Compañía Fabril Editora.

Derrota que se transmuta de golpe en sonadísima victoria, moda.

¿A qué atribuir la inopinada celebridad que se abate sobre Juan Carlos Onetti en la primera mitad de los 60's? ¿Sobrepujaba *El astillero* a *El pozo* (1939), *Tierra de nadie* (1941), *Para esta noche* (1943), *La vida breve* (1950), *Los adioses* (1956), *Una tumba sin nombre* (1959)? ¿Las sobrepujaba hasta el punto de configurar el primer fruto acabado de un estilo antes errátil, siempre en ciernes? ¿Errátil y en ciernes la otra tradición onettiana, la cuentística, misma que había producido *El posible Baldi* (1934), *Un sueño realizado* (1941), *Bienvenido, Bob* (1944), *El álbum* (1953), *Historia del Caballero de la Rosa y la Virgen encinta que vino de Liliput* (1956)? En modo alguno, lector.

Verdad es que *El astillero* sitúa a su artífice entre los inmortales de la novela contemporánea. Un hombre, Junta Larsen, que conoce algo más espantoso que el odio y la execración públicos: la decadencia de sus virtudes, la venganza teológica y, de ser cierto el rumor propalado entre otros por el propio Onetti, la muerte. Porque Larsen asumirá la Gerencia General de una empresa entregada a la herrumbre y el pillaje: los astilleros de D. Jeremías Petrus[4]; cortejará a una heredera desposeída y babeante: Angélica Inés Petrus; reclamará para sí —lar, seno— el último reducto del Imperio en ruinas: la Mansión Petrus. Espejismos que se apagan en un amanecer devastado. Por su tono, por su atmósfera, por la pericia con la que la esencia y la apariencia del relato se corresponden y requieren, por la inserción de un episodio sanmariano en el vasto universo (que diría Borges) *El astillero* informa una novela impar, única, irrepetible. Pero (puntos suspensivos).

Verdad es, por igual, que no pocos de los títulos —novelas, cuentos— arriba citados dispútanle, en parte o exhaustivamente, su carácter de *master piece.* Pienso en *Para esta noche,* ficción política (en la superficie) que la realidad reescribe. Pienso en *La vida breve* no obstante su barroquismo técnico, tan a flor de página: texto que se (des)hilvana a sí mismo. Pienso en *Los adioses*: ficción policial cuya intriga, las relaciones peligrosas entre un hombre y dos mujeres, se mantiene todavía intacta pese a las incisivas averiguaciones de Wolfgang A. Luchting. Pienso (para finalizar) en ese relato pérfido y deslumbrante que se intitula *El infierno tan temido*: crimen pasional perpetrado no con puñal, pistola o veneno sino con un ramillete de fotografías obscenas.

¿A qué atribuir, repito, el vertiginoso enaltecimiento que saca a Onetti (*stepanwolf*) de su guarida montevideana y extiende su liturgia más allá de Río de la Plata?

A una evidente razón metaliteraria.

Contemporánea de *Sobre héroes y tumbas* (Sábato), un año anterior a *La ciudad y los perros* (Vargas Llosa), *El siglo de las Luces* (Carpentier) y *La muerte de Artemio Cruz* (Fuentes), la historia de la pasión (¿y muerte?) de E. Larsen se ve arrastrada por la jocunda buena nueva de la Nueva Novela Latinoamericana (NNL o *boom*). Sus publicistas más esforzados, hablo de Carlos Fuentes, hablo de Mario Vargas Llosa, hablo de José Donoso, parricidas en busca de paternidades, descubrieron un autor que, inadvertido e icorruptible, solitario y voraz, había inventado (y seguía frecuentando) eso que el peruano Vargas Llosa bautizó *Novela de creación* (opuesta a la otra: *primitiva*).[5]

Onetti es proclamado precursor.

Precursor y par.

El astillero se vierte al inglés, al francés, al italiano. Los críticos y los lectores del lado de acá y del lado de allá (que diría Cortázar) descubren una narrativa esencial, polisémica, doliente, difícilmente comparable. ¿O comparable a la de quién? ¿A la de Roberto Arlt? Quizá. ¿A la de Céline? Quizá. ¿A la de Faulkner? Quizá.[6] Un *boom* dentro de la NNL: Juan Carlos Onetti, diez años más joven que Jorge Luis Borges, cinco más viejo que Julio Cortázar, contemporáneo de Ciro Alegría, Malcom Lowry, Eric Ambler.

Arca (Montevideo), Centro Editor de América Latina (Buenos Aires), Monte Ávila (Caracas), Aguilar (México), etcétera, reeditan o antologan los títulos que habían aparecido las décadas anteriores en Montevideo y (ante todo) Buenos Aires (durante la primera mitad de los 70's, salen a la luz pública los escritos anteriores a 1939). Entre 1965 y 1967, para citar un ejemplo contundente, se consumen tres ediciones de *El pozo* (la edición original, en cambio, se tomó sus veintisiete años, casi toda una generación, para agotarse). Y, lo dije ya, en 1969 Casa de las Américas (La Habana) publica la primera recopilación de estudios (y opiniones) sobre la obra del montevideano, inaugurando de esta guisa un género que se dilatará hasta bien entrada esta década: el *Homenaje*, el *mea culpa* del estamento crítico.*

* *Cf.* Inciso b, del cáp. II.

Como escribió Rodríguez Monegal hacia 1966: "Los tiempos han cambiado y ahora todos lo leen, lo imitan, escriben sobre él".[7]

La oleada empuja a Onetti fuera del Plata, sede del culto. Pero si bebe a la memoria de Dylan Thomas en la barra de la *White Horse Tavern* (Greenwich Village, Nueva York) y visita Caracas como aspirante al Rómulo Gallegos, no pisa tierra europea. No entonces. El año de 1973, la casa Salvat incorpora *El astillero* a su en verdad popular, en verdad masiva Biblioteca Básica y Onetti accede a los puestos de periódicos y revistas. Quién lo dijera, apenas unos años atrás, cuando la obra y la vida del autor de *El pozo* era asunto de catecúmenos. Pero regreso a la década de la NNL, del *boom*. Cancelando cualquier malentendido acerca de la estela de admiración levantada por la novela de 1961, el escritor entrega a las prensas una obra notable: *Juntacadáveres*; y dos obritas maestras: *La cara de la desgracia, Jacob y el otro.*

¿Qué más se requería para una consagración absoluta, irreversible, digamos la de un Cortázar o un García Márquez?

Respuesta: poquísimo, sin duda, en tratándose de otro autor. Juan C. Onetti desprecia los bombos del *boom*, los fastos del festín concertado por la Nueva Novela Latinoamericana. Asiste, sí, a congresos y coloquios; sólo que frente a reporteros, *schoolars* y devotos o simples curiosos no dicen esta boca es mía en lo relativo a los álgidos asuntos, literarios o no, del momento. Exaltadísimo momento en que el narrador latinoamericano asumió los papeles de arúspice, politólogo, futurólogo, historiador, cronista deportivo, chamán,. Voz de la Raza, adalid, lingüista, antropólogo cultural, experto en asuntos económicos, etc., etcétera. Esa celebridad tantísimos años denegada, renuente, era algo que le sucedía a otro. Únicamente el talento ligaba a Onetti a la pléyade de novelistas latinoamericanos que cada día, cada nuevo título, asombraba al mundo. Su parquedad, de la que dan constancia fotografías y caricaturas, y que no defrauda el trato directo, mantúvose inalterable hasta el final. Y cuando no inalterable: distante, desdeñosa, desganada. Onetti se colocó en la penumbra, lejos de ese escenario donde actuaban, locuaces, brillantes, sus descendientes y pares.

Onetti precisa más adelante sus relaciones con la NNL: "Cuando se dio el "bum" yo ya había escrito mucho y era conocido. Por eso digo que no tengo nada que ver (con él). El "bum" me arrastró a mí y lo hicieron los jóvenes".[8]

c. *El regreso a la clandestinidad*

Caracas, Venezuela, 1967. Dos novelas con tema prostibulario, *La casa verde* del peruano Vargas Llosa y *Juntacadáveres* del uruguayo Juan Carlos Onetti, se disputan el Premio Rómulo Gallegos.

Fushía y Larsen.

Onetti resulta perdedor.

"Lógico. Date cuenta que mi prostíbulo era más modesto: no tenía orquesta."

Dirá Onetti luego, más divertido que maligno, a Álvaro Castillo.[9] Lo indudable, lector, es que 1967 marca el descenso de la curva. Si *Juntacadáveres* (1964) se traduce al francés y al portugués y se reedita dos ocasiones en el término de cuatro años, el cuento *La novia robada* (1968), mismo que relata el fin de una de las cabecillas del Falansterio de Santa María, Moncha Insaurralde, y la novela *La muerte y la niña* (1973), pieza fundamental para el estudio de la región imaginaria, merecen escasa atención. Como en los viejos tiempos, cuando *El pozo, Para esta noche, La vida breve,* etcétera, etcétera, aparecían en Montevideo o Buenos Aires en medio de un vacío crítico impenitente, unánime (o casi).

Después de desbordarse, las aguas del onettismo tornaron a su cauce original: subterráneo.

Esto se evidencia en 1974. *Marcha,* el semanario fundado por Carlos Quijano y del que Onetti fuera su primer secretario de redacción, había convocado a un concurso de cuento, uno más en su larga historia de órgano promotor de la narrativa uruguaya. El jurado, del que formaba parte Juan Carlos Onetti, elige *El guardaespaldas,* cuento remitido por Nelson Marra: monólogo interior y muerte violenta de un esbirro, de un agente de la contrainsurgencia. Ignoro si alguien relacionó, entonces, al personaje de Marra con Morasán, el perro policial que también tiene su día en las páginas finales de *Para esta noche* (1943). El caso, lector, es que *El guardaespaldas* es tachado de, cita literal, "escandalosamente pornográfico y grosero, una apología del crimen, calumnioso hacia las fuerzas de seguridad". Los jurados, el director de *Marcha* y el escritor ganador del concurso son aprehendidos. *Marcha* es clausurada más adelante (el siguiente paso será —lo fue— destruir sus archivos). A diferencia de los demás detenidos, Nelson Marra, el autor de *El guardaespaldas,* continúa actualmente en prisión.*

Ahora bien: la protesta por la situación de Juan Carlos Onetti, ahí donde la hubo, vióse empañada, cuando no disminuída, por otro caso, espectacular, avasallante: el destierro del escritor Solzhenitzyn. Muchos ni siquiera se enteraron que la mayor gloria literaria del Uruguay, uno de los próceres de la novelística y de la cuentística de América Latina, el autor de *El astillero* y *Juntacadáveres,* sufría un trato cuartelario bajo los obscenos cargos de pornógrafo, apologeta del crimen y calumniador.

Hoy por hoy, de regreso de su nombradía secreta, de su indeseada mo-

* *Cf.* inciso a. cáp.. XII.

da y de la venganza estulta de la gerontocracia uruguaya, Onetti vive en España. Redacta una que otra noche el "novelón" que pondrá fin a su aventura de escritor. Tolera las ocasionales ofrendas y encarnizadas disputas doctrinales de la secta que lo tiene por Deidad. Cumple a pie juntillas el régimen de abstención alcohólica que le prescriben de tarde en tarde. Viaja, de ser forzoso. Todo sigue como antes, pese a la lejanía de Montevideo y Buenos Aires.*

Ahora bien: ¿el desinterés con el que Onetti asistió a su exaltación, basta para explicar su retorno a la oscuridad? Me temo, lector, que no.

d. *La Teoría del Anacronismo y otras (igualmente insatisfactorias)*

Para el crítico Emir Rodríguez Monegal, la clandestinidad en la que se debate J. C. Onetti débese a su carácter anacrónico. La vocación del autor de *Tierra de nadie* es el fracaso, que no el éxito. Fracaso, empero, de la "oportunidad", que no de la calidad. O se adelanta o se demora. "En 1941, Onetti llega demasiado pronto para arrebatar el premio a Ciro Alegría y peca de anacronismo por ser un adelantado de la nueva novela. En 1967 llega demasiado tarde para poder disputar seriamente el premio a Vargas Llosa, y su anacronismo es el de todo precursor. Descolocado, desplazadísimo, Onetti no está nunca en el escalafón literario. Esta, sí, en la literatura..."[10]

Otro elemento a considerar, junto al anterior, es, a mi juicio, el siguiente: la espesura e imbricación del (doble) discurso onettiano. Para quienes, por un feliz accidente o a resultas de la encendida promoción organizada por la NNL, descubrían apenas al autor uruguayo, *El astillero* abrió interrogantes sobre las que no recayeron respuestas categóricas. Primero: porque las reediciones de los títulos anteriores a 1961, de bajos tirajes y circulación limitada, apenas si alteraron la tradición de un autor y una literatura marginales. Segundo: porque se carecía de una bibliografía crítica a la mano, capaz de orientar los pasos de los lectores dentro y fuera de las páginas invernales, infernales, de *El astillero.* Novela constelada de signos sólo en parte descifrados, alusiones, elusiones, sombras proyectadas desde quién sabe qué cuerpo verbal del pasado. O del futuro. Reza el párrafo inaugural:

> Hace cinco años, cuando el gobernador decidió expulsar a Larsen (o *Juntacadáveres*) de la provincia, alguien profetizó, en broma e improvisando, su retorno, la prolongación del reinado de cien días, página discutida y apasionante —aunque ya casi olvidada— de nuestra historia ciudadana. Pocos lo oyeron y es seguro que el (OC: 1050)

* De última hora: Onetti preside el 1er. Congreso Internacional de Escritores de Lengua Española reunido en Las Palmas Canarias.

> mismo Larsen, enfermo entonces por la derrota, escoltado por la policía, olvidó enseguida la frase, renunció a toda esperanza que se vinculara con su regreso a nosotros.

Nosotros: Díaz Grey, el lector, Barthé, yo, Guiñazú, Hagen, el cura Bergner y su sobrino Marcos, Angélica Inés Petrus, Santa María. Pues bien: exclusivamente los iniciados estaban al tanto de ciertas claves que la novela de 1961 insinúa sin abordar o aborda entre líneas. Por ejemplo: que en la antiépica sanmariana, no en la épica napoleónica, el *reinado de cien días* significaba la memorable historia del burdel de la costa regenteado por Junta Larsen; fuertes indicios de esta *página discutida y apasionante* asoman en tres textos anteriores: *La vida breve, El álbum* y *Una tumba sin nombre* (aunque el episodio no será conocido en su integridad sino hasta 1964, con la salida de *Juntacadáveres*). Por ejemplo: que Santa María era menos un lugar que un sueño, un territorio soñado por un pobre diablo, J. M. Brausen, en el número 600 de la calle Chile, el café *Petit Electra,* el puerto y otros parajes de la ciudad de Buenos Aires. Por ejemplo: que Junta, la figura que cruza *El astillero* como una llamarada que se extingue en el cieno, informaba una de las más antiguas creaciones de Onetti. Anterior a Ossorio, anterior al Dr. Díaz Grey, anterior a la mismísima saga de Santa María.

Etcétera.

Con todo y su espléndida unidad semántica y prosódica, *El astillero,* la novela que "lanza" a Onetti, constituía un fragmento, inmortal si se quiere, pero fragmento a fin de cuentas, de una totalidad imaginaria que lo precedía y anunciaba. No pocos recién llegados debieron aguardar meses, años enteros, para imponerse de una trama novelesca que brota para y desde una escritura que la teje, emplaza, aplaza, atesora.

Añádase, a lo anterior, el hecho de que el uruguayo es un escritor harto difícil, barroco, tan dotado de recursos narrativos como ambiguo. "A Onetti todo el mundo le teme", advierte el crítico alemán Wolfgang Luchting. Y añade: "Al menos es ésta la impresión que me causa la lectura del magro número de estudios, reseñas e intentos de análisis de sus obras. Yo, lo admito, también tengo cierto miedo a "meterme con Onetti": es tan complicado, tan hermético".[11]

Digo que la condición furtiva, marginal, de Juan Carlos Onetti no es producto ni del anacronismo ni de la inaccesibilidad ni del hermetismo. Como tampoco lo es de la indolencia de la crítica o del poco juicio de los tribunales literarios. Solos o en cortejo, estos incidentes robustecen tan sólo la auténtica, la ignorada causa del infortunio literario (y algo más) de J. C. Onetti o Juan C. Onetti o Juan Carlos Onetti. Nombrémosla de nueva cuenta: una decisión personal, una elección existencial y artística. *Arte y Vida.* O *Arte y Verdad.* La palabra como salvación.

Si bien aclaro al punto: no me propongo leer la bibliografía a través de la biografía. Indagar cuánto del autor hay en (digamos) Díaz Grey, médico y vicario. O en qué grado Santa María nace de la nostalgia de Montevideo y la imitación de la ciudad de Paraná, en Entre Ríos. Si hablo de *Vida* y *Obra,* mejor aún, de *Ética* y *Estética,* es porque aquí son inseparables. Si no en el plano del texto, sí en el de la vocación literaria que lo sustenta. Onetti postula una actitud por demás peculiar: repudia toda teoría de la Creación Literaria, pero se somete, hasta extremos inusitados, a un manojo de consignas; desprecia la técnica, pero obedece un dogma moral que decide y complica sus procedimientos narrativos.

Procede, pues, al estudio de la elección romántica que hizo de Onetti lo que Onetti es: un gran, extraño, desdichado, perdurabilísimo artista.

IV. EL MANIFIESTO

a. Los jueves malditos; b. El sermón de la piedra; c. Las tierras vírgenes; d. El secreto del éxito; e. La vida artística; f. El sacrificio inútil; g. La escritura salvaje.

a. *Los jueves malditos*

Conocí al Dr. Carlos Quijano durante la realización de un programa radiofónico sobre la historia inmediata del Uruguay. No pasó mucho tiempo antes de que nos reuniéramos de nuevo para charlar de *Marcha,* su primer secretario de redacción, el contexto en que aparecieron *La piedra en el charco* (prédica) y *El pozo* (ejemplo), la represión desatada con motivo de *El guardaespaldas* de Nelson Marra, etc., etcétera. Quijano fundó (y dirigió hasta su clausura) *Marcha,* la revista sin la cual la cultura y la política contemporáneas de su país carecerían de testimonio (testimonio que se hunde en la historia, que va más allá de los archivos del semanario; de ahí lo ilusorio de la orden de incendiarlos, reducirlos a cenizas).

—¿Cómo se cruzaron las vidas de Carlos Quijano y Juan Carlos Onetti, nueve años menor?

Le pregunté, de entrada.

—Mire usted —respondió Quijano—, yo era buen amigo de un hermano suyo, el Dr. Raúl Onetti, quien fue profesor adjunto mío en la Facultad de Derecho. Exactamente no le puedo decir cuando conocí a Juan Carlos Onetti. (Pausa). Han pasado tantos años.* (Pausa). Lo cierto es que nosotros resolvimos hacer *Marcha* en el año de 1939, a fines del 38, en momentos en que declaramos muerto a otro semanario que teníamos,** para hacer una publicación de mayor significación intelectual y política. Bueno, me encontré con Onetti, no sé ni dónde ni como, a quien ya conocía y de quien tenía además muy buena opinión. Así entró de secretario de redacción de *Marcha.* Con este agregado: nosotros instalamos la redacción de *Marcha* en un lugar muy céntrico de Montevideo, la Plaza Constitución. Ahí tenía yo mi despacho de abogado con otros compañeros. Ahí pusimos la redacción de *Marcha.* Ahí, en una pieza del fondo, vivía Onetti.

* Entrevisté a Quijano el verano de 76.
** *Acción.*

El paso de J. C. Onetti por *Marcha* documenta la parte, llamémosle así, solidaria y luminosa de la leyenda negra.

Entre 1909 (año de su nacimiento) y 1930 (año de la primera escapada a Buenos Aires), el país de Onetti, Uruguay, emprende y consolida la imagen de una excepción admirable: estado de derecho, altivo civismo, "welfare", democracia avanzada. En suma: la *Suiza de América,* según se le motejó. Él, Onetti, habría vivido una niñez dichosa, libérrima, presidida por el ejemplo de unos padres enamorados y la lectura de *Fantomas* y Verne (y quién sabe cuántas sagas épicas más). Luego habría desembocado en una adolescencia ensimismada, en otras lecturas, en las primeras escaramuzas textuales, en la imitación (breve) de Hamsum, antes o al mismo tiempo que fracasaba en el Liceo por culpa de una materia (dibujo) que lo expulsaría para siempre de cualquier paraíso académico. También, hacia el 29, habría deseado viajar a la URSS para ver con sus propios ojos la edificación de la nueva sociedad. Un año después, acompañado de su flamante esposa (y prima) María Amalia Onetti, se habría dirigido a Buenos Aires (Brausen, en su momento, el de la escritura, hará otro tanto; y cuando todo esté perdido se lamentará de no haber marchado al norte, al Brasil, o saltado a la cubierta de un barco).

Al decir de Luis Harss, el joven Onetti merodea, sin consecuencia, por el *campus* universitario. Lo cierto es que trabaja aquí y allá: operario de un taller de reparaciones, vendedor a domicilio de máquinas de escribir marca *Víctor,* empleado de "una empresa que fabricaba silos para las cooperativas agrarias", etc. etcétera.

¿Escribe?

Sí, escribe. Esporádicas reseñas cinematográficas para la revista *Crítica.* Relatos. Quizá algún borrador de *El pozo,* o *Tiempo de abrazar.*

A finales de 1932, Onetti se entera de un concurso sudamericano de cuento organizado por *La Prensa* de Buenos Aires: diez primeros lugares y una bolsa de 400 pesos para c/u. El montevideano participa con un texto escrito ex-profeso, o antes del concurso (aunque no antes de 1930), y llegado el momento lo descubre en la lista triunfadora. *Avenida de Mayo-Diagonal-Avenida de Mayo,* título del cuento, se publica en las páginas de *La Prensa* a comienzos de 1933.[12] Onetti tenía 24 años de edad, la edad en la que los jóvenes puros e implacables que poblarán su narrativa principian a vislumbrar la tierra de nadie donde se pudrirán sin remedio, día tras día. A no ser, claro está, que intercedan la locura, la muerte, o esa mezcla de locura y muerte que mece el cuerpo inerte de Julita Bergner en las páginas postreras de *Juntacadáveres.*

Los cuatrocientos pesos del premio en poco alivian la situación de la joven pareja. En 1934, Onetti pone fin a su primer exilio, regresa a

Montevideo. Entre otras pérdidas, debe contarse un manuscrito (la versión original de *El pozo*) olvidado a última hora.

"Había vuelto de mi primera excursión a Buenos Aires fracasado y pobre."

Nos dice Onetti en *Semblanza de un genio rioplatense.*[13] Ruffinelli anota un nuevo matrimonio, esta vez con María Julia Onetti, hermana de la primera mujer, y el retorno "al diverso oficio de la sobrevivencia".[14] Al parecer, del naufragio de una compañía de neumáticos, rescata, a Onetti, la propuesta de Carlos Quijano.

Pregunté a éste último:

—¿Cuáles eran las tareas de Onetti en *Marcha*?

Transcribo la respuesta:

—Bueno, controlaba el material conjuntamente conmigo, aunque yo tenía mucha confianza en las cosas que él hacía. Onetti vigilaba sobre todo la parte literaria y se encargaba del armado, es decir, de ir al taller, ver la titulación, la presentación gráfica, cortar, etcétera.

Menesteres que, en el recuerdo de Onetti, adoptan la forma de jornadas de sol a sol y calcetines ensangrentados.[15] Pero no hay duda al respecto. El desconocido cuentista J. C. Onetti —*El obstáculo* aparece en 1935, *El posible Baldi* en 1936—, se convierte en factótum de la publicación que nace y se mantiene ,hasta que es liquidada, como una de las más decisivas de América Latina. Secretario de Redacción. Responsable de la página literaria del semanario. Escritor emergente que llena, segundos antes del cierre de la edición, los huecos dejados por colaboradores remisos. Sobre éste último y poco conocido episodio, Onetti me confió, en 1976, lo que a la letra transcribo:

—Muchas veces rellené páginas de *Marcha* con cuentos, metiendo un nombre cualquiera, nombres extraños escandinavos o ingleses. (Pausa). Hasta el punto de que la gente venía a preguntarme: "¿Usted no sabe de esto?", "¿Me das tal libro?". Yo era el secretario de redacción, no tenía más remedio que terminar tal día. Los jueves malditos tenía que estar *Marcha* lista. Entonces lo que no había yo lo ponía, a veces con discrepancia de Quijano que me decía: "¿Pero y esto, qué es esto?". Son fragmentos de la novela tal de Johnny Dolter o cualquier cosa así. Qué iba a decir. Cayó en mis manos, lo leí, me gustó mucho. No le iba a decir a Quijano que lo inventaba yo. Hoy yo lo haría, sí.

Los pastiches del secretario de redacción de *Marcha* eran, en su gran mayoría, del género policial. Toca a la arqueología exhumar esas páginas escritas durante 1939 y, quizá, 1940, con tanto apuro como éxito. Téngase presente que el juego no fue descubierto ni por los lectores ni por ese sagaz investigador de la realidad textual o real que es Carlos Quijano.

Y falta lo más importante.

Amén de todo lo anterior, Onetti publica en *Marcha,* debidamente embozado, una columna de "alacraneo literario" que hoy por hoy leemos en calidad de *Summa, Decálogo, Declaración de Principios, Manifiesto, Ars Poética, Código Moral.* Hablo, sí, de la sección *La piedra en el charco.** Su rescate, a partir de 1973, crea las verdaderas condiciones de posibilidad para el análisis de la obra (a la par) fatalista y cismática, enlutada y subversiva, de Juan Carlos Onetti.

b. *El sermón de la piedra*

Retomo, con la venia del lector, mis conversaciones con el hombre que reveló a Onetti un camino (el periodismo) diverso al de los oficios sin huella y lo empujó, al margen de un pseudónimo y un tono chocarreros, a una reflexión acerca de la literatura. De sus mortificaciones, exigencias y misterioso botín.

—Don Carlos, ¿cómo surgió *Periquito el Aguador?*

—Se lo cuento. (Pausa). La idea surgió de la siguiente manera. (Pausa). Ya Onetti en alguna parte ha hecho referencia...

—Sí. Onetti ya ha dado su versión de los hechos.

—En la cual novela. (Pausa) Yo tenía y tengo una sobrina a quien quiero mucho. Era entonces una chica de dos o tres años. Su padre le cantaba canciones de *Periquito el Aguador.* Recuerdo que empezaba: "A *Periquito el Aguador* lo llevaron a enterrar, el cajón era de lata, se le cayó la alpargata", cosas así, absurdas, que el padre le inventaba en el acto para que la chica se durmiera y lo dejara tranquilo. Eso de *Periquito el Aguador* me había quedado a mí. (Pausa). Tenía yo, por otra parte, la preocupación de que nosotros éramos un poco una piedra en el charco, que aquello era una especie de pantano, en fin tal, y que había que empezar a tirar piedras aunque no fuera contra personas, pero sí contra valores constituídos. De ahí surgió *La piedra en el charco* y el pseudónimo *Periquito el Aguador.* Yo le pedí a Onetti que se hiciera cargo de la sección. Me dijo eso que él ha contado: "Yo de esto no sé nada". (Pausa). No creo que sea absolutamente cierto que yo le haya contestado: "Yo tampoco entiendo nada de política". (Pausa). Ese es el origen de *La piedra en el charco.* Que él hizo con mucha gracia y con mucha originalidad.[16]

La sección aparece desde el primer número de *Marcha* y continúa hasta 1941, no obstante que, para esta última fecha, Onetti, autor de tres cuentos y una novelita intensa y prohibida, *El pozo,* vivía ya (o se disponía a hacerlo) lejos del charco uruguayo, en Buenos Aires.

Veintitrés de junio de 1939. En su colaboración inaugural, *Periquito el Aguador* considera los motivos que lo llevan a lanzar piedras a

* Autor: *Periquito el Aguador.*

diestra y siniestra en el plácido remanso de la literatura nacional. Denuncia la depresión, la molicie, la necrofilia de textos y estilos. Subraya, premonitorio, la imagen de "un país fantástico en que de pronto hubiera desaparecido la juventud y el reloj de la vida siguiera dando siempre una idéntica hora" (RPF: 16). Denuncia también el sacrificio, simbólico, de las letras en aras de las armas: sacrificio que había perdido a toda una generación. Cada uno debía volver a lo suyo, tras esa aura "reordenadora, neoromántica, impregnada de ancho humanismo", que, según *Periquito,* daba en ese momento la vuelta al mundo.

Lector de vanguardia, al tanto de las novelísticas europea y norteamericana de los 30's, ya admirador de Faulkner y Céline y Proust y Hemingway (en ese orden), *Periquito el Aguador* se mofará de los rituales de la vida literaria local, de hazañas tales como la del diputado Armando Pirotto, consistente en escribir, en Montevideo, la verdadera, la definitiva historia de la Noche de San Bartolomé "que ensangrentó la capital de Francia". Pero, al mismo tiempo, trazará el proyecto de su propia obra y definirá la renuncia personal que la realización de la misma impone. Dispersos, obsesivos, aparecerán y reaparecerán temas que yo, bajo mi estricta responsabilidad, intitulo: "Las tierras vírgenes", "El secreto del éxito", "La vida artística", "El sacrificio inútil" y "La escritura salvaje". Como asentaré en su momento, todos y cada uno de estos aspectos se disuelven en una clave de sustancia metaliteraria: la sinceridad.

Un tono de prédica, más que de crítica, impregna *La piedra en el charco,* sección, repito, crucial para la lectura de esa saga *doubleface* que tiene por escenario a Montevideo, Buenos Aires y Santa María. El verdadero interlocutor de *Periquito* es el sujeto oculto bajo el disfraz picaresco: Onetti. *Avenida de Mayo-Diagonal-Avenida de Mayo, El obstáculo* y *El posible Baldi,* precisas intuiciones, hallarán en el sermón de la piedra su estética y su ética. La novela *El pozo,* llevará a claros extremos las consignas de *Marcha.* Todo lo narrado después de 1939 se mirará en las aguas, admonitorias de *La piedra en el charco,* aullantes de *El pozo.*

Me ocupo, en primer término, de la prédica.

c. *Las tierras vírgenes*

No existe un libro donde las gentes y los lugares del Uruguay puedan reconocerse. Culpa, sin duda, del lenguaje: remedo del que se estila en España o calco del francés.

Tampoco es verdadero idioma patrio el "color local" (para usos de turistas que el país no tiene) de los llamados "escritores nativistas".

Lo que se requiere es un lenguaje de escritor: espontáneo, inconfundible, fruto natural de su medio (RPF: 18).

De Europa debe importarse lo que no se tiene: "técnica, rigor, seriedad" (RPF: 24).

Fulano de Tal obra bien al escribir una novela acerca del "complejo de Edipo con agregados narcistas" que le cupo en suerte descubrir en la persona del gaucho Santos Aquino (vecino de Charabón Viudo). La cuestión es otra. Que tales prosas *gauchas* no abreven, tan sólo, en quince días de licencia burocrática pasados en el campo y la lectura de Martín Fierro, Javier de Viana y "alguna décima más o menos clásica".

¿Y la ciudad, Montevideo?

No existe. Así cuente con el mayor número de "doctores, empleados públicos y almaceneros" que todo el resto del Uruguay. No existe ni existirá hasta que "nuestros literatos se resuelvan a decirnos cómo y qué es Montevideo y la gente que la habita". Y que no se arguya la falta de tema. *Periquito* recuenta: el Bajo, la metamorfosis física de la ciudad "que levanta un rascacielos al lado de una chata casa enrejada", las oleadas de inmigrantes, los cambios introducidos en la sociedad oriental a partir de 1933.[17] Todo esto, "tiene y nos da una manera de ser propia. ¿Por qué irse a buscar los restos de un pasado con el que casi nada tenemos que ver y cada día menos, fatalmente?".

Cuando los escritores cuenten cómo es el alma de la ciudad, Montevideo y sus habitantes "se parecerán de manera asombrosa a lo que ellos escriben". Ya lo dijo Wilde, frase inteligentísima: *La vida imita el arte* (RPF: 28).

Esto se publica en momentos en que esplende el *Ancient régimen* novelesco de América Latina.

El lector convendrá en que eso del simple "alacraneo literario" es falsa modestia del autor de *La piedra en el charco*. En el pasaje anterior, Onetti presagia los nuevos tiempos que florecerán tres o cuatro décadas más tarde. El Montevideo de Benedetti y Martínez Moreno. El Buenos Aires de Marechal, Sábato y Cortázar. La Lima de Salazar Bondy y Vargas Llosa. La Habana de Cabrera Infante. La ciudad de México de Revueltas y Fuentes.

Paradójicamente, Onetti abandonará las "ciudades grises y abiertas del plata, donde circulan y arrastran todos los vientos", atraído por ese voraz destierro de lo circundante en que se suma y sume su obra.

d. *El secreto del éxito*

—*Muy simple. Yo he durado.*

Revela André Maurois, flamante miembro de la Academia Francesa, al periodista que lo interroga sobre el secreto de su éxito literario. ¿Duración? ¿A qué clase de duración se refiere Maurois? Pregúntase, a su vez, *Periquito el Aguador,* siempre atento a lo que sucede dentro y fuera del charco.

Su respuesta, lector, explica por qué Onetti ha sobrevivido a las escuelas y a las mafias dispensadoras de famas, al olvido y a las vindicaciones hasta ahora siempre incumplidas.

La *duración* a que alude el novelista francés, advierte *Periquito,* no es la duración consistente en escribir contranatura, despiadadamente, desde la segunda infancia hasta la senectud. No. Otra. Otras.

a) *Frente a la diversidad de temas*:

"Durar frente a un tema, al fragmento de vida que hemos elegido como materia de nuestro trabajo, hasta extraer, de él o de nosotros, la esencia única y exacta".

b) *Frente al mundo exterior*:

"Durar frente a la vida, sosteniendo un estado del espíritu que nada tenga que ver con lo vano e inútil, lo fácil, las peñas literarias, los mutuos elogios, la hojarasca de mesa de café".

c) *Frente a la desazón del fracaso*:

"Durar en una ciega, gozosa y absurda fe en el arte, como una tarea sin sentido explicable, pero que debe ser aceptada virilmente, porque sí, como se acepta el destino".

(RPF: 21, 22).

Franco llamado a la clandestinidad. La escritura como renuncia e idea fija.

e. *La vida artística*

Periquito el Aguador, el lector lo habrá advertido ya, frecuenta menos el texto que la crítica de costumbres. El día 30 de junio,* sostiene que la auténtica literatura nacional será posible en la medida que aparezca "el hombre cuyo destino sea escribir; sin sucedáneos ni agregados", el hombre "que viva para su oficio" (RPF: 19). Advertencia que, cuatro meses luego retoma entre burlas y veras, extensamente. Promete a sus lectores que una remota mañana, toda luz primaveral y escándalo de pajarillos, acometerá un monumental *Who's who* de la literatura uruguaya o "qué clase de gente hace literatura en esta tierra".

El trabajo de marras principiará con un toque estadístico: porcentaje de catedráticos escritores, abogados escritores, rentistas escritores, maestros de escuela escritores (RPF: 29). Hecho esto, *Periquito* estaría en condiciones de discernir quiénes "son escritores de veras, hagan lo que hagan con el resto de su tiempo" (RPF: 30).

Aunque no, no bastará.

* De 1939, recuérdese.

De lo estadístico, tendría que pasarse a otro aspecto: la vida privada de los escritores uruguayos. Esto último, no la posesión de un oficio, es lo que, en realidad, interesa al francotirador de *Marcha*. Entre nosotros, dice, todo el mundo hace literatura, "pero no gente conformada psíquicamente para eso". Catedráticos, médicos y rentistas se guían por una escala de valores que no es, no puede serlo, la del artista. En este terreno, sigue, todo es confusión y decadencia si se compara el actual charco de la literatura uruguaya con ese pasado que contó con un Roberto de las Carreras, un Herrera y Reissing, un Florencio Sánchez.

"Aparte de sus obras, las formas de vida de aquellas gentes eran artísticas. Eran diferentes, no eran burguesas" (RPF: 30).

En el número 19 de *Marcha,* dentro de un contexto más amplio, la oposición entre la pluma y la espada, Onetti lanza más piedras a los falsos escritores, plumíferos de ocasión, aficionados frondosos.

Bajo este impulso nace, por cierto, el más afamado de sus apotegmas, aquel que dice que escribir es vicio, pasión y desgracia. Frontera ésta que distingue, el pasatiempo literario burgués, de la existencia artística (ADM: 220).

f. *El sacrificio inútil*

Corresponderá a *Periquito el Aguador,* no a Eladio Linacero, aunque sin alcanzar los registros nihilistas de éste último, introducir en el *corpus* onettiano una de sus fascinaciones: la acción política. Inaugurada en las páginas de *Marcha,* se extingue en las de *Para esta noche* en medio de un espectáculo de luces y sombras quemadas, mientras la mano de Luis Ossorio Vignale se posa sobre el sexo de Victoria Barcala.

El propio acontecer uruguayo, y la oleada fascista que inundaba Europa, llevó a muchos a dejar la literatura por la política o a hablar de la belicosidad del verso y de la prosa. Todo menos profascista, *Periquito el Aguador* nada, no obstante, a contracorriente. Con mayor vigor cada vez. Si el 4 de agosto reconoce la nobleza, el desinterés y la humildad de quienes ponen sus armas literarias, plumas, máquinas de escribir y cerebros, al servicio de los oprimidos, razón por la cual nada dice, a ellos, su propuesta de importar de Europa "técnica, oficio y seriedad", números de *Marcha* adelante arroja una enorme piedra al lado izquierdo del charco. ¡Plash!

Sin haber sido invitado por los organizadores (prueba de que predicaba en el desierto), Onetti responde a una encuesta de la revista *Latitud* 35 (la del Uruguay). Mejor dicho, comenta la respuesta de algunos encuestados ,en lo que hace al sacrificio del arte en aras de la política.

¿Valía la pena el sacrificio en cuestión?

No. No valía la pena.

Y *Periquito* no estaba dispuesto a escuchar, no, réplicas que adujeran los casos de Malraux o Barbusse. Él hablaba de Montevideo, Uruguay, latitud 35. La literatura —sentencia— florece donde sea, Nueva York o las Islas de Pascua, si se tiene sensibilidad. La actuación política en cambio —contraviene— depende siempre del medio. Que nadie se hiciera cruces en homenaje del escritor que mudaba la pluma por la acción pública: "El escritor no era escritor, sino político". Había terminado "por encontrarse a sí mismo". Otro tanto ocurría con los escritores que, en el periodismo, habían encontrado su vocación verdadera.

A *Periquito* se le antojaba "risueñamente absurdo" hablar de escritores que, en el Uruguay, han renunciado a la literatura para hacer frente al fascismo o defender la cultura.

Eso sólo compete al proletariado.

El torrente de la regresión —afirma— no lo puede detener un dique de papel impreso formado por novelas, poemas y obras de teatro.

Pregúntase: "¿Se trata de colaborar en la lucha, poniendo las estilográficas al servicio de las fuerzas liberadoras?".

He aquí la respuesta: que los escritores comprometidos redacten las gacetillas de los periódicos de izquierda y los manifiestos de los sindicatos o enseñen en las escuelas nocturnas para disminuir el porcentaje de analfabetos del Uruguay.

(ADM: 220, 221).

g. *La escritura salvaje*

Es que J. C. Onetti, contra su propio llamado a la descripción de Montevideo, propone un descenso al interior: viaje que no concluye en Ítaca sino en una escritura cuya exploración apenas comienza. "Que el creador de verdad tenga la fuerza de vivir solitario y mire dentro suyo" (RPF: 43).

El exilio, y la mirada interior, serán los puntos culminantes del sermón, intitulado justamente *Propósitos de año nuevo,* con el que *Periquito el Aguador* pone punto final a sus fatigas del 1939. En efecto, en el número 28 de *Marcha,* correspondiente al 30 de diciembre del año citado, el autor de *La piedra en el charco* insiste en las consignas que yo he resumido, espero que con fidelidad: la auténtica literatura nacional; el secreto del éxito literario; la vida artística; y el sacrificio inútil. Pero, ante todo, promueve su mensaje corsario.

No sin, antes, divertirse.

Advierte que aceptó la tarea de apedrear el charco de la literatura uruguaya, "con un espíritu de total indiferencia, amable, sin mayores entusiasmos". Sus proyectiles no podían penetrar la piel dura y rugosa, petrificada, de ranas y sapos. Y, en cuanto a los recién llegados, ranitas y renacuajos, su tendencia era imitar respetuosamente los dos o tres "estilos náuticos" impuestos por los mayores (ADM: 224).

La fecha, fin de año, lo impulsaba sin embargo a dirigirse, con el lenguaje de los avisos de las compañías de seguros, a las ranitas y a los renacuajos. "Que cada uno busque dentro de sí mismo, que es el único lugar donde puede encontrarse la verdad y todo ese montón de cosas cuya persecución, fracasada siempre, produce la obra de arte. Fuera de nosotros no hay nada, nadie": sentencia *Periquito el Aguador,* tomando impulso. Y sigue diciendo:

Quien no escribe para los amigos, la amada o la familia, en suma, quien escribe por necesidad, sólo podrá "expresarse con una técnica nueva, aún desconocida". Quizá nunca la alcance, pero será suya. No "podrá tomarla de ninguna literatura ni de ningún literato, no podrá ser conquistada fuera de uno mismo". Porque dicha técnica —la verdadera, no la vicaria— "es intransferible, única, como nuestros rostros, nuestro estilo de vida y nuestro drama". Buscar hacia dentro, no hacia afuera. La verdad se localiza en una "literatura sin literatura", desagradable para los que tienen por misión repartir "elogios, consagraciones y premios" (ADM: 225).

Durante 1940 y parte de 1941, ya instalado en Buenos Aires, esa ciudad con la que sueñan todos los jóvenes sanmarianos, afición que les reprocha cínicamente Onetti, *Periquito el Aguador* continúa ejercitando su puntería y gracejo. Por otra parte, el 15 de diciembre de 1939, dos semanas antes de la resumida homilía de fin de año, había aparecido, en las librerías de Montevideo, *El pozo.* El ejemplo de la prédica.

V. LAS (EXTRAORDINARIAS) CONFESIONES DE ELADIO LINACERO

a. La novela de *El pozo*; b. La náusea; c. El recuerdo de las cosas soñadas; d. Historia de una sinceridad.

a. La novela de *El pozo*

No únicamente *Tiempo de abrazar* alimenta el fuego de la leyenda: *El pozo,* novela aparecida hace cuarenta años, también aporta lo suyo. J. C. Onetti habría facturado un primer manuscrito, en Buenos Aires, hacia 1932; manuscrito que olvida, extravía o repudia —sólo las dos últimas versiones merecen crédito— al regresar, "fracasado y pobre", a la ciudad que lo viera nacer la ya citada fecha del 1o. de julio de 1909.

El año de 1939, dos amigos, Julio Canel y Juan Cunha, lo invitan a participar en una empresa tanto o más incierta que el Falansterio de Santa María o el prostíbulo absoluto, perfecto, de Junta Larsen: Ediciones Signo de Montevideo. Onetti acepta y reescribe la novela perdida en Buenos Aires.

"¿La reescribiste totalmente?"

Pregúntale Julio Jaimes, treinta y cuatro años más tarde, mientras se filma el cortometraje *Juan Carlos Onetti. Un escritor.*[18]

—Sí, la reescribí porque dos amigos —uno es Cunha Dotti y el otro José Pedro Díaz— habían comprado una máquina, yo no sé, creo que se llama *Minerva,* una máquina de imprimir, y querían hacer una editorial. Estaba Canel también en el asunto, y me preguntaron si no tenía algo para editar allí. Mentalmente rehice *El pozo,* y creo que no hay mucha diferencia entre la primera versión perdida y la que di después. La publicaron con el famoso grabado de Picasso, del cual no sé si ya hablamos...[19]

Onetti, pues, encuentra un hueco en las 25 horas diarias que le demandaban los asuntos de *Marcha* y da a luz una ulterior y definitiva versión de *El Pozo,* su primera novela.

¿Un Picasso?

En efecto: la portada reproducía un falso Picasso atribuído, primero al autor (Onetti), luego a uno de los editores (Canel). El fraude cobra sus víctimas: "me divertía en parte el chiste, pero una vez llegó a ser muy violento", recuerda Onetti; "un señor —en aquel tiempo creo que era simplemente diputado, después llegó a ser Ministro del Interior— vino a verme a la oficina... a la oficina de Reuter, en Montevideo, a preguntarme de dónde había sacado yo ese grabado de Picasso. Que él tenía la colección, estaba seguro, completamente seguro de que tenía todos los Picasso, los grabados —reproducidos, naturalmente— y no sabía de dónde yo había conseguido... Y bueno, para mí era una situación muy violenta, de vergüenza: no podía decirle al hombre la verdad, porque la verdad era humillante para él".[20]

Prosigo.

Sin embargo, ni la fama ni la crítica acusan recibo de la breve (99 páginas) y originalísima novela. Aunque *El pozo* habría sido descubierta por los primeros catecúmenos del onettismo. "Sin embargo, ya circulaban por Montevideo algunos muchachos que habían descubierto por sí solos a Onetti. Como esos jóvenes secretos que estaban dispuestos a hacerse matar por un verso de Mallarmé (según le decía al maestro francés su discípulo Valéry), estos primeros descubridores de la enorme *Terra incognita* que era y que sigue siendo Onetti, ya andaban por la principal avenida de Montevideo, entraban en los cafés de estudiantes e intelectuales, se paseaban por los claustros de la sección Preparatorios o por la Facultad de Derecho, con un ejemplar de *El pozo* bajo el brazo. Llegarían con el tiempo a ser diputados y ministros, abogados o historiadores y dramaturgos, hasta críticos. Pero entonces solo eran adolescentes y hablan sin cesar de Onetti, o imitaban sus escritos, sus desplantes personales, su aura", etc., etcétera. Escribe Emir Rodríguez Monegal en el prólogo (p. 13) de la edición de Aguilar (1970).

El tiraje fue pequeño: 500 ejemplares. Deducidos los ejemplares obsequiados por el autor, o adquiridos por los iniciadores del culto, la entera edición se habría apilado en los depósitos de *Barreiro y Ramos,* la firma distribuidora, entregada a la voracidad de las ratas y a un moroso consumo (veintiséis años).

Empero, *El pozo* informaría, en la actualidad, un tesoro bibliográfico. En un fundamental ensayo, Ángel Rama recoge la correspondiente ficha técnica. Misma que, con beneplácito, reproduzco. "El libro tiene sólo 99 páginas y lleva el siguiente colofón: Se terminó de imprimir a mediados del mes de diciembre de 1939, en la imprenta Stella de Canel y Cunha, Brito del Pino 810, Montevideo, Uruguay, para Ediciones Signo. Es un volumen de 15,5 por 11,5 cms. editado en papel estraza, con una tapa ocre ilustrada con un dibujo que firma Picasso y que, aunque se dijo ser de la propia mano de Onetti, pertenece a Canel. El copyright de rigor, es by Ediciones Signo, aunque es difícil que los editores hubieran comprado los derechos y los hubiera registrado."[21]

b. *La náusea*

El personaje central (inolvidable) de *El pozo* llámase Eladio Linacero: periodista en receso, no hace mucho divorciado de la única mujer que él sedujo o que lo sedujo a él —como diría su compatriota Juan María Brausen. Próximo a cumplir la edad marcada, onettiana, de los 40 años, comparte con Lázaro, obrero iluminado por la conciencia de la lucha de clases, un sórdido cuarto de pensión ("Hay dos catres, sillas despatarradas y sin asiento, diarios tostados por el sol, viejos de meses, clavados en la ventana en lugar de los vidrios"). Fuera de la pocilga del pozo, bulle Montevideo.

La de 1939, es una novela compuesta por 18 parágrafos o fragmentos de variada extensión que jalonan las "extraordinarias confesiones" de Linacero. Extraordinarias por dos motivos. En primer término: porque su materia es el sueño, no la vida. En segundo: porque cuando mira en dirección de la vida, el relato se encrespa y ulula cual bosque tormentoso. Narrada (obviamente) en primera persona del singular, *El pozo* confunde narrador y actante. Abre con: el paseo de Linacero —un Linacero semidesnudo y sudoroso que olisquea sus axilas— dentro de la miserable zahurda; y cierra con: la total zozobra del personaje. *El pozo* se construye mientras es leído (o viceversa).

Se encrespa y ulula: escribí.

Veamos.

Eladio Linacero es la memoria de una afrenta.

Aulla, increpa, gime, vocifera; lanza, en suma, dicterios a la *Creación* (si bien exonera a los poetas y a las putas y a las adolescentes). Después se lame las heridas aún abiertas, sin consuelo ni fe en la consolación: "Yo soy" —escribe— "un pobre hombre solitario que fuma en un sitio cualquiera de la ciudad; la noche me rodea, se cumple como un rito, gradualmente, y yo nada tengo que ver con ella". Ni con ella (la noche) ni con nadie.

Aullidos, increpaciones, etcétera:

La humanidad:

> —Las gentes del patio me resultaron más repugnantes que nunca. Estaban, como siempre, la mujer gorda lavando en la pileta, rezongando sobre la vida y el almacenero, mientras el hombre tomaba mate agachado, con el pañuelo blanco y amarillo colgándole frente al pecho. El chico andaba en cuatro patas, con las manos y el hocico embarrados. No tenía más que una camisa remangada y, mirándole el trasero, me dio por pensar cómo había gente, toda en realidad, capaz de sentir ternura por eso (OC: 50).
>
> —No hay nadie que tenga el alma limpia, nadie ante quien sea posible desnudarse sin vergüenza (OC: 57).

—No quise decirle nada, pero la verdad es que no hay gente así, sana como un animal. Hay solamente hombres y mujeres que son unos animales (OC: 59).

—Ninguna de esas bestias sucias puede comprender nada (OC: 60).

—La poca gente que conozco es indigna de que el sol le toque en la cara (OC: 64).

La vida:

—Nunca me hubiera podido imaginar así los cuarenta años, solo y entre la mugre, encerrado en la pieza. Pero esto no me deja melancólico. Nada más que una sensación de curiosidad por la vida y un poco de admiración por su habilidad para desconcertar siempre (OC: 50).

—Tengo asco por todo, ¿me entiende? Por la gente, la vida, los versos con cuello almidonado (OC: 74).

—Todo en la vida es mierda y ahora estamos ciegos en la noche, atentos y sin comprender (OC: 75).

El éxito:

—No me interesa ganar dinero ni tener una casa confortable, con radio, heladera, vajilla y un *watercló* impecable. El trabajo me parece una estupidez odiosa a la que es difícil escapar (OC: 64).

Las mujeres:

—He leído que la inteligencia de las mujeres termina de crecer a los veinte o veinticinco años. No sé nada de la inteligencia de las mujeres y tampoco me interesa. Pero el espíritu de las muchachas muere a esa edad, más o menos. Pero muere siempre; terminan siendo todas iguales, con un sentido práctico hediondo, con sus necesidades materiales y un deseo ciego y oscuro de parir un hijo. Piénsese en esto y se sabrá por qué no hay grandes artistas mujeres. Y si uno se casa con una muchacha y un día se despierta al lado de una mujer, es posible que comprenda, sin asco, el alma de los violadores de niñas y el cariño baboso de los viejos que esperan con chocolatines en las esquinas de los liceos (OC: 63).

—Hanka me aburre; cuando pienso en las mujeres... Aparte de la carne, que nunca es posible hacer de uno por completo, ¿qué cosa de común tienen con nosotros? (OC: 60).

El amor:

—El amor es maravilloso y absurdo e, incomprensiblemente, visita a cualquier clase de almas. Pero la gente absurda y maravillosa no abunda; y las que lo son, es por poco tiempo, en la primera juventud. Después comienza a aceptar y se pierden (OC: 63).

Estados Unidos:

—No hay pueblo más imbécil que ese sobre la tierra; no puede haberlo porque también la capacidad de estupidez es limitada en la raza humana (OC: 69).

La clase media; la clase media intelectualizada; la clase media intelectualizada y politizada:

—No sé si la separación de clases es exacta y puede ser nunca definitiva. Pero hay en todo el mundo gente que compone la capa tal vez más numerosa de las sociedades. Se les llama "clase media", "pequeña burguesía". Todos los vicios de que pueden despojarse las demás clases son recogidos por ella. No hay nada más despreciable, más inútil (OC: 70) / Y cuando a su condición de pequeños burgueses agregan la de "intelectuales", merecen ser barridos sin juicio previo. En pocas semanas aprendí a odiarlos; ya no me preocupan, pero a veces veo casualmente sus nombres en los diarios, al pie de largas parrafadas imbéciles y mentirosas y el viejo odio se remueve y crece (OC: 70) / Hay de todo; algunos se acercaron al movimiento para que el prestigio de la lucha revolucionaria, o como quiera llamarse, se reflejara un poco en sus maravillosos poemas. Otros, sencillamente, para divertirse con las muchachas estudiantes que sufrían, generosamente, del sarampión antiburgués de la adolescencia. Queda la esperanza de que, aquí y en cualquier parte del mundo, cuando las cosas vayan en serio, la primera precaución de los obreros sea desembarazarse, de manera definitiva, de toda esta morralla (OC: 71).

La revolución proletaria:

—No se necesita más. El pobre hombre (Lázaro) inventa el apocalipsis, me habla del día de la revolución (tiene una frase genial: "cada día falta menos..."), y me amenaza con colgarme, hacerme fusilar por la espalda, degollarme de oreja a oreja, tirarme al río / Trataba de convencerme usando argumento que yo conocía desde hace veinte años, que hace veinte años me hastiaron para siempre / Conocí mucha gente, obreros, gente de los frigoríficos, aporreada por la vida, perseguida por la desgracia de manera implacable, elevándose sobre la propia miseria de sus vidas para pensar y actuar en relación a todos los pobres del mundo. Había algunos movidos por la ambición, el rencor o la envidia. Pongamos que muchos, que la mayoría [22] (OC: 69, 70).

El Uruguay:

—¿Qué se puede hacer en este país? Nada, ni dejarse engañar. Si uno fuera una bestia rubia, acaso comprendiera a Hitler. Hay posibilidades para una fe en Alemania; existe un antiguo pasado y un

> futuro cualquiera que sea. Si uno fuera un voluntarioso imbécil se dejaría ganar sin esfuerzos por la nueva mística germana. ¿Pero aquí? Detrás de nosotros no hay nada. Un gaucho, dos gauchos, treinta y tres gauchos[23] Se me enfrían los dedos de andar entre fantasmas (OC: 71).

Etc., etcétera.

Las citas anteriores son, en todos los casos, literales.

Dice Ángel Rama en *Origen de un novelista y de una generación literaria*; dice: "Estas afirmaciones recogen algunas consignas facilongas del progresismo de la época, que en este libro son incorporadas a una visión ácida y coherente de la sociedad, donde todos son despreciados a partir de la rabiosa soledad del personaje".[24] Soledad dolente, enconada. Sin embargo lo largo de este reportaje crítico se desprenderán, de manera natural, aquellos "exabruptos" de *El pozo* que se afilian más a una semántica y a una semiótica originales que a una moda ideológica. Menos a una época, que a un sistema literario autónomo.

Si, como (re)contaré luego, Víctor Suaid (1933) y el abogado Baldi (1936) habían mostrado síntomas de un malestar existencial, de una insatisfacción demasiado honda como para pasar por simple melancolía o ese *spleen* del que aún se hablaba en los 30's, Linacero muequea asqueado. Mierda, mierda todo. Indefectiblemente. Ni deliquios ni ambiciones ni grandes causas colectivas. Todo mierda (lo dije ya: en ocasiones la repugnancia que la existencia produce en E. L., confiere a su prosa la respiración, entrecortada, de la náusea).

Ahora bien: Linacero sospechó la estafa, el engaño, mucho antes de arribar a sus 40 años, edad sin retorno. Sospechó desde la mismísima adolescencia. Empero, será el fracaso sentimental, la ruptura con Cecilia Huerta de Linacero, su esposa, el "suceso" que desgarre el velo de amnesia, el frágil convivio con la realidad. Si Víctor Suaid juega (sin fuego) con la idea de escapar de su pareja, y Baldi pone en tela de juicio la bienaventuranza amorosa, Linacero contempla la cara de la desgracia, da de bruces con la mujer pusilánime que la muchacha (Ceci) había ocultado y nutrido en la oscuridad (Cecilia). Te unes a un espíritu delicioso, dulcísima carne penetrada, nuca brillosa de pelusa, que se transmuta en torvo enemigo. Alguien a quien no puedes darle la espalda.

La visión de lo degradado lo empavorece, lacera, sulfura, empoza.

Desde los despojos del amor, E. Linacero maldice la existencia, formula su requisitoria nihilista, proclama, para emplear la letra del tango *Madreselva,* su "credo amargo".[25]

El lamento de Linacero se apaga en circunstncias románticas: palidez lunar, estremecimientos, desvaído encaje de las aguas, nocturnidad. Lápida para una tumba con nombre: "Me habría gustado clavar la noche en el papel como a una gran mariposa nocturna. Pero, en cambio, fue ella la que me alzó entre sus aguas como el cuerpo lívido de un muerto y me arrastra, entre fríos y vagas espumas, noche abajo". Fin de *El pozo.*

Aunque (advierto):

—La pequeña novela de 1939 no contituye, tan sólo, el *Diario de un resentido.*

—Linacero no desaparece río abajo, pozo adentro, merced a un tiro de gracia de la existencia. Hay otra causa. Fantástica. Sacrílega.

c. *El recuerdo de las cosas soñadas*

En *El pozo,* al igual que en toda la obra de Juan C. Onetti, hay un doble fondo, un trastexto (por llamarlo de esa manera).

Apenas se presenta a sí mismo, Linacero aclara: "Esto que escribo son mis memorias. Porque un hombre debe escribir la historia de su vida al llegar a los cuarenta años, sobre todo si le sucedieron cosas interesantes. Lo leí no sé donde" (OC: 50).

Los caracteres gráficos van ordenándose al reverso de un montón de proclamas revolucionarias que Linacero descubre, junto con un lápiz, bajo la cama de Lázaro.

La aclaración apenas citada y el empleo de las octavillas como papel de escribir, se hunden en un territorio donde no llegan, o llegan desvaídos, los lamentos de los que da (literal) noticia el inciso *b.* Ni a la vida de Linacero (trabajo, desamor, fracaso) le "sucedieron cosas interesantes" ni aquella (la vida) es el blanco exclusivo de su memoria. Quiero, anota líneas adelante, "hacer algo distinto. Algo mejor que la historia de las cosas que me sucedieron. Me gustaría escribir la historia de un alma, de ella sola, sin los sucesos en que tuvo que mezclarse, queriendo o no. O los sueños. Desde alguna pesadilla, la más lejana que recuerde, hasta las aventuras en la cabaña de troncos. Cuando estaba en la estancia, soñaba muchas noches que un caballo blanco saltaba encima de la cama" (OC: 50, 51). Tal es, lector, la naturaleza de buena parte de la escritura que Linacero vierte sobre esos testimonios enfáticos de la realidad que son las proclamas de Lázaro. Que vierte a modo de tachaduras o inscripciones sacrílegas.

"También podría ser un plan el ir contando un suceso y un sueño. Todos quedaríamos contentos". Piensa acto seguido Linacero, desechando la posibilidad de excluir del todo, completamente, los "sucesos". No otro es el plan inscrito en *El pozo* (y, lo veremos luego, en casi todos los títulos posteriores a la novela de 1939).

En su propósito de minar "el mundo de los hechos reales", ese mundo cuyo sólo recuerdo lo hace revolverse como animal herido, y gritar, y sentir asco, Linacero da, más adelante, un paso espectacular. "Se dice que hay varias maneras de mentir", escribe, "pero la más repugnante es decir la verdad, toda la verdad, ocultando el alma de los hechos". Y concluye, formulando otro celebérrimo apotegma onettiano: "Porque los hechos son siempre vacíos, son recipientes que tomarán la forma del sentimiento que los llene" (OC: 64). Idea fija. Un fragmento antes, Linacero había denunciado el absurdo de dar más importancia a las personas que a los sentimientos, "al instrumento que a la música".

El pozo, pues, deslinda el orden de los hechos vividos del orden de los hechos soñados, y, al pronunciarse en favor de los segundos, confiere al texto (literatura) libertad plena frente al contexto (realidad). El fantasear de Eladio Linacero, su desprecio por los "sucesos en que tuvo que mezclarse", documenta no el ropaje sino la substancia misma del relato. Los "sucesos", vaya, sus relaciones con Ana María, Ceci Huerta, el obrero Lázaro, el poeta Cordes, la intelectual Hanka, la prostituta Esther; los "sucesos", decía forman un telón de fondo de la imaginación, del "recuerdo de las cosas soñadas" (desde luego, claro está, por supuesto que la legalidad de tales "sucesos" es también ficticia, *literaria;* empero, lo decisivo y notable y radical es que, incluso dentro del relato, realidad y fantasía, mundo exterior y mirada interior, son tajantemente escindidos. Escribir es un acto fundante y transgresor).

¿Cuál es el *modus operandi* de los "sueños" (también e indistintamente llamados "imágenes" o "aventuras")?.

Digamos que arriban, irrumpen. Solos o convocados. "Pero aquella noche no vino ninguna aventura para recompensarme el día": se lamenta Linacero al promediar *El pozo.* "Yo soy un pobre hombre que se vuelve por las noches hacia la sombra de la pared para pensar cosas disparatadas y fantásticas": aclara más adelante, próximo ya el (su) final. ¿Qué cosas, qué sueños, qué imágenes? Digamos que las cosas, los sueños, las imágenes que nutren géneros populares como la novela de aventuras y el cine y el *comic* épicos. ¿Falto a la verdad? ¿Desvarío? De ninguna manera. El sub o trastexto de *El pozo* pudo haber sido escrito por el Borges de *Historia universal de la infamia.* Parajes del oeste americano, Alaska, las nevadas alturas suizas. Pieles rojas, gambusinos, contrabandistas de armas, leñadores solitarios.

Ahora que ningún sueño, llámese éste *La Bahía de Arrak* o *Las acciones de John Morhouse* o *El regreso de Napoleón* se compara a *La aventura de la cabaña de troncos.*

Aventura diversa en cuanto a su referente y en cuanto a su género.

Mientras que las "imaginaciones" arriba citadas son fruto de lecturas y plagios, la de la cabaña brota de la autobiografía de Linacero como la flama brota de la vela. Es suya. Le pertenece. Esto por una parte.

Por otra: su género es erótico.

Imaginate el lector las profundidades de Alaska. Un aserradero. Una tormenta de nieve. Una cabaña. Un hombre (Linacero) frente al fuego. Una puerta que se abre al paso del viento helado y de una muchacha desnuda que se tiende sobre una cama tapizada de hojas. Y no es (con ser bastante) todo. Linacero se "sienta en el borde de la cama". Clava "los ojos en el triángulo negro donde aún brilla la tormenta". Y en los senos que oscilan bajo el crepitar del fuego. Y en las piernas que se balancean. Y en la sonrisa del sexo. No le habla. No la toca. El corazón salta enloquecido.*

Esta es, en resumen, *La aventura de la cabaña de troncos.*

¿Onanismo?

Sí, indudablemente.

Pero, también, medio de soslayar la corrupción del tiempo. La prodigiosa aparición desnuda existió en realidad, fue *suceso* antes que *sueño.*

El narrador y personaje de *El pozo,* peculiar infidente que relata más sus visiones que los pasajes —infancia, adolescencia, madurez— de su vida, desaparece cuando lo abandonan las "aventuras", cuando queda "sin fuerzas ya para esperar el cuerpo húmedo de la muchacha" en la cabaña de Alaska (sobra decir que Linacero jamás había viajado fuera de Montevideo). Al desasirse del sueño, Linacero es presa fácil de la nada.

Subrayo (para concluir):

1. E. L., no obstante, se resiste a un total destierro de la realidad. "Lo curioso", aclara, "es que, si alguien dijera de mi que soy "un soñador", me daría fastidio. Es absurdo. He vivido como cualquiera o más. Si hoy quiero hablar de los sueños, no es porque no tenga otra cosa que contar. Es porque se me da la gana, simplemente" (OC: 51). Otro ejemplo pertinente, tajante: "—Pero ¿por qué no acepta que nunca ya volverá a enamorarse?". Pregúntale Hanka. Linacero: "Era cierto; yo no quiero aceptarlo porque me parece que perdería el entusiasmo por todo, que la esperanza vaga de enamorarme me da un poco de confianza en la vida". Pese a sus desplantes y dicterios, a su amargura vociferante, Linacero subvierte el orden real con un ojo al gato y el otro al garabato. Diego E. Aránzuru en *Tierra de nadie* y Juan María Brausen en *La vida breve* no tendrán, en cambio, ni siquiera un ápice de confianza en la existencia.

2. E. L. recela del lenguaje, de su comunicabilidad: "Lo malo es que el ensueño no trasciende", quéjase, "no se ha inventado la forma de expresarlo, el surrealismo es retórica. Sólo uno mismo, en la zona de ensueño de su alma, algunas veces" (OC: 60). Incluso la aventura de la cabaña de troncos, tal como la conocemos, es apenas una aproximación. "Lo que yo siento cuando miro a la mujer desnuda en el

* *Cf.* cáp. XIV.

camastro no puede decirse, yo no puedo, no conozco las palabras" (OC: 57). Aunque admite: "Pero hay belleza, estoy seguro, en una muchacha que vuelve inesperadamente, desnuda, una noche de tormenta, a guarecerse en la casa de leños que uno mismo se ha construido, tantos años después, casi en el fin del mundo" (ídem). Vaya si hay belleza. La belleza del tiempo burlado, rehecho.

d. *Historia de una sinceridad*

Las piedras arrojadas por *Periquito el Aguador* caen en una superficie textual áspera y gimiente: la superficie de *El pozo.* De forma oblicua o declarada, para alabanza o autoescarnio, las consignas cuya sinopsis recojo en el capítulo IV hallan respuesta en las confesiones de E. L.

¿Qué propugna en resumidas cuentas el francotirador de *Marcha?* Digamos que una literatura:

1. Sustancial o perdurable.
2. De excepción.
3. Inédita.
4. Personal.
5. Opuesta a los modos burgués y "comprometido" de producción sígnica.
6. Antiliteraria.

Dicho de otro modo: una narrativa de una sola pieza que no encaje en los hábitos establecidos, original, interior aunque no psicologista, sin deudas ideológicas y desnuda de ampulosidades retóricas.

Esto es *El pozo.*

Si en los escritos anteriores a 1939 se perfilan los temas del orbe onettiano, Eladio Linacero marca, en el reverso de las octavillas incendiarias de Lázaro, las rutas inexcusables de la entera obra por venir. Caída en el tiempo y defección de la existencia. Fuera de esto, ningún otro asunto. En primer término.

El pozo irrumpe cual estela rabiosa en la placidez no sólo de la novela uruguaya sino de la rioplatense sino de la latinoamericana. Rompe la tradición consolidada por *La vorágine* (1924), *Los de abajo* (1925),* *Don Segundo Sombra,* (1926), *Doña Bárbara* (1929), *Romance de un gaucho* (1930), etcétera. O sea, en el mismo orden, Rivera, Azuela, Güiraldes, Gallegos, Lynch: los *primitivos* a que alude la terminología comteana de Vargas Llosa. *El pozo* se adscribe a la entonces mínima corriente que abandonó selvas y llanos a cambio de las ciudades. En segundo término.

* Aunque aparecida en 1916, la novela *Los de abajo* no se da a conocer en el país sino hasta promediar los 20's.

El pozo instaura, a la luz de los "ideolectos" y "estilemas" imperantes en su medio, una forma artística novedosa, proveniente de su carácter de escritura monologal que se abisma o distiende, que salta de los "sucesos" a los "sueños", que respira al impulso de la rabia, la insolencia, el asco o el placer (del *voyeur*). En tercer término.

Linacero lleva hasta sus últimos extremos la proclama de la subjetividad desorbitada. Un Narciso lacerado y luctuoso que se vigila mientras fuera del espejo avanzan las bandas de asesinos. En cuarto término y, de paso, quinto. Porque si la novela *El pozo* tiene el sello de lo *antiburgués*, también la permea el rechazo de cualquier compromiso, en cuanto artificio, en cuanto escritura, con la causa de los oprimidos (sin que la tarea artística exima de "otros deberes más altos y generales"*).

En último término:

Linacero hace suyo el desprecio que a *Periquito el Aguador* le merece la hinchazón, el floripondio, la "literatura" en suma. *El pozo* abunda en comentarios, sarcasmos e irreverencias sobre el particular. "Es cierto que no sé escribir, pero escribo de mí mismo": advierte, desafiante, E. L. Más adelante baja el puño y sonríe, zumbón: "no sé si cabaña y choza son sinónimos: no tengo diccionario y mucho menos a quien preguntar. Como quiero evitar un estilo pobre, voy a emplear las dos palabras, alternándolas". Cito un último ejemplo, la descripción, rematada con un toque antiretórico, del ambiente del que surgirá, años luego, Junta Larsen: "No sé si hace más o menos un año. Fue en los días en que terminaba el juicio, creo que estaban por dictar sentencia. Todavía estaba empleado en el diario y me iba por las noches al "Internacional", en Juan Carlos Gómez, cerca del puerto. Es un bodegón oscuro, desagradable, con marineros y mujeres. Mujeres para marineros, gordas de piel marrón, grasientas, que tienen que sentarse con las piernas separadas y se ríen de los hombres que no entienden el idioma, sacudiéndose, una mano de uñas negras desparramada en el pañuelo de colorines que les rodea el pescuezo. *Porque cuello tienen los niños y las doncellas*". El subrayado es, sí, nuestro. Sobra decir que pasajes como éste nada tenían en común con "guitarreos, frases de discursos político-democráticos, llanto de noviecita abandonada y otras formas de prostitución del sonido": estilos náuticos del charco de la literatura uruguaya vilipendiados por *Periquito el Aguador* el 30 de diciembre de 1939. Quince días después de que Ediciones Signo de Montevideo diera a luz la primera novela del joven y desconocido cuentista J. C. Onetti.

Tengo para mí que *La piedra en el charco* (prédica) y *El pozo* (ejemplo) se subsumen en un aspecto de entraña más ética que estética (si bien el imperativo categórico gobierna las categorías del relato). Es gra-

* RPF: 33.

ve, gravísimo, escribirse un *Hambre* a lo Knut Hamsum y pesar "cien dichosos kilos"; o aderezarse unos *Endemoniados* a la rusa y desvelarse, al mismo tiempo, por "los aplausos del ambiente intelectual criollo". Tal cosa sermoneó *Periquito el Aguador* en el número 11 de *Marcha,* correspondiente al 1o. de septiembre de 1939. He aquí el credo, el santo y seña. Si escribir es fundar y, quizá, la tabla de salvación en medio del naufragio, al escritor, al oficiante, no le queda otra alternativa que el sacrificio de lo supérfluo y exterior en aras de los signos que visten la página. Animal reventado a la vera del camino, Linacero informa la alegoría del escritor tal como lo concibe y propala *La piedra en el charco.* Marginamiento. Concentración. Ascesis. Cabal correspondencia entre la musculatura y el tema, las privaciones del alma y de la vida, la renuncia figurada de lo real y la literal desdicha de los días y los meses y los años.

Pero sigamos adelante con el plan de trabajo.

VI. EL POSIBLE ONETTI

a. La Academia de la Dicha; b. La novela de *Tiempo de abrazar*; c. Los trabajos de Jasón; d. El juego del amor; e. Dos contra el mundo.

a. *La Academia de la Dicha*

El 6 de octubre de 1935, *La Nación* de Buenos Aires publica *El obstáculo,* cuento de J. C. Onetti. Ignoramos si algún lector asoció ese nombre al de uno de los triunfadores del concurso realizado, apenas dos años atrás, por *La Prensa* (también de la capital argentina). *El obstáculo* recrea, al parecer, un "suceso": la visita de Onetti a un reformatorio. En cuanto texto, relata las acciones de un rufián adolescente: el *Negro*. Carne de reformatorio, va para diez años que suspira por el reino perdido: Buenos Aires.

Dos Buenos Aires.

El suyo: "el bajo de Flores, los diarios vendidos en la plaza, la esquina del Banco Español, el primer cigarrillo y el primer hurto en el almacén (...) la infancia, ni triste ni alegre, pero con una fisonomía inconfundible de vida distinta, extraña, que no podía entenderse del toda ahora" (TDA[b]: 133). Y el ajeno: el "Buenos Aires que habían hecho los relatos de los muchachos y los empleados, las fotografías de los pesados diarios de los domingos. Las canchas de futbol, la música de los salones de tiro al blanco en Leandro Alem" (ídem).

Al *Negro* cuéstale trabajo fundir ambas ciudades, la autobiográfica y la vicaria, en el crisol de su pecho. No obstante, una imagen fúlgida y ávida abroga a todas las demás: "siempre había", dice, "junto a la puerta cordial de la casa de tiro al blanco, un marinero rubio y borracho, con una rosa prisionera en los dientes" (TDA[b]: 134). Imagen ésta que lo llama y consume (como a Brausen llamará, consumiéndolo, el interior del apartamento contiguo al suyo, el *H*).

El obstáculo, lector, abre con los aprestos para la fuga del reformatorio del multicitado *Negro* y dos cómplices: Barreiro y el *Flaco,* Huirán tan pronto cesen la algarabía y las luces del casino de oficiales. Aunque otro, muy diverso, es el obstáculo de la concertada evasión nocturna; para el *Negro,* al menos. En la enfermería agoniza un recluso, un compinche, un amante: Pedro Pañón Forchela. Aunque —piensa— tenía tiempo, antes de la hora señalada, de dar una vuelta a la enfermería.

En la mano una rosa, en la boca una sonrisa cínica que se anticipa a la burla de los demás, dirígese al lecho del moribundo. Pañón Forchela babea, lívido, inconsciente. el *Negro* comprende de golpe "que era inútil seguir luchando, que estaba preso en la saliva del moribundo, que no se iría aquella noche ni nunca". Sus cómplices entrarían, ay, en la ciudad del marinero majo, en tanto él asistía "hasta el final al rito misterioso de la muerte".

Abrevio.

El amante fenece.

El *Negro* delata a Barreiro y el *Flaco,* sus cómplices en la tentativa de fuga, y, en recompensa, lo hacen capataz del reformatorio.

Al día siguiente del sepelio, empujado por "una repentina dicha", el *Negro* asesina a un guardián y dispara en dirección de la alambrada, la zanja que está detrás de la alambrada, la libertad que está detrás de la zanja: "Como una pálida lengua bajo la luna, el camino se iba en la noche. Sacó la mano del bolsillo con la rosa seca y áspera; la tiró a un costado, lejos, restregándose luego los dedos entre sí para separar los restos de la flor". Después, prosigue el Narrador de *El obstáculo,* "apresuró el paso y se fue por el camino, en busca de la noche próxima, que le aguardaba una espera de diez años en la calle enjoyada de luces, con el reguero de detonaciones del salón de tiro al blanco, las grandes risas de sus mujeres, el marinero rubio y tambaleante" (TDA[b]: 142).

Leído en 1935, año de su aparición, *El obstáculo* debió semejar un inhábil ejercicio de Nota Roja, un prescindible texto naturalista digno de atención sólo por la audacia del nexo homosexual y la extraña y sórdida visión del marinero rubio y tambaleante sangrando una flor. Leído hoy, *El obstáculo* constituye, debido a la elegía, a la mitificación de Buenos Aires, una mácula del eremita Juan C. Onetti. Insólito espectáculo de un personaje suyo bañándose en las aguas repulsivas y escabrosas de la realidad sin proferir una frase de odio o de pánico, sin dibujar un gesto de desconsuelo o huída. Antes al contrario.

No obstante, lector, consta en actas una flaqueza (por llamarla así) todavía más escandalosa que la del cuento publicado por *La Nación* en 1935. Hablo de una novela cuya versión completa quizás jamás nos sea dado conocer.

b. *La novela de Tiempo de abrazar.*

Cuenta el escritor: "En aquel tiempo, allá por el 34, yo padecía en Montevideo una soltería o viudez en parte involuntaria. Había vuelto de mi primera excursión a Buenos Aires fracasado y pobre. Pero esto no importaba en exceso porque yo tenía veinticinco años, era austero y casto por pacto de amor, y sobre todo, porque estaba escribiendo una novela "genial" que bauticé *Tiempo de abrazar* y que nunca llegó a publicarse, tal vez por mala, acaso, simplemente, porque la perdí en alguna mudanza".[26]

Es probable que Onetti comenzara *Tiempo de abrazar* cuando apenas se enfriaban las cenizas de la primera versión de *El pozo.* Espejos, ambas novelas, colocados de espaldas; redacciones que acusan la existencia de dos autores no sólo diversos: irreductibles. Pese a que nunca se publicó completa, la novela del casto y austero J. C. Onetti lleva décadas nutriendo la leyenda y la curiosidad.

Los vaticinios de *Tiempo de abrazar* no pudieron ser más claros y solventes. Dije ya que uno de los lectores del manuscrito fue Roberto Arlt. "La entrevista en El Mundo", recuerda Onetti, "resultó tan inolvidable como desconcertante". Había sido presentado a Arlt por un amigo común, Ítalo (Kostia) Costantini. Cito:

Arlt abrió el manuscrito con pereza y leyó fragmentos de páginas, salteando cinco, salteando diez. De esta manera la lectura fue muy rápida. Yo pensaba: demoré casi un año en escribirla. Sólo sentí asombro, la sensación absurda de que la escena hubiera sido planeada.

Finalmente Arlt dejó el manuscrito y se volvió al amigo que fumaba indolente sentado lejos y a su izquierda, casi ajeno.

—Dessime vos Kostia —preguntó—, ¿yo publiqué una novela este año?

—Ninguna. Anunciaste pero no pasó nada.

—Es por las "Aguafuertes", que me tienen loco. Todos los días se me aparece alguno con un tema que me jura que es genial. Y todos son amigos del diario y ninguno sabe que los temas de las "Aguafuertes" me andan buscando por la calle, o la pensión o donde menos se imaginan. Entonces, si estas seguro que no publiqué ningún libro este año, lo que acabo de leer es la mejor novela que se escribió en Buenos Aires este año. Tenemos que publicarla".[27]

El dictamen anterior descarta la (auto) suposición de que *Tiempo de abrazar* no se editó "por mala". La (auto)hipótesis del extravío "en alguna mudanza" es, desde luego, muchísimo más digna de fe. Máxime si se habla de un extravío voluntario impulsado, ya por la decepción, ora por la unidad de estilo.

Pese a la bendición de Arlt, la novela no se publica en los 30's. *Tiempo de abrazar* resurge, empero, hacia 1940, o 41, entre los manuscritos inéditos que aspiraban representar al Uruguay, charco cada vez menos azotado por *Periquito el Aguador,* en el certamen latinoamericano promovido por Farrar & Rinehart de Nueva York, N. Y. Adelanté, en otro sitio, que el concurso constaba de una doble eliminatoria: local e internacional. Esto es: cada país elegía la novela que contendería en la final neoyorkina.

Vana ambición de J. C. Onetti y de (entre otros concursantes) Enrique Amorim. El jurado uruguayo inclínase por *Yyaris,* del escritor Diego Nolare. Revés que no alteró la declaración, a la prensa, de uno de los jurados (Juan Mario Magallanes); declaración que Ruffinelli recoge y dice así: "Quiero decir aquí que destacó tanto como la obra elegida, la titulada *Tiempo de abrazar* (...). Creo que *Tiempo de abrazar* será un libro de gran éxito literario el día que se publique, y dará lugar a juicios apasionados" (TDA[a]: XLIII). A diferencia de la *Profecía* de Lanza, anunciando el regreso de Larsen a Santa María, la de Juan Mario Magallanes deviene un total desacierto. No es sino hasta 1943 que *Marcha* recoge algunos (dos) fragmentos de la novela. No es sino hasta 1973 que la novela (sus restos) aparece en forma de libro (junto con la producción cuentística de 1933 a 1950).

Pero torno al concurso promovido por la editorial neoyorkina. Los jurados peruanos eligen *El mundo es ancho y ajeno*, de Ciro Alegría. México, por su parte, dato raro o poco conocido, selecciona *Nayar* de Miguel Ángel Menéndez. *El mundo es ancho y ajeno* se lleva las palmas, mientras que "la novela de Miguel Ángel Menéndez fue recogida como una de las tres obras dignas del premio".[28]

Ya en los 70's, Salvat incorpora *El astillero* a su multitudinaria Biblioteca Básica, encomendando a José Donoso la correspondiente presentación de Onetti. Mojando la pluma en la exaltada y exultante tinta del *boom,* entonces en declive, Donoso ajusta cuentas con el pasado:

> Es muy probable que los premios literarios hayan sido creados por algún demiurgo sarcástico para subrayar la carcajada con que el tiempo se venga de las certidumbres. En todo caso, los premios sirven para otear desde ellos el panorama, y, avergonzado, uno se pregunta cómo es posible que, lo que hoy parece tan evidente, ayer pudo parecer siquiera dudoso. Ejemplar en cambio de perspectiva dentro de la literatura latinoamericana fue el concurso internacional de 1941, al que se presentaron el peruano Ciro Alegría y el uruguayo Juan Carlos Onetti, ambos de 1909. El peruano se llevó el premio, con gran tralalá de declaraciones, periplos de conferencias intercontinentales y el beneplácito para la nueva novela latinoamericana, que no temía examinar la realidad vernácula y denunciar errores y crueldades / No es difícil comprender porque premiaron a Ciro Alegría y no a Onetti. La novela del peruano, realista, catastro de desgracias, injusticias, costumbres y paisajes, configura un *cul-de-sac* en que agoniza la vieja tradición de la novela latinoamericana (...). Es por eso que, cuando en el célebre concurso apareció la sombra de Onetti vestida de grises dudosos y mentirosos, no supieron premiarlo: se trataba de premiar una literatura de afirmación, no una literatura de ambigüedades inquietantes. (p. 11).

Seamos justos.

A Onetti, lo vimos ya, lo liquidan sus propios compatriotas, no el jurado convocado por Farrar & Rinehart. Y si bien es verdad que uno de tales jurados era John Dos Passos, consuelo y modelo de aquellos novelistas nuestros con la mirada puesta en la vanguardia, uno de cuyos vehículos era *Manhattan transfer,* así como que *Tiempo de abrazar* reunía las notas de prosa urbana, antipanfletaria y moderna, también lo es que estas circunstancias (Dos Passos y la técnica vanguardista de la novela), no bastaban, a mi juicio, para asegurar la automática obtención del premio. Desenlace que no pondría yo ni un instante en duda si se hubiera tratado de *El pozo.* Literatura (esta sí) de negación, de "ambigüedades inquietantes".

Tiempo de abrazar es un canto de vida y esperanza.

Marcha da a conocer fragmentos de la novela con esta eficaz advertencia (acotación mejor dicho): "obra escrita hace ya varios años, sus páginas están llenas de un intenso lirismo, que recorre la novela y lleva el acento de una encendida afirmación. El novelista ceñido y casi ausente de la vibración de su tema, que escribiera luego *Tierra de nadie* y *El perro tendrá su día** (su mejor obra, aún inédita), hizo su casi única profesión de fe en la vida en las páginas de *Tiempo de abrazar,* su obra más efusiva y diáfana" (TDA[a]: XLIV). ¿Año? 1943.

Recuento: encendida afirmación, fe en la vida, efusión, nitidez. Siendo que para la época en que se anuncia y verifica el concurso de Farar& Rinehart, J. C. Onetti había sentado ya plaza de nihilista, cínico, duro y oscuro. Visto esto, *Tiempo de abrazar* es *El posible Onetti,* una salida de tono, un baldón, un mensaje escrito con palabras "de desafío y confianza" al que se lo tragaron las aguas (sin conseguir destruirlo del todo).

Aunque tarde, aunque anegada, la botella del náufrago alcanzó la línea de la costa.

Leo.

c. *Los trabajos de Jasón*

De *Tiempo de abrazar* se han rescatado, hasta el presente, trece capítulos:

— I a XII.
— XIX.

Material, lector, sin embargo adecuado para dispensar(nos) una nítida trama: el aprendizaje amoroso, con, *happy and,* de Julio Jasón. Es-

* Título original de *Para esta noche.*

tudiante, oficinista, escritor en ciernes. Suma de retablos —los trece capítulos— cuya pertenencia está decidida menos por una sucesión narrativa que por la búsqueda de la *Bienaventuranza.*

Los trabajos de J. J. en una Cólquida sudamericana.

En su "recuerdo de cuarenta o cuarenta y cinco años", Onetti ilumina el origen del nombre del protagonista y, por ende, la índole de su empresa. Confía a Ruffinelli:

—Hay una referencia en el *Retrato del artista adolescente.* Cuando Stephen Dedalus habla de Jasón, en una página hermosísima del final del *Artista.* Bueno, no importa, la cosa es que el tipo se largó a buscar el vellocino de oro, ¿no?[29]

Sí. Julio Jasón busca (y encuentra) el bello espíritu, el vello púbico de Virginia Cras.

No sin antes someterse a las siguientes pruebas:

1. *Girord el Obominable* o *Las Palmas Académicas*

La novela abre con una visión perturbadora, espantable. Julio Jasón observa a M. Girord, su maestro de literatura francesa, vejestorio en cuya ruina untuosa e hipócrita lee el muchacho los rasgos de su propio, perturbador, espantable destino. "¿No podía ser aquel su futuro? ¿Era absolutamente imposible que él llegara a convertirse en aquello? ¿Y si él estuviera equivocado, terrible y trágicamente equivocado? Se creía capaz de moldear la vida como él quisiera; pero acaso era la vida la que lo iba haciendo a uno, con una lenta tarea de deformación, un día y otro día, una claudicación y otra" (TDA[a]: 148). El maestro y el alumno se hallan solos, a punto de abandonar el salón, subir las escaleras y salir a la calle. Julio Jasón rompe el hechizo. Por cierto, sin que corra la sangre sucia y devaída de M. Girord. Siente, sí, sí, tentación de estrangularlo mientras ascienden. Pero se contiene. Menos todavía atrévese a lo que el Ferdydurke de Gombrowicz sí hubiera echo: dar un brutal empellón a la *Forma,* lanzarla escaleras abajo, suprimir la visión entre un revuelo de percheras almidonadas, leontinas y dentaduras postizas. Acto seguido —soñaba— "lo remataría, dando el tiro de gracia a su expresión de desconcierto. Una sonora bofetada, con todas sus fuerzas, casi sin mover el cuerpo, sin alterar el rostro" (ídem: 153). Simplemente sigue adelante en la búsqueda de la felicidad (más adelante, consideraré la aprensión de J. J. a la luz de la aversión onettiana a la "otredad").

2. *Las trapacerías de Seidel*

Tampoco detiene a Jasón la salida falsa de los negocios sucios. Tampoco. Hay un tipo, Seidel, que lo invita a participar en una estafa. En su calidad de empleado de una firma comercial, Julio se impondría, el primero, del contenido (confidencial) de un telegrama. Únicamente requería, para llevarse 2 000 dólares, el 10% de la operación incruenta, coger el teléfono y marcar el número de Seidel, su socio. Jasón acepta en un principio porque, ay, "la cuestión era cambiar, mezclar la sangre empobrecida de su vida con la de unos días de aventura y dinero y estafa" (ídem: 138); "la cuestión era meter un elemento nuevo en la vida, correr detrás de algo" (ídem: 154). A la postre nada sucede. Ese algo detrás del que debía correr era el "dichoso juego del amor".

3. *La Vida Literaria*

Otra ordalía de la que Julio Jasón sale incólume y, como veremos, transfigurado, si bien por diversa causa, es la del mundillo literario, esa "consecuente masturbación" de la que habla Onetti en su aguafuerte arltiana. En fin: Landbleu, Matis, Lago, María Teresa, Virginia Nosecuanto, Lima, etcétera. Escritores, críticos, amantes del Arte que peroran infatigables: Stuart Mill, el "élan vital, el monismo, el eterno retorno", el estilo, la literatura al servicio del proletariado, los ángeles, Debussy, "la belleza del dolor y la rebelión", etcétera, etcétera, etcétera. Oficia el primero de los citados. Infame turba pequeñoburguesa —diría Eladio Linacero. Jasón escucha y se aburre; con él, el lector del capítulo III de *Tiempo de abrazar*. Del candoroso y obvísimo discurso de Landbleu y sus acólitos únicamente merece rescatarse una consigna, que casa con el real (no el posible) Juan Carlos Onetti: "se puede hacer literatura usando temas rastreros". Así es: *Para una tumba sin nombre* o *El Infierno tan temido* o *Juntacadáveres.*

4. *El Sexo Voraz*

Solitario en la oficina desde la que debió telefonear a Seidel el Estafador, Jasón es el primero de los habitantes de la ciudad que descubre la noche. Y el deseo se eleva en el muchacho cual "planta lujuriosa". La noche debía recompensarle con "la más bella mujer de sus colecciones. Yira, buscona, grulla, trotacalles, trotona, trotinera"; puta en suma. Se mira, envidia de la calle, llevando de la mano a la "reina de Saba" entre tintineo de ajorcas, olores a nardo, armonioso contoneo. Barniz salomónico que no borra la ignominia de la cámara nupcial: el hotelucho de paso. Y ella diciéndole: "Si te apuraras... Calcúlate que no hice nada en todo el día". No, lector. No será el argonauta el que introduzca a las prostitutas en el universo onettiano. Suple, pues, "la majestad de Belkis con Cristina", actriz, mujer devoradora. Sale a la calle en pos de su cuerpo. Hállalo. Lentísimo *streptease* de Cristina, ofreciéndose y negándose, corriendo y descorriendo el velo tras el cual palpita su desnudez dura, cálida, "con el agresivo olor de hembra joven". Jasón se retira a una ventana para sumirse, adoptando las facciones de Linacero o Brausen, en la asqueada meditación de "los otros": la humanidad. Un roce de pies desnudos corta el sombrío vuelo de sus pensamientos. "Cuando quiso girar tuvo un seno en la mano". Fruto del jardín lascivo de la noche. Pero el amor, no la sola urgente y turgente carne, es el botín prometido. Jasón se desprende del brazo de la actriz.

5. *El Llamado de Natura*

La última prueba de Jasón consiste en escuchar y desoír el canto de la naturaleza. Puesto que la ciudad es uno de los tormentos que afligen su sedienta alma, sus ganas brutales de llegar a ser él mismo por completo, "de lograr a puñetazos la brecha por la cual le sería dado expresarse totalmente", huye al campo.

El capítulo que recoge la metamorfosis de J. J. en Buen Salvaje, el VI, fue dado a conocer por *Marcha,* sin indicar su pertenencia a *Tiempo de abrazar,* bajo el título de *Excursión.*

El Héroe sueña "erguirse un amanecer en el campo, desnudo, cobrizo, musculoso, lleno de la sencilla alegría animal explotando en carcajadas. Fuerte y alegre, desnudo y musculoso" (TDA[a]: 196). Pero así como el sexo voraz de Cristina no lo retiene, tampoco apaciguan su corazón los frutos ingenuos de la madre tierra. Corazón, ay, ya cautivado. Para entonces Jasón había entrevisto el Vellocino de Oro (más adelante volveré a la dicotomía: ciudad / campo; correlato del antagonismo: artista / sociedad).

d. *El juego del amor*

Efectivamente, la Virginia Nosecuanto del Cap. III, esto es, el destinado a la prueba de LA VIDA LITERARIA, pasa a ser Virginia Cras, una muchacha de dieciséis años, la Amada. Julio Jasón, no abstante, se toma innúmeras páginas de *Tiempo de abrazar* antes de rendirse a la dicha.

Moroso tránsito de la *Contemplación* a la *Posesión.*

Una y otra, la contemplación y la posesión de la muchacha, irreconocibles e irrepetibles en la obra del narrador uruguayo.

Desde que la conoció entre glosas de Stuart Mill y disquisiciones infatuadas de lo divino y lo humano, Jasón advirtió en Virginia Cras una "sensación vegetal". La vez primera que está a solas con ella, dibújala mentalmente, sin importarle demasiado la técnica pictórica: "óleo, acuarela o cualquier cosa". Si bien trátase, a la postre, de "un dibujo a pluma".

Reproduzco una pincelada: "de espaldas al artista, llena de gracia la pierna, la línea del cuello, la mano replegada junto al muslo. Se adivinaba el trabajo del pelo, hecho con miles de rayitas de tinta china. Otras líneas, cambiantes y entrecortadas, marcaban el indeciso contorno de la silueta. Una cinta, invisible para él, apretaba los cabellos de un hondo tajo, aumentando la apariencia infantil de la muchacha. Y esta infantilidad de la cabeza de Virginia y de sus movimientos, del vestido rosa y los claros zapatos, contrastaba con dos elementos ya demasiado seguros: el paso firme y ágil y la curva generosa de las nalgas. Miró repetidamente aquella forma rotunda y maciza en que se resolvían los muslos, y que estaban tan cerca suyo, tan cerca de sus manos, llenando totalmente y suavemente la falda" (TDAª: 187).

Julio refrena, no obstante, el impulso de tocarla.

Tiempo de arrobarse.

El lienzo se llena de cuellos largos y palpitantes, manos con inquietud de pájaro, ojos ajaponesados, sonrisas goteantes de miel, efluvios de esta laya: "los dientes blancos y la piel canela y algo húmedo, dulce y tibio de la expresión en la risa, le trajeron caprichosas sensaciones tropicales" (TDAª: 190). ¡Válgame! ¡Caprichosas sensaciones tropicales! De qué no es capaz un corazón de amor herido.

Resulta difícil de creer que una misma mano haya escrito la *Repugnancia* de Linacero y el *Júbilo* de Jasón. Pero está averiguado y probado que así fue.

Será la intervención de Papá Cras, agente de la bolsa, la que ponga fin a la contemplación, a esas largas vísperas del gozo salpicadas por uno que otro beso subrepticio. Sr. Cras: "—Bueno, Jasón. Somos hombres y podemos charlar claramente. Quiero decirle esto. Desde que Virginia lo conoció a usted no es la misma. A usted puedo decírselo. Era una creatura encantadora. Dulce y tierna. Y la única hija, Jasón, usted comprende... Bueno, ahora... se le han metido no sé cuántas locuras en la cabeza. Independencia, libertad... No sé. Si las cosas no hubieran llegado a un punto... Pero es necesario terminar con esto" / "—Independencia, libertad... Pero muy bien. No creo que nadie haya dado más libertad a una hija. No tengo aquellos prejuicios. Pero ustedes abusan. Confunden independencia con anarquía. No reconocen control ninguno, opinión pública, sociedad...", etc., etcétera. Respectivamente, fojas 105 y 107 de la edición de Bruguera, S. A.

Lo cierto es que Jasón y Virginia se comportaban como modernos, sí, pero intachables victorianos. La paranoia de Papá Cras obra el milagro, empuja al argonauta al blanco de su venturosa aventura. Cuenta el escritor: "uno de los capítulos más importantes de la novela es aquel en que Virginia Cras es desvirginizada; en mi recuerdo de cuarenta o cincuenta y cinco años atrás estaba muy bien escrito. Ese era un tema muy difícil y me parece que lo puede sortear con toda felicidad literaria, y sin hacer descripción, claro, como sería muy fácil".[30]

Impecable ejecución, en efecto; altísimo vuelo, y momento, del pudor onettiano. La conquista del Vellocino de Oro, en puridad parte del capítulo XIX, no capítulo independiente, merece figurar en toda antología de la literatura amorosa digna de alabanza. Insistiéndose, desde luego, en la circunstancia de que el autor describe (y el lector sorprende) a los amantes cuando son huella, eco, arena enfriada. Cuando la "belleza de la muchacha penetraba en él, exenta, firme, con la permanencia de piedra. La dulzura del perfil, las estrías de músculos de la espalda, el brazo que caía como una plomada hasta el codo. El pequeño seno con la punta audazmente hacia arriba, encuadrada en el ángulo recto del brazo. La mano abierta rodeaba la nalga; como si la adolescente hubiera tomado su belleza en la diminuta palma generosa, para ofrecérsela tan definitiva y confiadamente como se la había dado un momento antes, con los ojos en blanco y la boca torturada, fluctuando debajo de su brazo enloquecido" (TDA[a]: 239). Destellos posteriores al acto amoroso: Virginia corriendo, "echando las piernas hacia los costados, mientras el pelo le chicoteaba en la espalda y el desteñido sol giraba rápidamente en las nalgas, abriéndose y cerrándose como el diafragma de una cámara fotográfica"; un seno de Virginia vacilando "como un paisaje submarino" en el temblor de un vaso de licor; los talones de Virginia arrodillada hundiéndose "suavemente en las nalgas". Etcétera.

No puedo menos que citar el siguiente pasaje:

—Tenía un miedo... después de la carta. Pensaba que todo había terminado. No por celos; pero tenía miedo de que esto, tal vez lo más grande que haya, lo conocieras con otro. Con alguno demasiado bruto; demasiado macho para tu ternura...

Ella saltó levemente, acariciándose un brazo con los perezosos dedos.

—No, Julio... No podía ser. Yo presentía lo lindo de esto, vida. No me hubiera animado a estropearlo. Tenía que ser contigo... contigo, vida querida. Y yo estaba segura de que iba a ser...; y lindo, lindo, lindo...

Él recostó la cabeza en la cama, haciendo resbalar sus labios agradecidos por el caliente brazo de la muchacha.

—Dulzura...

Cerró los ojos y quedó quieto, sumergido en una placidez que volteaba lentamente en su cerebro. Así, así. Sentía el pulsar de la sangre en la muñeca que hacía de almohada para su mejilla y, de vez en cuando, la boca de Virginia que soplaba el humo. Dormirse así, despacito, sintiendo que se dormía, espiando las imágenes que empezaban a brotar indecisas, como luces de luciérnagas, entre las últimas sensaciones que iban desprendiéndose, los frescos recuerdos que se alejaban dulcemente. Los golpecitos misteriosos de la vida, saltando en la muñeca de la muchacha. Irse, así, sonriendo. Dormirse o morir. Tan feliz, tan feliz, descansando en la muchachita... Llevarse al silencio aquella enorme y fina dicha que lo saturaba; morir como el único más allá posible, la única prolongación de su felicidad.

Hasta aquí. Fojas 110 y 111 de la edición de 1978.

No puedo menos que citar el anterior pasaje (Jasón muerto de felicidad) e imaginarme cómo saldría de las manos de escritores de la amargura de Eladio Linacero, Lanza, Díaz Grey, Brausen o el real Onetti; escritores para quienes todo tiempo (de abrazar) fue una estafa, el asesinato vil de las potencias interiores.

e. *Dos contra el mundo*

Verdad es que la daga venenosa de un tango consigue abrirse paso desde el exterior del cuarto y clavarse en la desnuda carne de los amantes. Verdad es que Julio es visitado por el remordimiento propio de su edad y educación: "Pecado, PECADO aullaban las amarillas casas contra los muros" / "PECADO. Ellos habían pecado, juntos y desnudos en la cama grandota" (las mayúsculas son de Onetti). Verdad es que mientras la muchacha se peina frente al espejo Jasón adivina, sorprende la expresión que ella tendría cuando "fuera mujer" (mujer, lector, en el lamentable sentido que son "mujeres" Cecilia Huerta de Linacero o Gertrudis Brausen). Verdad es (por último) que a Julio lo asaltan el temor y la desazón (respectivamente): "Tuvo miedo de su próxima soledad" / "Todo iba a quedar sin sentido; incomprensible como un escrito cifrado cuya clave se hubiera perdido".

No obstante, culpa y sospecha, miedo y fatalismo son vencidos sin apelación por la alegría, el placer, la confianza, el desafío.

El narrador de *Tiempo de abrazar* es explícito al respecto.

Cito el tarzanesco grito triunfal que lanza Jasón después de desvirginizar a Virginia Cras: "Respiró con fuerza, dilatando el pecho. Lentamente juntó los brazos al cuerpo, haciendo saltar los pectorales; luego los golpeó, un puñetazo, otro. Estaba desnudo y alegre. Animal humano. Se enjugó los labios, restregando el revés de la mano con fuerza". Dije tarzanesco. No se me ocurre otro calificativo. El hombre mono golpéase el salvaje, musculoso pecho. Jane obsérvalo grácil y saciada. ¡Aaaaaaaa, aa, aaaa! El claro de la selva hállase regado de cadáveres enemigos: Girord el Abominble, Seidel el Estafador, Landbleu el Sofista, Cristina la Ninfómana, Papá Cras. Detrás del claro, de la enmarañada espesura, quema el aliento de una amenaza informe. Pero él acepta el reto, recoge el guante, esconde la otra mejilla. "Ahora, cada día, una lucha de astucia o de coraje, contra todos, para conservarla y defenderla (a Virginia, por supuesto; F. C.). Se incorporó con la cara endurecida y comenzó a pasearse. Luchar contra todos; contra la inmensa estupidez humana, contra la cobardía de la bestia humana" (TDA[a]: 246). Nos acercamos al belicoso y esperanzado final del Cap. XIX. "Estaba lleno de un odio profundo y alegre": reconoce. "Sin saberlo, sin admitirlo en ningún momento, había estado caminando en medio de una multitud ciega y apretada. Pero ahora —tres pasos, vuelta, tres pasos— oponía el pecho a las filas interminables que seguían avanzando lentamente": advierte. "Lo empujarían ,lo golpearían, queriendo hacerlo seguir como hasta ahora, el paso lento de siempre. No importaba. Confiaba en la fuerza de su odio": precisa. "En el límite en que terminaran las energías de su amor, vendría el odio en su ayuda. Y otros, ayer, ahora, mañana y pasado, cada día más numerosos, dando la cara al espeso rebaño humano": insiste. "El hambre, el cansansio, el desesperado deseo de abrir ventanas, de respirar. El ansia irrefrenable de higienizar la vida; de fusilar la hipocresía, la injusticia, la mentira": amenaza. "Bestias inmundas... Tres pasos, vuelta, tres pasos": concluye Julio Jasón. Página 247 de la edición de Arca (1973).

De los capítulos perdidos de *Tiempo de abrazar* sólo puede dar cuenta la memoria escéptica, olvidadiza y astuta de Juan Carlos Onetti. Conforme a ella, Julio Tarzán muerde, a la postre, el polvo de la derrota.[31]

SEGUNDA PARTE

VII. PARÉNTESIS: LOS PELIGROS DEL ALMA

a. Doble fondo; b. La edad prohibida; c. Las tentaciones.

a. *Doble fondo*

La llama encendida por Julio Jasón se extingue en manos de sus descendientes: Eladio Linacero (*El pozo*), Diego E. Aránzuru (*Tierra de nadie*), Luis Ossorio (*Para esta noche*), Juan María Brausen (*La vida breve*), Jorge Malabia (*Para una tumba sin nombre*). Aquellos de éstos que no se pliegan a los dictados de la "puerca vida" (las comillas son mías, la fórmula de Jasón) apagan su sed de rebeldía a espaldas de la realidad. Estruendoso fracaso de cualquier tiempo de abrazar (o ser). Con una salvedad insensata e imperecedera: Larsen, el Junta Larsen del prostíbulo asediado y los astilleros a la deriva. Después de los trabajos de Jasón, ningún éxtasis amoroso, ninguna plenitud solidaria, inflamarán el universo onettiano. Baste, lector, la comparación entre la floral Virginia Crass y esa experta en el precio de la carne de vaca que lleva por nombre Cecilia de (o ex) Linacero. Todo mierda. O sombras en la pared.

Despuntan los 40's.

J. C. Onetti ha dado a la estampa cuatro cuentos (*El posible Baldi* y *Convalecencia,* amén de los ya citados *Avenida de Mayo...* y *El obstáculo*). Ha escrito dos novelas que se corresponden como el anverso y el reverso de una moneda (me refiero, por supuesto, a *Tiempo de abrazar* y *El pozo*). Ha emprendido, interrumpido, y ocultado un ejercicio retórico sobre el "adjetivo y la composición" intitulado *Los niños en el bosque* (en realidad, texto conspirativo, primer sueño realizado, segunda aproximación al tema homosexual). Onetti también ha casado en dos ocasiones, emigrado a —y regresado de— Buenos Aires, entablado amistad con Roberto Arlt, participando con denuedo en la fundación de *Marcha,* predicado en el desierto de la literatura uruguaya, ganado dos premios literarios (*La Pensa, Marcha*) y perdido uno (Farrar & Reinehart). Por otra parte, ha planeado y desbaratado dos proyectos de viaje. En 1929, a la URSS. En 1936, a España, para sumarse a los defensores de la legalidad republicana. Del primer proyecto no queda otro rastro que su motivación: atestiguar (y quizá testimoniar) la edificación del socialismo. El segundo, por su parte, inspirará (inspiración que apenas si se reconoce) *Para esta noche*.

Pero, señaladamente, J. C. Onetti o Juan C. Onetti o Juan Carlos Onetti ha deslindado en el mapa del texto los respectivos territorios de sus dos discursos. *Fracaso. Blasfemia.* Desde la actual perspectiva y merced, desde luego, en no poca monta, a la exhumación del primer Onetti, podemos contemplar, a partir de 1933, la separación de las aguas, de las escrituras. Ahora bien: mientras la infamia fluye por una superficie inalterable, la herejía se precipita entre líneas, corre bajo los signos, porfía en la oscuridad. No es sino hasta *La vida breve* (1950), cuando Onetti ya ha facturado cuatro novelas y un buen puñado de relatos, que el discurso de los "sueños" inunda las páginas y arroja sus creaturas y figuraciones. El Dr. Díaz Grey, Santa María.

b. *La edad prohibida*

En los próximos capítulos voy a ocuparme del Onetti evidente. A lo largo de los 40's, autodesterrado de nueva cuenta en Buenos Aires, el Buenos Aires también de W. Gombrowicz, el montevideano conduce hasta sus últimos extremos la experiencia común que sella indeleblemente su obra: el aprendizaje de la ruindad. O, dicho en otras palabras, el salto (mortal) de la *Juventud,* ese "país de las maravillas", a la *Madurez,* cuando todo lo existente es una alusión a la desgracia, cuando la vida comienza a ser una "sonrisa torcida". Ceci Huerta (*El pozo,* 1939), Julita Bergner (*Juntacadáveres,* 1964) y Kirsten Montes (*Esbjerg, en la costa,* 1946) son edades sucesivas de una misma biografía. Como lo son, a su vez, Jorge Malabia (*El álbum,* 1954), Bob (*Bienvenido, Bob,* 1944) y Diego E. Aránzuru (*Tierra de nadie,* 1941). Un fatal y vacuo periplo que comienza a los 15 años y concluye a los 50. Más o menos.

¿Y la niñez?

He aquí un buen botín para la psicohistoria.

La de la infancia, es una edad prohibida en la narrativa de Onetti: saga (no obstante) de la caída en el tiempo, del paso depredador de los días y los años. Excepciones de la regla apenas enunciada: Angélica Inés Petrus niña en el recuerdo profesional de su futuro esposo; la hija lejana que Díaz Grey recobra a la luz (amarillenta) de viejas fotografías; Victoria Barcala antes de transmutarse en la heroína romántica del "folletón" ideado por Luis Ossorio Vignale; Raucho, Coco y Lorenzo, los niños de ese bosque pederasta sustraído cerca de cuatro décadas a la mirada pública debido al desinterés (Ruffinelli), la autocensura (Rodríguez Monegal) o el fracaso artístico (Onetti).* Etc., etcétera.

Bien. No debe perderse de vista que ni los Linacero ni los Brausen,

* *Los niños en el bosque.* Cf. inciso b. cáp. XVII.

esto es, las parejas más notables del *corpus* que nos ocupa, vénse bendecidas con vástago alguno.

¿Por qué?

"Estoy resuelto a no poner nada de mi infancia. Como niño era un imbécil": escribe Eladio Linacero en el *Libro de los Sucesos*. Aclaro que miente a sabiendas, que siembra una pista falsa. Porque otra causa, no la imbecilidad, expulsa a la niñez tanto de sus "extraordinarias confesiones" como de la literatura a la que éstas se adscriben. Onetti ha sentenciado por ahí: "decir la infancia implica un fracaso equivalente a decir los sueños" (recuérdese al respecto el dicho de Linacero, soñador compulsivo: "lo malo es que el ensueño no trasciende"). La sentencia de Onetti tampoco es del todo veraz. En repetidas ocasiones y con maestría indudable, el montevideano ha "dicho" sueños: *Los niños en el bosque, El pozo, Un sueño realizado, La vida breve,* etcétera.

He aquí otra declaración suya sobre el particular. Reza: "Las mujeres como los niños, son bichos de otro mundo. El niño no es el hombre del mañana. Es un ser diferente. Las mujeres también. No se les puede tratar como a personas". No obstante, amada o brutalizada, idolatrada o escarnizada, la mujer es obsesión de sus cuentos y novelas. La galería femenina de la obra onettiana no tiene fácil parangón en las letras de América Latina. ¿Por qué, entonces, se discrimina a los niños, hermanos de raza de las mujeres, bichos como ellas de otra galaxia?

Sigo buscando.

Doy con otra, más atendible, explicación de Juan Carlos Onetti. Reza: "Ningún niño puede contarnos su paulatino y sorpresivo, desconcertante, maravilloso, repulsivo descubrimiento de su mundo particular. Y los adultos que lo han intentado —salvo cuando engañan con talento literario— padecen siempre de exceso de perspectiva. El niño inapresable se diluye; lo reconstruyen con piezas difuntas, inconvencientes y chirriantes" (TDA[a]: XIV).

—Es poco lo que nos ha confiado de su pasado. Lo suficiente, no obstante, para inferir que la suya fue una niñez mimada, dichosa, extremadamente dichosa. ¿Es esa la razón por la cual la infancia no tiene cabida en la narrativa de Onetti?

Preguntó al novelista de *Juntacadáveres*. Se lleva a los labios la copa de vino. Bebe un trago. Responde aburrido:

—Sí, sí. Estoy seguro de eso. Los países felices y las mujeres honestas no tienen historia. Y, bueno, mi niñez no tiene historia porque fue muy feliz. Mis padres estuvieron enamorados, prácticamente, aunque parezca ridículo, hasta que se murieron.

Sin conmoverse, o conmovido de una forma sutil que yo no percibo, Juan Carlos Onetti recuerda el cariño, los cuidados y atenciones de Don Carlos Onetti para con Doña Honoria Borges de Onetti. El amor cortés. Al fin advierto el timbre de la emoción en Onetti, en su remembranza de unos padres que se amaron hasta el final. Escucho respetuoso, sin olvidar (cómo) que quien me hablaba de un hombre mayor (Don Carlos) cubriendo con un chal los hombros de su dama (Doña Honoria) a fin de que no pescara algún resfrío, era el mismo que había unido a parejas como la de *El infierno tan temido* o triángulos como el de *Los adioses*. Onetti bebe de nuevo, recobra su hastiado desdén, abunda en tesis ya reseñadas por mí líneas arriba:

—Los adultos no saben nada de los niños. En algún momento de su vida los tipos perdieron contacto con lo que fueron en la infancia. Y además, está una vieja teoría mía de que los niños no son hombres chiquitos sino que pertenecen a otra raza como si fueran marcianos.

—Son bichos raros.

—Sí. Son distintos, con psicologías distintas. Y yo me adapto muy bien con los niños, los perros y las mujeres.

Plenitud dichosa: tal es el pecado de origen que veta a la infancia de un universo narrativo como el de Onetti: abyecto y estéril. Del fruto podrido del amor no brota semilla alguna. Parejas sin hijos, esposos que se vigilan en la noche, pechos mordidos por el cáncer. Y si de la *Infamia* pasamos a la *Herejía*, comprendemos con mayor claridad el mensaje. Es en esta otra cara de la escritura de Onetti donde constan las genealogías perdurables: escándalos biológicos. Suaid, Baldi, Linacero y sus respectivos disfraces y dobles; Brausen que engendra a Juan María Arce que engendra al Dr. Díaz Grey que testimonia los hechos de Santa María. Proyecciones, emanaciones incorpóreas y autócratas.

Onetti lo plantea de modo tajante: más allá de la niñez no hay nada. La adolescencia, en cambio, alimenta su propia degradación pusilánime y antiheroica. Juan María Brausen, prototipo de biografía condenada, pudo, cuando joven, embarcarse rumbo a mares de Jack London o Emilio Salgari. O escuchar el llamado de la selva brasileña. No lo hizo. El montevideano eligió a Gertrudis y a Buenos Aires. Escuchad, escuchad su lamentación cuando todo está acabado: "Gertrudis y el trabajo inmundo y el miedo de perderlo / las cuentas por pagar y la seguridad inolvidable de que no hay en ninguna parte una mujer, un amigo, una casa, un libro, ni siquiera un vicio, que puedan hacerme feliz" (OC: 475). Letra de tango, sin duda. Letra de tango que describe a Brausen y a todo personaje sumido en las aguas yertas de la edad adulta: tierra de nadie, adiós, cara de la desgracia, infierno tan temido (Larsen, ¡oh insensato!, buscará, pese a sus cincuenta años, la mujer, el amigo, la casa, la felicidad; y Jacob van Oppen resurgirá, por una noche, de sus cenizas de alcohol y decrepitud, para medio matar a un púgil veinte años más joven).

c. *Las tentaciones*

Es, lector, bajo la luz del epitafio que Brausen se asigna a sí mismo, que se contempla el entorno. Mirada de almas en pena, condenadas. Renuncia. Inmovilidad. A partir de Linacero, los personajes de Juan C. Onetti se enclaustran, empozan. No me refiero (en este contexto) al paso de los grandes espacios urbanos (Montevideo, Buenos Aires) al provincial, pueblerino mejor dicho, Puerto de Santa María. Aludo al abandono de las calles (*Avenida de Mayo...*, *El posible Baldi*, *Los niños en el bosque*, etcétera) por los cuartos de pensión y departamentos. Aludo al olvido del movimiento en aras de la postración. El plano más directo, más obvio diría yo, de las novelas de los cuarentas (e, incluso, de *La vida breve*) atañe al punto muerto, sin retorno, estupefacto, catatónico me atrevería a decir, del aprendizaje de la ruindad. Demorarse, que no deleitarse, en éste aspecto del onettismo, lleva por fuerza a comentarios como el que le inspira a Anderson Imbert la novela de 1950. Transcribo de *Recopilación de textos sobre Juan Carlos Onetti*:

> Estos personajes (los de Onetti) son solitarios fracasados. Han sido arrojados a un mundo hostil, que de desgaste en desgaste se precipita hacia la muerte. Sólo les queda chocar con la realidad, torturarse o tratar de escapar hacia adentro / Ambiente de pesimismo, de fatalismo, de desmoralización. Los ideales se apolillan; la amistad es un malentendido; el amor se convierte en sexo / *La vida breve* parece escrita con una prosa turbia y pastosa: pasta de lengua con grumos mentalmente traducidos de literaturas extranjeras / El narrador —Brausen— vive varias vidas, y el relato las entreteje / Una pesada atmósfera de sexualidad, sadismo, prostitución, perversión, crimen, cáncer, morfinomanía, locura y fealdad desfigura sórdidamente cosas y hombres. Esos seres, siempre buscando la postura horizontal, sobre las camas, parecen reptiles.[32]

Ilusiones perdidas, burladas, defraudadas, masacradas. ¿Cómo se llega a ser Linacero, Aránzuru, Ossorio, Brausen? ¿Cuántas y cuáles son las vías de imperfección? ¿Qué o quién nos arrebata el alma, nos vacía de toda fe?

Digamos, en síntesis, que esos "reptiles" de que habla Anderson Imbert son obra nefasta de un cortejo de peligros. Baste, lector, la mención de tres de ellos:

1. La ciudad y sus hordas.
2. El amor.
3. La edad adulta.

Los dos primeros peligros son, en puridad, tentaciones, espejismos que resplandecen fuera de nosotros. El último configura un mal interior y goza de un ritual: *la bienvenida*.

De estos tres asuntos procedo a ocuparme en sendos y respectivos capítulos. Aclaro que el *corpus* examinado comprende de *Avenida de Mayo*... a *La vida breve*, esto es, del nacimiento de la narrativa onettiana a la fundación de Santa María. Con lo cual sigo mostrando que encaramos un sistema ético y estético, no un título; una obra, no un hallazgo momentáneo.

Recuerdo, por último, que Juan C. Onetti marcha a Buenos Aires por segunda ocasión en 40 ó 41. Que, antes de hacerlo, y todavía sin reponerse del golpe que le asestara (metafóricamente) Diego Nolare, el autor de *Yyaris*, en la eliminatoria local del Premio Farrar & Rinehart, apresura la redacción de otra novela, extensa novela, a fin de participar en un concurso del género promovido por la Editorial Losada de la capital argentina. Que fue vano el intento de Onetti, toda vez que las palmas y mieles del triunfo correspondieron a otro. Que, sin embargo, *Tierra de nadie* —tal era el título del manuscrito enviado por Onetti— se publica bajo el sello Losada el año de 1941 (suceso que tuvo sin cuidado a críticos y demás dispensadores de famas). Que una vez en Buenos Aires, ciudad de la que no regresará, a su natal Montevideo, sino hasta 1954, Onetti trabaja como periodista y (más tarde) publicista. Acciones y episodios que mencionaré con mayor detalle más adelante.

Cierro el (largo) paréntesis.

VIII. BABILONIA

a. Extraña odisea; b. Uno de tantos; c. Manuscrito hallado en una libreta; d. El romance de J.J.; e. Un caso de travestismo; f. Las novelas de Buenos Aires.

a. *Extraña odisea*

Un atardecer cualquiera, Víctor Suaid zarpa, sin rumbo fijo, de la Avenida de Mayo, en pleno corazón de Buenos Aires. Travesía nunca antes vista ni oída, al menos en las letras rioplatenses.

Suaid maniobra entre múltiples escollos: affiches "con los hombros potentes de Clark Gable y las caderas de la Crawford", edificios de ímpetu neoyorkino como el "Boston Building", un gigante mecánico que ofrece a la ciudad una no menos descomunal cajetilla de cigarros, etc., etcétera. Es la urbe unánime, anónima: espacio acechante. Son sus hordas. Lo mismo en el centro de Buenos Aires que en la Puerta del Sol que en Regent Street que en el Boulevard Montmartre que en Broadway que en Unter den Linden. Sí, lector, en "todos los sitios más concurridos de todas las ciudades, las multitudes se apretaban, iguales a las de ayer y a las de mañana" (CC^2: 25).

Piensa Víctor Suaid: una ametralladora, apostada en cada bocacalle, acabaría con esa "morralla". Tarataratara, tara, taratarata. Sin embargo, el navegante solitario emplea otra arma, arma secreta, para resguardar su travesía interior de los embates de Buenos Aires: la novela de aventuras. Fuente primordial y confesa: Jack London, escritor norteamericano. El "desolado horizonte de Alaska" se funde con las calles de Florida y Rivadavia, al otro extremo del continente. O bien las luces de los automóviles que transitan por Florida y Rivadavia cobran alas y se posan "en un cielo que se copiaba en el Yukón" (al otro extremo del continente). No sólo eso: el muy temible (¿y sanguinario?) Brughtton se inclina, cubriendo con su "cuerpo enorme" la fogata; Suaid salta, dispuesto a accionar el gatillo. "Cosas así", "aventuras", diría Eladio Linacero.

La ciudad enemiga no se da por vencida fácilmente. Separa, de sus ejércitos, una mujer de ojos brillantes. ¡Cuidado! Entre "las dos corrientes de personas que transitaban, la mujer fue pronto una mancha que subía y bajaba, de la sombra a la luz de los negocios y nuevamente a la sombra". Pero el mal estaba hecho. El perfume de la mujer embriaga a Said, "aventando suave y definitivamente el paisaje y los hombres" plagiados a Jack London. De "la costa del Yukón no quedó más que la nieve, una tira de nieve del ancho de la calzada" (CC[2]: 21).

Aunque Suaid conjura la hábil estratagema.

Así, siembra, a los dos lados de la tira de nieve en que se había convertido el paisaje nórdico, dos filas de "soldados a caballo". Trátase, ahora, de la Santa Rusia. En el papel de Alejandro Iván, Gran Duque, Suaid asiste al Zar Nicolás II mientras éste efectúa una inspección de rutina de la caballería cosaca (el modelo del Zar es un inglés, Owen, empleado ferroviario de Buenos Aires; Oscar Owen, alias *El Inglés,* gigolo y morfinómano, será uno de los personajes, diecisiete años después, de *La vida breve*).

El viaje de Suaid prosigue venturoso. Hasta que ocurre un percance aún más brutal que la muerte de Pedro Pañón Forchela en el cuento *El obstáculo*. Me refiero a la aparición de María Eugenia, la mujer, la pareja de Suaid. En el próximo capítulo (re)contaré lo sucedido, y más que lo sucedido, los sentimientos puestos en juego (porque los hechos son siempre vacíos, adoptan la forma del sentimiento que los llena).

De la *Diagonal,* lugar donde María Eugenia, invencible, imbatible, se le aparece, Víctor Suaid retorna al punto de partida: *Avenida de Mayo*. Antes de dar por concluido el viaje se asoma a la Central para observar al empleado inglés ("la incomprensible figura de Owen se partía en mil formas distintas, muchas de ellas antagónicas"). Más aún: hace un esfuerzo por escuchar el tararatara, tara, de las ametralladoras, barriendo a la muchedumbre. Ahora que no lo consigue. Párrafo final: "Se encontraba cansado y calmo, como si hubiera llorado mucho tiempo. Mansamente, con una sonrisa agradecida para María Eugenia, se fue hacia los cristales y las luces policromas que techaban la calle con su pulsar rítmico" (CC[2]: 26).

Esto es lo que, en síntesis, narra *Avenida de Mayo-Diagonal-Avenida de Mayo*: primer édito de J. C. Onetti; manuscrito ganador del certamen convocado por *La Prensa*; monólogo interior que se nutría sin vacilaciones en las técnicas de la vanguardia; cuento urbano impulsado por las vicisitudes íntimas del personaje; imagen de Buenos Aires; pregunta cuya respuesta radicaba en los escritos por venir. Ignoro la composición del jurado de *La Prensa* que lo premió. Honro, no obstante, la perspicacia y olfato de sus integrantes: nacía uno de los narradores más originales y sostenidos del Río de la Plata y de Hispanoamérica. Un montevideano que para entonces sólo había pergeñado remedos de Knut Hamsum y reseñas cinematográficas de ocasión, pero que se adentraba ya, contradictoriamente, en el crispado y rugiente pozo de Linacero y en el reto tarzanesco de Julio Jasón.

La Prensa publica la travesía de Suaid, por los mares del "mundo exterior", en su número correspondiente al 1o. de enero de 1933.

b. *Uno de tantos*

Introducido por Víctor Suaid, el tema de la ciudad amenazante y sus muchedumbres desalmadas se instala y propaga.

Una noche cualquiera, el abogado Baldi dispónese a cruzar la Plaza del Congreso de la ciudad de Buenos Aires, camino, lector, a la Academia de la Dicha (la expresión y las mayúsculas son de Suaid): el traje recién planchado sobre la cama, la brocha fragante del peluquero, la cena y la función de cine con Nené — la novia. En el bolsillo del pantalón, recién cobrados, unos cuantiosos honorarios (*Antonio Vergara vs. Samuel Freider*). Nadie más feliz que el abogado Baldi en toda la faz de la tierra.

Es entonces, mientras cruza la calle, que lo visita el Ángel Exterminador.

Una mujer "rubia y extraña", enfundada en un impermeable color verde, le llena la cara (como diría Linacero) de miradas. Se interpone entre los dos un Don Juan untuoso y tripudo. El abogado interviene, sin otra obligación que la nobleza, y aleja al importuno. Baldi y la mujer intercambian, por fuerza, unas palabras. Ella dice de pronto:

—Sí, no importa que se ría. Yo, desde que lo vi esperando para cruzar la calle, comprendí que usted no era un hombre como todos. Hay algo raro en usted, tanto fuerza, algo quemante... Y esa barba, que lo hace tan orgulloso...

Sigo citando de la edición de Corregidor (1976):

—¿Por qué piensa eso? ¿Es que me conoce, acaso?

—No sé, cosas que se sienten. Los hombros, la manera de llevar el sombrero... no sé. Algo. Le pedí a Dios que hiciera que usted me hablara.

....

—Tan distinto a los otros... empleados, señores, jefes de las oficinas... —las manos exprimían rápidas mientras agregaba—; Si usted fuera tan bueno de estarse unos minutos. Si quisiera hablarme de su vida... ¡Yo sé que todo es tan extraordinario!

Páginas 46 y 47.

Baldi la sospecha, en un principio, histérica y literata. Pero a la postre de vehementes súplicas, participa en el estúpido juego. Coge del brazo a la mujer y la conduce "hacia la esquina de Victoria, donde la noche era más fuerte" (la misma céntrica calle Victoria, lector, donde Juan C. Onetti y Juan María Brausen compartirán una oficina y un trato distante y circunspecto, como si se tratara de dos absolutos extraños y no del novelista y su personaje).

Al amparo de la oscuridad, y en homenaje a la suplicante, el Doctor en Derecho Baldi se hace Suaid, quiero decir, el posible Suaid del cuento de 1933. Si bien da un paso más en el plagio del género de aventuras.

Es una mina sudafricana de diamantes: Baldi, uno de sus guardianes sanguinarios, oprime el gatillo de una ametralladora marca *Schneider,* tatatararararataratataratara, tara, tara, para caza al vuelo a los mineros negros que "quieren escapar con diamantes, piedras sucias, bolsitas de polvo". 250 proyectiles por minuto. / Es una taberna de marineros en Marsella o el Havre: Baldi explota y golpea putas "flacas y pintarrajeadas", esos cadáveres que lo visten y veneran. / Es un muelle: Baldi dispónese a subir a la cubierta de un barco, con diez dólares y un revólver por todo equipaje. / Es el desierto ardientísimo del Sahara: efectivo temible de la Legión Extranjera, Baldi ostenta en la punta de su balloneta la cabeza, aún palpitante, de un moro que osó atravesarse en su camino de desolación y muerte. "Cosas así", "aventuras", diría Linacero.

Hasta que el posible Baldi es recobrado por el real Baldi: anodino, antiheroico, común.

Véncelo el desconsuelo. Piensa en su "lenta vida idiota", como la de todos. Porque "el doctor Baldi no fue capaz de saltar un día sobre la cubierta de una barcaza, pesada de bolsas o maderas". Prosigue lamentándose: "Porque no se había animado a aceptar que la vida es otra cosa, que la vida es lo que no se puede hacer en compañía de mujeres fieles ni hombres sensatos". En suma, lector: "Porque había cerrado los ojos y estaba entregado, como todos. Empleados, señores, jefes de las oficinas" (CC^2: 52).

El casi literal reproche que, años adelantes, se hará J. M. Brausen. Con una dosis de ironía que consume él mismo, Baldi, luego de entregarle a la mujer parte de los honorarios ganados en el caso *Antonio Vergara vs. Samuel Freider,* le dice:

—Ese dinero que te di lo gano haciendo contrabando de cocaína. En el Norte.

Aclaro que el único contrabandista (morfina) de la narrativa onettiana se llama Díaz Grey: doctor también, sólo que en medicina. Lo indudable es que con el parlamento arriba citado concluye *El posible Baldi,* cuento que los lectores de *La Nación* de Buenos Aires encontraron en la quinta sección del número correspondiente al 20 de septiembre de 1936; el mismo año que, cuenta la leyenda, su autor, J. C. Onetti, decide marchar a España a defender la República.

Los lectores de *La Nación* quizá recordaron *El obstáculo,* publicado apenas el año anterior, e, incluso, *Avenida de Mayo-Diagonal-Avenida de Mayo,* dos años más viejo que la crónica policial del *Negro.* Los hipotéticos lectores del primer Onetti, se habrán preguntado de dónde diablos extraía el cuentista sus asuntos, qué diablos nutría su sensibilidad y escritura. No menos infrecuente que la travesía joyceana de Suaid era el encuentro (y sus consecuencias) entre el abogado y la mujer del impermeable verde.

Consecuencias:

Si, en el cuento aparecido en *La Prensa,* la oposición entre el "mundo exterior" (la polis, la gente) y el mundo interior (imaginaciones, sueños), entre el real y el posible personaje, acaba en llanto, en simple desahogo, el cuento de 1936 implanta la amargura, la aflicción. Ha escrito Jorge Ruffinelli: "Lo admirable es que este conflicto" (es decir, el conflicto entre "la vida cotidiana" y la "aventura", F. C.) "se haya podido dar de manera tan nítida y lúcida desde los comienzos mismos, en *Avenida de Mayo-Diagonal-Avenida de Mayo,* y mejor todavía, en *El posible Baldi* (1936). En este último cuento, el proceso que lleva de la realidad a la imaginación para volver de nuevo a la realidad, adjunta por primera vez la conciencia dolorosa del tránsito. En *Avenida de Mayo*.... Víctor Suaid no ignoraba "lo extrañamente literaria que era su emoción", y sin embargo esa conciencia, a su vez, no era indicio de dolor. Lo contrario sucede en *El posible Baldi,* donde reaparece el motivo del soñador y Onetti realiza en términos narrativos una reflexión audaz sobre la dialéctica realidad-ficción como un homenaje del hombre sedentario a la aventura interior".[33]

Líneas adelante: "El cuento pudo detenerse allí, en la simple muestra de dos conductas, pero Onetti introdujo el conflicto, la semilla del mal, en el propio discurso de su personaje masculino. Porque la mentira creciente lo supera, como a un aprendiz de brujo, y retrocede para golpearle con la fuerza de un bumerán".[34] Hasta aquí el pertinente juicio de Ruffinelli.

El discurso onettiano se había encanallado, en puridad, un cuento antes, en *El obstáculo.* El personaje, el *Negro,* no sólo se complace con la estampa de marineros borrachos con flores en la boca: asesina. Rufián adolescente, anticipa, perfila a "Juntacadáveres" y sus reinos hamponescos. Paradójicamente, escandalosamente, lo dije ya, el texto de 1935 elogia la ciudad real.

Víctor Suaid, en efecto, califica de "extrañamente literaria" la emoción que impulsa su travesía; emoción que no sobrepasa una tristeza incruenta, volátil. El abogado Baldi, en cambio, muerde la fruta prohibida de la conciencia desdichada, observa dolido, dolente, cómo se desploma su proyecto de la felicidad, un proyecto "magnífico, con un audaz edificio de cristal saltando de una ciudad enjardinada, llena de bares, columnas de níquel, orquestas junto a la playas de oro, y miles de *affiches* color de rosa, donde sonreían mujeres de ojos borrachos" (CC²: 44).

Baldi renacerá en otro abogado memorabilísimo: Diego E. Aránzuru. Personaje de *Tierra de nadie* y actual encargado del edificio, joya decimonónica, que se levanta en la *Isla de Latorre* (siempre y cuando, claro está, el acto final, la autofagia sígnica que, se supone, ocupa a Juan Carlos Onetti, no haya dado ya cuenta de esa parte de Santa María).

Saberse igual a los otros: infame turba domesticada. *Avenida de Mayo- Diagonal-Avenida de Mayo* culpa, ante todo, a la ciudad; *El posible Baldi,* a sus moradores. A partir de 1936, la escritura de Onetti oscila, aunque siempre mezclándolos, entre uno y otro peligro. Desastre.

c. *Manuscrito hallado en una libreta*

Además de minoritaria y semiclandestina, la secta onnettista es intolerante. La caracteriza, sí, un libérrimo examen de los textos sagrados. Sólo que la coexistencia de interpretaciones resulta punto menos que imposible: mi verdad es la verdad. Esto quedó claro en el intercambio de juicios, asperezas y golpes figurados protagonizado, hace algunos años, por dos críticos uruguayos de solvente ejecutoria: Emir Rodríguez Monegal y Jorge Ruffinelli. Sitio: la revista *Plural* (la de Octavio Paz y su grupo). Baste decir que, en cierto momento, Rodríguez Monegal acudió a la autoridad del mismísimo Juan Carlos Onetti a fin de poner en la lona a su oponente.

Pero hagamos un poco de historia.

"En fecha muy reciente, un extenso original inédito fue rescatado del desconocimiento: se trata de un cuaderno escolar de hojas rayadas, 17 x 21.5 cm. de 40 hojas, con el siguiente título en su tapa: "Pequeño ensayo sobre el adjetivo y la composición llamado de 'Los niños en el bosque' y escrito por J. C. Onetti en abril de 1936"."

Informa lo anterior Jorge Ruffinelli en la *Advertencia* de *Tiempo de abrazar y los cuentos de* 1939 *a* 1950, refundición capital editada en 1973 por Arca (Montevideo), trabajo que divulga y consagra los afanes de la arqueología onettiana. Disciplina, lo dije ya, en la que descuellan los nombres de Ángel Rama, Alberto Oreggioni, Hugo Verani y el ya citado Jorge Ruffinelli.

Al reseñar *Tiempo de abrazar*... y, por ende, las interpretaciones del editor del libro, entre ellas la relativa al sensacional, insospechado inédito de 1936, Rodríguez Monegal sostiene: *Los niños en el bosque,* historia de homosexuales, es una escritura censurada por J. C. Onetti; de ahí, lector, su ocultamiento, de ahí también, lector, la candorosa lectura verificada por Ruffinelli. En palabras del propio R. M.: "Por el desplazamiento hacia problemas de composición (como indica la nota del cuaderno manuscrito) Onetti ejerce la censura. Que ese desplazamiento tuvo éxito lo certifica el hecho de que el compilador de este volumen interpreta ingenuamente este relato. Según él, la protección que Raucho y su amigo Lorenzo dispensan a Coco estaría teñida "por ambiguas ensoñaciones eróticas que no tienen, sin embargo, el menor asomo de malicia y menos aún de cinismo". Me temo que las ensoñaciones de Raucho no sean nada ambiguas y que si no hay malicia, ni cinismo en él, hay por lo menos sentido de culpa y conciencia de un deseo oscuro, irresistible. El compilador parece haberse saltado el hecho de que Raucho realmente tiene un encuentro sexual con Coco".

Lo anterior apareció el 6 de abril de 1975 en el vol. IV. No. 7, pág. 70, de *Plural.*

Dos números de la revista más tarde, el compilador responde. De entrada califica de "intento de uppercut" la acusación de ingenuidad. Y prosigue refutando las palabras de Rodríguez Monegal en estos términos: "Usted discrepa y enseguida empieza a coincidir: no sé si será una técnica de la polémica. Me alegro, entonces, de que en el mismo párrafo de la disención concuerde usted en que esas "ensoñaciones" están desprovistas de *malicia y cinismo;* me alegro, porque yo quería precisamente destacar este hecho, frente a lo que es ya un lugar común: que el tema sexual en Onetti es siempre cínico. Por mi parte, estoy de acuerdo con usted en que hay "sentido de culpa y conciencia de un deseo oscuro e irresistible", y es por eso, parcialmente, que digo "ambiguas ensoñaciones eróticas". Usted afirma que no son "nada ambiguas" puesto que Raucho ha tenido "un encuentro sexual con Coco", y sin embargo ha citado profusamente las imágenes superpuestas muchacha-muchacho de las ensoñaciones de Raucho, incluso las del momento en que se narra ese "encuentro". Si esto no es ambigüedad, sólo Dios (y Brausen) saben qué es". Por otro lado, no es exacta la tesis de la escritura censurada (autocensurada, en realidad). Simplemente, con el abandono del tema "muchachos de la calle", en la narrativa onettiana, se perdió el motivo de la homosexualidad. En el prólogo del libro, extenso estudio intitulado "Onetti antes de Onetti", Ruffinelli había sostenido que, en *Los niños en el bosque,* la homosexualidad era "un problema básico de sentimientos. Que son justamente ambiguos e informes porque tales constituyen siempre los de la adolescencia".[35]

La respuesta del compilador al reseñista, la del reseñista al compilador inconforme y la del compilador que sale al paso a la réplica del reseñista, punto final, la citada en último término, de la polémica, se recogen, lector, en la sección *Correspondencia* del Vol. IV, No. 9, de *Plural* (3 de julio de 1975 / págs. 81 a 84). Puesto que las piezas postreras soslayan la crítica del texto en beneficio de no más comedidos directos a la quijada, ganchos al hígado, imputaciones personales y demás boxeo cuerpo a cuerpo, omito referirme a ellas. Únicamente consigno que Rodríguez Monegal señala, levantando el brazo en señal de triunfo, haber "consultado a Onetti sobre este punto y él me ha indicado que mi lectura es correcta".

Los niños en el bosque: ¿escritura autocensurada o análisis inacabado de la ambigüedad sexual propia de la adolescencia? ¿Sucio deseo o cosas de muchachos? En otro sitio, me ocuparé con detalle del manuscrito hallado en una libreta (huelga decir que yo también hablé sobre el particular con Onetti). Por ahora, voy a limitarme a su inserción, exacta y concluyente, dentro de la escritura onettiana de los 30's.

Amén de informar el primer sueño realizado —sueño, aquí, de innegable índole homosexual— de la narrativa de Onetti, *Los niños en el bosque* continúa el debate *Alma-Colectividad* inaugurado por el cuento triunfador en el concurso de *La Prensa* de Buenos Aires. Dialogan sobre el tema Raucho, el personaje que sueña a una niña que es un niño que se le entrega como una niña, y Lorenzo: cómplice, espía, amigo entrañable. Resumo.

Ambos temen la mayoría de edad, esa "bienvenida" que un Narrador vengativo e implacable ofrendará a Bob. Raucho sábese solitario. Lo asedian lo desconocido, lo inesperado. Diserta sobre el "yo y el otro", "lo puro y la bestia". Anda tras una alegría pura, salvaje, "algo de animal, pero consciente, y algo de estar solo". Reconoce en él una "ternura intacta". Vive atento a las "revelaciones imprevistas".

¿Y Lorenzo?

Más preciso y radical, su amigo anuncia al inminente Eladio Linacero. Sólo podría salvarse, dice, de la vida adulta, domesticada, asesinando por asco. El también ruge, aulla, impreca, denosta, gime: "Pensar en todos los años que nos esperan de no estar contentos y de vivir entre dos mil millones de bestias con olor a oveja" (TDA[2]: 260). Bestias, ay, que le roban el aire, ensucian la tierra. "La única manera de ser leal y decente es no transigir, no alegrarse, estar siempre asqueado y contra todo. Que vengan los años; voy a andar arrastrando las patas pero siempre alerta; con sólo mirar reconozco la inmundicia de todo. Cuando me quieran engañar escarbo y escarbo. Tengo fe en la inmundicia y escarbo hasta encontrarla. Entonces me quedo tranquilo y muestro los dientes" (ídem: 260, 261). La comparación entre Linacero y Lázaro no es ni vana ni irresponsable.

Raucho, lector, busca todavía: confiado, porfiado. Lorenzo, por su parte, nada espera: excepción hecha de una lucidez extrema. Raucho es un aventurero. Lorenzo un francotirador. Si bien para uno y otro saltar la línea divisoria de la adolescencia, pasar a formar parte del rebaño humano, significa el fin.

d. *El romance de J. J.*

Tiempo de abrazar, himno de la fe, no escapa al pánico producido por Babilonia y sus habitantes. Así, M. Girord, el abominable profesor de literatura francesa al que Julio Jasón desea arrojar por las escaleras, es, en esencia, uno entre otros. Cito: "Pensó que miles de M. Girord lo rodeaban diariamente en las oficinas, en las playas, en las calles, en los tranvías / Miles de M. Girord hacían los diarios, dictaban leyes, repartían el bien y el mal. El mundo estaba dirigido por ellos. Crueles y cobardes, temerosos ante todo lo que significaba audacia y originalidad" (TDA[a]: 153). Incluso Jasón aclara: "Y no era necesario que fueran viejos; todos ellos habían nacido con la imaginación cansada, infinitamente mediocres, ridículos y brutales" (ídem).

La "morralla" que Víctor Suaid imagina barrer con el fuego cruzado de las ametralladoras apostadas en las bocacalles del centro de Buenos Aires; las "bestias con olor de oveja" que Lorenzo, el compañero de Raucho, desprecia con rictus homicida.

Dije ya que antes de conquistar el bello pubis y el alma áurea de Virginia Cras, el argonauta de *Tiempo de abrazar* pasa por pruebas tales como *La Vida Literaria, El Sexo Voraz, El Buen Salvaje,* etcétera. Con la venia del lector retomo las pruebas mencionadas en penúltimo y último lugares.*

Recuérdese a Cristina, actriz, devoradora, tejiendo y destejiendo con su ropa una telaraña alrededor de Jasón. Recuérdese a Jasón asomándose a la ventana, para sumirse en ominosos pensamientos. Ahora podemos dar cuenta de sus actos con todo detalle. Jasón observa un hotel que se levanta frente a él, del lado opuesto de la calle. Piensa: "Todas las pasiones, libres en el interior de las discretas alcobas. Hombres y mujeres. Vestidos, semidesnudos, amontonados en el edificio. Unos sobre otros, al costado de otros, abajo de otros. Trenzados sudorosamente encima de las camas. Digiriendo en mullidos sillones de cuero. Bostezando a la música de la radio. Usando los brillantes waterclós". Página 136 de la edición de 1973.

La reflexión de Jasón prosigue:

La bestia humana, impune en su guarida. Y encima de todo aquello, el polvo, el "fino polvo de oro de las estrellas y la violenta luz sincopada y deshabitada del enorme letrero. AMÉRICA HOTEL". Si bien por penas revolucionarias, no del alma enamorada y acechada, Remo Erdosain, el personaje de *Los lanzallamas* de Roberto Arlt, vive una experiencia idéntica a la de Jasón. También él observa e impreca la colmena humana, con su "alcoba dormitorio, su sala, su comedor y su wa-

* *Cf.* inciso c. cáp. VI.

tercloset", en tanto que arriba del techo, en las alturas, "se mueven los espacios con sus simientes de creaciones futuras".

Paso a la prueba final:

Julio Jasón es el único personaje de Juan C. Onetti que postula una vía de escape de la urbe y sus hordas diferente a la evasión rocambolesca (Suaid, Baldi, Linacero, Ossorio) o la fundación de espacios imaginarios (Aránzuru, Brausen). Así es.

Recuérdese que un buen día su ánima no puede más, y huye al campo. La ciudad, dice(nos) Julio, "iba castrando a los hombres, neutralizando su virilidad, domesticando sus almas". La verdad, nuestra salvación, residía en la naturaleza, en (cito):

> los frutos de los árboles, en las tetas de las vacas, en la miel de los panales. Tener la fuerza de huir de la ciudad, romper con ella para siempre. Reintegrarse a la tierra negra, al pasto verde, al cielo azul. Ir arrancándose a pedazos, día a día, las costras que la ciudad había segregado sobre su alma, lavarse en el aire limpio las mugres ciudadanas. Y levantarse una mañana, intacto, puro, fuerte, delante del paisaje luminoso y dilatado. Ser él íntegramente. Recordar el Jasón cien por cien de la infancia, sin urbanidad, sin falsas maneras corteses, sin convicciones, sin influencias, sin literatura. Limpia la cabeza, alegre el corazón, cosquilleante la audacia en los testículos. (TDA[b]: / 62).

Hasta aquí la transcripción. ¿Bromea Jasón? ¿nos toma el pelo? ¿parodia el estilo (pastoril) de alguno de los acólitos de Landbleu? Me temo que ninguna de estas tres cosas. Jasón es sincero en su apologética campirana. Y vuelve a coincidir, casi de modo literal, con el Remo Erdosain de Arlt.

En fin: a Julio Jasón no le asientan ni las tetas de las vacas ni el verde pasto ni los frutos de los árboles: su transfiguración en Buen Salvaje, su purificación, dura lo que su paseo. Unas horas. Empero, lector, antes de retornar a la ciudad —"puterío", en boca de Onetti— Julio Jasón vaticina los éxodos *beat y hippy* (50's y 60's respectivamente) así como el género "road picture" de esta década (70's). Al menos, su espacio ceremonial: la carretera.[36]

Nota. Lo que en Suaid es informulado miedo ,en Lorenzo desprecio nihilista, desafío en Jasón, tórnase, en el caso de Eladio Linacero, náusea. A sus invectivas me remito.* He aludido ya a los orígenes de la misantropía de *El pozo* rastreados por Ángel Rama. Insisto sobre esto: verdad es que Onetti documenta en la novela de sólo 99 páginas el desengaño de una época (1939 es, por ejemplo, el año en que Paul Nizan rompe

* *Cf.* inciso b. cáp. V.

con el PC francés). Linacero habla por todos: su herida es histórica. Sólo que en parte. Como hemos visto, la crítica a ciudades y multitudes, fascistas o no, viene de antiguo, del génesis, de 1933. Lo que sucede es que el grito de Linacero, enorme hueco donde alguna vez habitó un alma, ella sola, incontaminada, pura, incorruptible, esperanzada, se inscribe en una Hecatombe Universal.

e. *Un caso de travestismo*

1940: el semanario *Marcha* convoca a un concurso de cuento cuyas bases, la búsqueda de una literatura nacional y auténtica, parecían tomadas de *La piedra en el charco*, la columna a través de la cual *Periquito el Aguador* sermoneaba a un auditorio pétreo y ampuloso. Irredimible.

Tres trabajos, entre ellos el de una escritora talentosa y sagaz, comparten el primer lugar. He aquí el jurado: Adolfo Montiel Ballesteros, Emilio Oribe y Francisco Espínola. Y su veredicto: "que sea dividido el premio entre los autores de los trabajos intitulados *Convalecencia, ¡Traidor!* y *Encuentro* que son respectivamente H. C. Ramos, Juan C. Caputti y Francisco L. Toledo". Entrevistada por la prensa, fresca aún la emoción del triunfo, la cuentista H. C. Ramos expresó: "Recién a último momento decidí mandar ese trabajo al concurso de *Marcha*. El premio me sorprende... y no me sorprende; pero esto es largo de explicar... ¿Declaraciones? Hace tiempo que escribo. Preparo un libro de cuentos. Pienso que no hay aún una literatura auténticamente femenina y que a la vez pueda interesar a toda persona inteligente. Trabajo en eso y el tiempo dirá".

Convalecencia reunía, sin disputa, el doble atributo: feminismo, interés general. Monólogo interior mediante el cual la protagonista del cuento, narra (nos) su cura y recaída, una cura y una recaída cuyas jurisdicciones atañen menos al cuerpo que al espíritu.

Los hechos de *Convalecencia* son escuetos en grado superlativo. Una enferma que convalece a la orilla del mar. Un hombre, Eduardo, que reclama su pronto regreso. Esto, más la rutina de los asiduos a la playa, agota lo atañente a los "sucesos". La espesura del cuento publicado en el número 34 de *Marcha,* correspondiente al 10 de febrero de 1940, estriba en los sentimientos de la heroína. No en sus actos.

Ella, lector, convalece del "zumbido de la ciudad, el pasado, la pasión, el absurdo de la vida del hombre". La suya es esa purificación, esa vuelta a la inocencia andrógina, íntima, que Julio Jasón aspira infructuosamente hallar en la naturaleza. En las mañanas espléndidas de la playa, la mujer había reencontrado un tiempo remoto, despoblado, previo a tribus y dioses; una libertad capaz de romper todas las ataduras; un algo "tercamente puro". El paraíso original de Onetti, paraíso previo a la pareja y a la polis.

Llega el ultimátum de Eduardo: la mujer debe telefonearle a cierta hora. Hácelo. Los rumores enemigos de la ciudad, el pasado, la pasión, el absurdo de la vida, se cuelan por el auricular. La luz salvaje y prístina de la playa era ella misma, su soledad recobrada e incontaminada. De ahí que el adiós de la mujer, su regreso al infierno tan temido, atraiga la oscuridad y el rayo. Desde el coche,

> yendo a la estación, derrumbada entre maletas, busqué el pedazo de playa donde había vivido. La arena, los colores amigos, la dicha, todo estaba hundido bajo el agua sucia y espumante. Recuerdo haber tenido la sensación de que mi rostro envejecía rápidamente, mientras, sordo y cauteloso, el dolor de la enfermedad volvía a morderme el cuerpo (CC^{b}: 58).

H. C. Ramos válese de un lenguaje económico e incisivo, el adecuado para separar la tostada piel de la heroína y exponer la frágil y provisoria cicatrización del alma. De haberse publicado *Convalecencia* en estos años de efervescencia LIB su autora habría cobrado súbita y subida celebridad. Qué manera de desmontar la maquinaria de la sumisión femenina: animal conducido al sacrificio.

Ignoro si alguien opinó ya que un autor misógino como Juan C. Onetti trataría el tema de *Convalecencia* desde el punto de vista del amo: Eduardo. Lo indudable, lo singular es que H. C. Ramos es Onetti. Este se valió del nombre de una prima suya para poder participar, sin desdoro del jurado, en un certamen organizado por el semanario que era secretario de redacción, columna, ideólogo literario.

* * *

El mismo mes de febrero, sólo que de 1943, Juan Carlos Onetti publica, en *Apex* de Montevideo, el término de otra convalecencia femenina. Hablo de *Mascarada*: cuento o viñeta tenido por el más hermético texto del autor y prefiguración del Noveau Roman que surge, del otro lado de Atlántico, la década siguiente (véase el ensayo por entregas de Mario Benedetti: *Juan Carlos Onetti y la aventura del hombre*). Hablo de María Esperanza, mujer que se dispone a cumplir "con la orden breve de buscar hombres y volver con dinero".

Eso es *Mascarada*.

Entre las luces policromas y los ruidos rituales de un parque de diversiones, se narra el comienzo de la herida, la enfermedad, la afrenta.

En el prólogo de la edición de los cuentos de Onetti que le encomendó Corregidor de Buenos Aires, Ruffinelli indica lo siguiente:

Para *Mascarada* utilizo una versión privada, corregida por el autor, que aclara visiblemente los hechos de un cuento hasta hoy considerado "hermético". Dos frases fueron insertadas por Onetti en esta versión: "de la orden de buscar hombres y traer dinero", y la que cierra el cuento: "Pero comprendió, más feliz para ella que para la multitud que no puede entender, que podría cumplir con el negro, espantoso recuerdo, con la orden breve de buscar hombres y volver con dinero".[37]

Pese a ser tan dado a los golpes teatrales y a las correspondencias secretas, a J. C. Onetti se le escapó añadir a la "versión privada" la identidad del hombre que entrega a María Esperanza a la ciudad, al mundo: "Juntacadáveres" Larsen, personaje nacido a la leyenda apenas dos años antes de la salida de *Mascarada.* Tampoco agregó Onetti la sospecha de que María Esperanza es un pseudónimo, que la mujer se llama, en realidad, Nora Num. Etcétera.

f. *Las novelas de Buenos Aires*

Onetti: uno de los padres fundadores de la novela urbana de América Latina. Este exacto lugar común merece, a lo menos, dos precisiones. En primer término: Onetti no es *strictu sensu* el paisajista de Montevideo y Buenos Aires: las ciudades rioplatenses son menos sus edificios, sitios y monumentos que el espacio de la *Caída,* el vasto territorio que se dilata extramuros del edén (la descripción urbana depende de la intensidad, desconsuelo, marchitamiento, fijeza o ensoñación de la mirada interior). En segundo (y último) término: Santa María, puerto recoleto, pequeño, sucede a la postre a las ciudades cosmopolitas del comienzo.

Tres inmensas novelas jalonan el adiós de Onetti a las ciudades reales:

— *Tierra de nadie* (1941).
— *Para esta noche* (1943).
— *La vida breve* (1950).

Que es decir: Diego E. Aránzuru, Luis Ossorio Vignale y Juan María Brausen. Respectivamente: abogado, revolucionario y agente de ventas. Una historia común los asemeja y sella.

Aránzuru:

Dije ya que Losada publica *Tierra de nadie.* Agrego que la novela se acompaña de dos advertencias: una del editor; del autor la otra. El primero previene a los lectores acerca de "la audacia de algún pasaje" o la "crudeza fonográfica" de algún diálogo. Por su displicente parte, Onetti, un Onetti de 33 años de edad camino a su segundo y larguísimo exilio, afirma pintar "un grupo de gentes que aunque puedan parecer exóticas en Buenos Aires son, en realidad, representativas de una generación; generación que, a mi juicio, reproduce, veinte años después, la Europa de la postguerra. Los viejos valores morales fueron abandonados por ella y todavía no han aparecido otros que puedan sustituirlos. El caso es que en el país más importante de Sudamérica, de la joven América, crece el tipo de indiferente moral, el hombre sin fe ni interés en su destino". Y concluye: "Que no se reproche al novelista haber encarado la pintura de este tipo humano con igual espíritu de indiferencia". ¿Cómo asombrarse, con advertencias como las anteriores, de la leyenda negra de Juan Carlos Onetti?

Ahora bien (advierte, a su vez, el crítico): más que el desinterés generacional en el destino, o la búsqueda de nuevos valores morales, *Tierra de nadie* ventila el mismo asunto de los textos anteriores: la pérdida del alma entre las fauces de la urbe inmensa, anónima y emasculadora.

Los indiferentes: Nené y su amante Diego E. Aránzuru, Violeta y su amante Sam, Mauricio que anda tras Violeta, Llarvi, que ha perdido la pista de la prostituta Labuk y acaba con Nené, Balbina y su esposo Casal, Bidart y su correligionaria Rolanda, que termina acostándose con Aránzuru, quien repudia a Violeta (etcétera). "Líos de dormitorio": autodefínese *Tierra de nadie*. Pintores, ninfómanas, ejecutivos, matronas con antecedentes comunistas, líderes obreros corroídos por la incomunicación. Tal habitante para tal ciudad: Buenos Aires. "Una ciudad abierta, todo lo barre el viento, nada se guarda. No hay pasado". Para colmo de males, la Historia (así con mayúscula) discurre en otro escenario: Europa. Una Europa en llamas. Setencia Llarvi lo que a la letra, sin omitir ni añadir nada, transcribo: "No hay nada qué hacer aquí. Cualquier cosa que uno se invente para hacer es un asunto europeo, no nuestro. Por más palabrerío americano que se le quiera dar, aunque usted lo escriba en lunfadro. No hay nada" (OC: 163).

El lector habrá evocado, por fuerza, a Linacero. Detrás de nosotros no hay nada. Un porteño, dos porteños, treinta y tres porteños.

De haberse limitado la novela de 1941 a la pintura indiferente de la pandilla de Llarvi, no habría pasado a mayores. Junto a esta "morralla" aletea, palpita, padece un alma sola (sus despojos) en procura de una resurrección. Llámase Diego E. Aránzuru, abogado al igual que Baldi.

Dentro de la tradición onettiana iniciada por Víctor Suaid, pregúntase Aránzuru:

> ¿Qué tenía de común con los colores del cielo, los árboles raquíticos de la ciudad, sus multitudes oscuras y alguna luz de ventana, sola en la noche? ¿Qué tenía de común con nada de lo que integra la vida, con

las mil cosas que la van haciendo y son ellas mismas, como las palabras hacen las frases? (OC: 88).

Lo mismo.

Lo mismo un día tras otro.

Si por lo menos se topara "con el destripador de niñas de Córdoba o el Vampiro de Villa Ballester" (figuras, supongo, el destripador y el vampiro, de la crónica policial argentina de aquellos años). Bien. Aránzuru se topará con algo mejor que un sátiro homicida a lo Peter Lorre o un Bela Lugosi porteño; algo insensato y extraordinario o, para emplear la expresión de Raucho, el de *Los niños en el bosque,* "marginal y fantástico". Aventura de la que hablaré en su oportunidad. Tras ella quemará sus naves, siempre impulsado, azuzado por la devastadora estampa de "la ciudad enorme que lo estaba rodeando, donde se hundían seres y cosas".

Es la odisea de Aránzuru, su huida de la realidad lo que torna imprescindible, y memorable, a la novela perdedora en el certamen auspiciado por Losada al despuntar los 40's. No (insisto) la crónica generacional, o la audacia de algunos pasajes, o la "crudeza fonográfica" de algunos de sus diálogos. La aventura de Diego E. Aránzuru y, claro está, por supuesto, el advenimiento, el nacimiento del hombre que le sirve de práctico y ejemplo: Junta Larsen.

Bien.

¿Sale avante el abogado Aránzuru? ¿Encuentra en su travesía un obstáculo insalvable, tal como le ocurrió a Víctor Suaid? ¿O, acaso, naufraga al igual que el personaje de *El pozo?* Pero me estoy adelantando al plan de trabajo. Sólo diré, lector, que a Diego E. Aránzuru lo reencontraremos en Santa María.*

Ossorio Vignale:

Pese a la advertencia del autor, y a sus "sucesos", *Para esta noche,* novela publicada por la Editorial Poseidón de Buenos Aires el año de 1943, no propone en definitiva un texto político. Más bien, en su más honda, fidedigna, onettiana instancia, las aventuras indeclinable, intranferiblemente privadas de su personaje central. Ossorio vive lo que él mismo denomina un "largo folletón", folletón sentimental, que en otro sitio (re)contaré.

Verdad es, lector que Juan C. Onetti anota expresamente que *Para esta noche* es un "intento de liberación", una forma de comprometerse con aquellos que en distintos frentes defendían "con su cuerpo diversas

* *Cf.* cáp. XV.

convicciones del autor". Verdad es, asimismo, que *Para esta noche* es una sabia, compleja, premonitoria novela sobre los golpes fascistoides de estado; novela que se desgrana en cachiporras, bombardeos, estadios convertidos en campos de concentración y muerte. Ficticia, la ciudad de la novela de 1943 puede ser Buenos Aires, La Paz, Montevideo, Río de Janeiro, Santiago de Chile a la hora del terror. De acuerdo.

Sin embargo, remite igualmente a la ciudad amenazante de los escritos que la preceden en la bibliografía de Juan Carlos Onetti. Mírase en las aguas memoriosas de la literatura, no en la sola fantasía política. Reaparecen, pues, los viejos y familiares temores. La ciudad de *El pozo* o *Tierra de nadie* asedia, esta ocasión, "desde una lejanía de caballadas, detonaciones, gritos y vibración regular de los motores". Hiede a caballo, estiércol y gasolina. Mezcla luces y sombras antes de estallar en una cacería humana tan ciega como deliberada. ¿Y las muchedumbres anónimas? Digo que también juegan, aquí, un papel. Sólo que adoptan facciones novísimas y alucinantes: perros o víctimas. Hombres "envueltos en sobretodos oscuros" o nucas golpeadas por el disparo expeditivo y final. Hombres de "uniformes verdosos, botas hasta la pantorrilla, correaje y redondos bonetes" o cuerpos desnudos, humillados, rotos en los potros de tortura. Entre unos y otros, perros e inocentes, pegada a las paredes, huye hacia sí misma una pareja. El. Ella. Los dos. Luis Ossorio y Victoria Barcala atrapados por el vértigo, vórtice de la *Historia* (hasta que ésta los separe).

Después de escribir páginas luminosas en la guerrilla y en la oposición legalizada, de cumplir el papel de verdugo de Edmundo Barcala, líder legendario mordido por la duda, Ossorio Vignale se sustrae de los "sucesos" para abandonarse a una conquista como la de Julio Jasón en *Tiempo de abrazar*. La ciudad, la noche, "los otros" propician e impiden su aventura.*

Brausen:

Juan Carlos Onetti despídese de Buenos Aires en 1950, año de aparición de *La vida breve,* no en 1954, año de su retorno a Montevideo atraído, se rumorea, por la promesa de un consulado (¿en Santa María?). La ciudad vasta e infamante, ¡oh Babilonia!, exhibe su fruto más acendrado: Juan María Brausen, "un hombre pequeño y tímido, incambiable, casado con la única mujer que seduje o me sedujo a mí, incapaz, no ya de ser otro, sino de la misma voluntad de ser otro. El hombrecito que disgusta en la medida que impone la lástima, hombrecito confundido en la legión de hombrecitos a los que fue prometido el reino de los cielos" (OC: 476). El reino de las ciudades, mejor dicho.

* *Cf.* cáp. XVI.

Brausen ofrece mucha tela de donde cortar. Recuerdo, por ahora, que no tuvo la resolución, como tampoco la tuvo Baldi, de saltar a la cubierta de un barco aventurero. Menos aún de perderse en la extensidad del norte, del Brasil. La gran urbe lo atrajo y domeñó. Es, lector, el pobre diablo que deambula por calles hacinadas y cafés, que recolecta tornillos y trozos de vidrios en el puerto de Buenos Aires. Un Suaid que paga su cuota de aflicción. Un Baldi en los jardines incendiados y amargos de la clausurada Academia de la Dicha. Raucho a los cuarenta años de edad. Un Linacero mudo. El habitante a la deriva de la tierra de nadie.

Aunque será Brausen quien rompa las ataduras viscosas de lo real al término de una empresa que incluye, entre otros ingredientes, varias vidas breves, un revólver, una prostituta, incontables pastillas de menta, un pecho cortado, un guión cinematográfico, una ampolleta de morfina, la animosidad y amistad de un hamponcete y una "gota de violencia" que se vierte en un asesinato. Empresa, la de Brausen, que cancela la introspección onettiana, mórbida, tétrica, antiheroica, de Montevideo y Buenos Aires.*

* *Cf.* cáp. XVIII.

IX. LA MANCHA DE SANGRE

a. El obstáculo; b. Madura, escéptica y cansada; c. El amor; d. Los Brausen.

a. *El obstáculo*

Naturalmente, María Eugenia se puso en primer plano con el vuelo de sus faldas blancas.

Sólo una vez la había visto de blanco; hacía años. Tan bien disfrazada de colegiala, que los dos puñetazos simultáneos que daban los senos en la tela, al chocar con la pureza de la gran moña negra, hacían de la niña una mujer madura, escéptica y cansada.

Tuvo miedo. La angustia comenzó a subir en su pecho, en golpes cortos, hasta las cercanías de la garganta. Encendió un cigarrillo y se apoyó en la pared.

Tenía las piernas engrilladas de indiferencia y su atención se iba replegando, como el velamen del barco que ancló.

Con el silencio del cinematógrafo de su infancia, las letras de luz navegaban en los carriles del anunciador: AYER EN BASILEA SE CALCULAN EN MÁS DE DOS MIL VÍCTIMAS.

Volvió la cabeza con rabia.

—¡Que revienten todos!

Sabía que María Eugenia venía. Sabía que algo tendría que hacer y su corazón perdía totalmente el compás. Lo desazonaba tener que inclinarse sobre aquel pensamiento: saber qué, por más que aturdiera su cerebro en todos los laberintos, mucho antes de echarse a descansar encontraría a María Eugenia en una encrucijada.

Sin embargo, hizo automáticamente un intento de fuga:

—Por un cigarrillo... iría hasta el fin del mundo ....

...hasta el fin del mundo.

María Eugenia venía con un traje blanco. Antes de que hicieran fisonomía los planos de la cara, entre las vertientes de cabello negro, quiso parar el ataque. El nivel del miedo roncó junto a las amígdalas:

—¡Hembra!

Tomado de *Avenida de Mayo-Diagonal-Avenida de Mayo*: fojas 123 y 124 de la edición de Bruguera.

Tanto al jurado de *La Prensa,* que galardonó el cuento, como a sus lectores de entonces, la actitud del personaje debió parecerles, por decir lo menos, extravagante. La escena no se presta a confuciones: arrojada por Buenos Aires, monstruo cuyos "affiches", edificios y hordas había sorteado con ventura Víctor Suaid, surge María Eugenia, pareja del monologuista. Este pierde el rumbo y la compostura: teme, tiembla. ¿Cómo justificar el grito ("¡Hembra!") que le estalla en la garganta?

Ni Onetti ni Suaid aportan antecedente alguno.

Empero, desde la óptica de los textos subsecuentes, advertimos la irrupción de otra de las claves del universo narrativo que nos ocupa: el espejismo de la pasión amorosa. Si la urbe es la amenaza impersonal, la mujer es la carne, el sitio concreto donde el ser entra en contacto con el tiempo y el mundo. Encuentro letal.

El cuento de 1933, el primero de Onetti, presagia, impone el tema de la pareja condenada. Sin que importe demasiado, lector, el acento masculino que paulatinamente priva en la cuentística y la novelística del escritor uruguayo. Subrayo que la protagonista de *Convalecencia,* o la puta debutante de *Mascarada,* o la suicida de *Tan triste como ella,* también pudieron haber gritado: "¡Hombre"!

Anticipé ya que para Víctor Suaid la intimidación que significa la *Ciudad* no se resuelve en cara de la desgracia alguna. Otro tanto sucede con la entrada en escena de la mujer, a la altura de la Diagonal: tarde o temprano hallaría a María Eugenia "en una encrucijada" de Buenos Aires. Lo sabe y asume. Incluso, al final, le ofrenda una sonrisa de agradecimiento.

El joven Onetti tanteaba apenas sus precisas intuiciones.

La vez próxima que se ocupe de la pareja, el amor estará encanallado, envenenado.

b. *Madura, escéptica y cansada*

A fojas tantas del expediente de divorcio se consignan los siguientes hechos: que una ocasión, el demandado, Sr. Eladio Linacero, despertó a la demandante, Sra. Cecilia Huerta de Linacero; que la obligó a ponerse un viejo vestido color blanco; que hecho lo anterior, la condujo en plena noche hasta la "intersección de la rambla y la calle Eduardo Acevedo"; que, una vez ahí, farfullando incoherencias, la hizo subir una y otra vez la calle...

Hasta aquí las constancias judiciales. Hechos vacíos cuyo sentimiento (verdad) confiesa Eladio Linacero, para sí, no para el Juez, en el reverso de las octavillas halladas bajo la cama de Lázaro. "Debajo de mis párpados se repetía, tercamente, una imagen ya lejana": escribe. "Era, precisamente, la rambla a la altura de Eduardo Acevedo, una noche de verano, antes de casarnos": prosigue. "Yo la estaba esperando apoyado en la baranda metido en la sombra que olía intensamente a mar. Y ella bajaba en pendiente, con los pasos largos y ligeros que tenía entonces, con un vestido blanco y un pequeño sombrero caído contra una oreja. El viento le golpeaba en la pollera, turbándole los pasos, haciéndola inclinarse apenas, como un barco de vela que viniera hacia mí desde la noche": concluye. (OC: 65).

Es la persecución afiebrada de ese instante perdido lo que motiva y explica el comportamiento irracional y conminatorio del demandado la noche de los autos. Tiempo de la pureza, de Ceci (no Cecilia), de abrazar, de la "muchacha" (o "casi mujer", como diría el esposo de *Tan triste como ella*). Únicamente que, de nueva cuenta en el lugar de los hechos, de la imagen perdida, el paso de la mujer ya no es amplio y ligero, sino, ay, "reposado y cauteloso", y la expresión de su cara, en vez de tenue, "seria y amarga".

Pareciera como si Linacero leyera y corrigiera *Avenida de Mayo-Diagonal-Avenida de Mayo*. Ensombreciéndo el cuento. El mismo color (blanco) del vestido. Idéntico montaje temporal: muchacha/mujer. Sólo que, en tanto Víctor Suaid detiénese en la expresión: "mujer madura, escéptica y cansada" para definir a María Eugenia, Linacero insulta, hiere:

> Cecilia, que puede distinguir los diversos tipos de carne de vaca y discutir seriamente con el carnicero cuando la engaña, ¿tiene algo que ver con aquello que la hacía viajar en el ferrocarril con lentes oscuros, todos los días, poco tiempo antes de que nos casáramos, "porque nadie debía ver los ojos que me habían visto desnudo?".

Página 63 de la multicitada edición de Aguilar.

Téngase presente, también, el aullido aquel en el que Linacero habla del espanto de acostarse con una muchacha y levantarse al lado de una mujer, razón por la cual vindica a los sátiros que pululan a la salida de las escuelas.*

No.

Nada tienen que ver, indudable, lamentablemente, Ceci y Cecilia.

c. *El amor*

No que Eladio Linacero, el misántropo, el lobo estepario de Montevideo, se cierre al amor. No. Anoté ya su opinión respecto a que el amor es maravilloso y absurdo, pero, incomprensiblemente, "visita a cualquier clase de almas". A fin de cuentas, *El pozo*, la entera narrativa onettiana, puede leerse en tanto narrativa amorosa: ásperas, infaustas, tremebun-

* Dirá el narrador de *La novia robada*: "Eso inapresable, ese cuarto o quinto sexo que llamamos una muchacha" (OC: 1409).

das, negras historias de amor. No sólo porque la pareja informa la máxima nota gregaria de un universo egoísta, salvajemente egoísta (parejas yermas, sin descendencia, según indiqué ya, refiriéndome en exclusiva a los Linacero y a los Brausen; añado que tampoco tiene hijos Montes y Kirsten, Risso y Gracia César, Marcos Bergner y Moncha Insaurralde, Díaz Grey y Angélica Inés Petrus, etcétera). No. No sólo por lo anterior. En Onetti, el amor es la señal, la inscripción constante: bienaventuranza primero, graffitti después.

El desenlace de la pasión es, lector, en efecto, miserable: Linacero termina por hundirse en las aguas crispadas de *El pozo* sin recobrar a la muchacha, flor marítima, silueta "impresionista", de la "intersección de la rambla y la calle Eduardo Acevedo"; la heroína de *Convalecencia* recae, para no sanar jamás; el personaje de *La cara de la desgracia* asume un crimen del que, salvo prueba en contrario, es inocente; la fidelidad de Montes a la nostalgia natal de Kirsten es menos ofrenda amatoria que tristísima liturgia; un seno mutilado confirma la separación de Brausen y Gertrudis; la doliente de *Tan triste como ella* se introduce en la boca el cañón de una pistola y, bang, dispara; Moncha Insaurralde, en *La novia robada,* arrastra por las calles de Santa María su cauda nupcial en espera de un Marcos Bergner dos años atrás fulminado por una congestión alcohólica, río arriba, mientras galopaba sobre una puta. Etcétera. Etcétera. Etcétera.

Mientras Julio Jasón realiza uno de sus trabajos, concretamente el de *La vida literaria,* se abisma en una singular reflexión motivada por Virginia Cras. Cito:

> El perfil de Virginia era puro, infantil, dulce de inocencia. Aquella expresión lo molestó. ¿Cómo podía ella tener a la vez aquel suave gesto candoroso y un cuerpo de mujer? ¿Podía olvidar, acaso, que sobre el blando cuero del asiento descansaba su sexo. Ella tenía sexo y... Se estremeció de rabia; tenía sexo y fingía no saberlo, sosteniendo una hipócrita gesto de pureza (TDA[a]: 164).

Sólo le faltó gritar: "¡Sexo!" (como Suaid gritó: "¡Hembra!"). El sexo es, aquí, polisémico. De un lado, al personaje onettiano le importa desflorarlo, romperlo por vez primera: "Una mujer quedará eternamente cerrada para uno, a pesar de todo, si uno no la poseyó con espíritu de forzador": sentencia Eladio Linacero; "tuve de pronto dos cosas que no había merecido nunca; su cara doblegada por el llanto y la felicidad bajo la luna, la certeza desconcertante de que no habían entrado antes en ella": se ufana el falso homicida de *La cara de la desgracia.* Por otro lado, el sexo es el ojo de la tormenta, la ranura por la que se cuela la simiente del desastre. Tengo para mí que, amén del pudor, una buena dosis de pánico decide que jamás sorprendamos en la cama a la pareja onettiana. Podría sostenerse que la diferencia específica entre la novela de Julio Jasón y la de Linacero, Aránzuru, Ossorio, Brausen, estriba en las páginas en las que Onetti describe, si no la cópula, sí la plenitud *post coitum* de los amantes. Páginas, recuerde el lector, que el mismo autor de *Tiempo de abrazar* celebra. Desnudez sin velos simbolistas (como los que cubren la realización del sueño homosexual en *Los niños en el bosque*) ni enconados recelos (como el que obliga a Linacero a no dormirse nunca antes que su esposa Cecilia, enemigo al que no podía darle la espalda). Únicamente en *Tiempo de abrazar* se escritura el encuentro de los amantes; la confianza priva sobre la desilusión, los lenguajes verbal y corporal participan de una alianza alborozada que no rompen los presentimientos, onettianos, de Jasón: Virginia se haría mujer tarde o temprano (y tras las paredes de su paraíso, bullían la ciudad y sus multitudes).

No se cite, en contra de lo anterior, *La aventura de la cabaña de troncos*. La reunión nocturna, entre Eladio Linacero y una muchacha desnuda y palpitante, pertenece a la imaginación, no a la realidad. Su materia es blasfematoria, masturbatoria.

d. *Los Brausen*

Ningún título supera a *La vida breve* en cuanto escritura del fracaso amoroso. Su marca ignominiosa es aquí, incluso, física. Buenos Aires conforma una realidad fantasmal alrededor de una pequeña superficie: el sitio donde se levantó el seno izquierdo de Gertrudis, la mujer agazapada tras la muchacha que Brausen solía esperar a las puertas del *Lycee Francais* de Montevideo ("la velocidad masculina de la muchacha, su despiadada manera de suprimir el prólogo, las frases y los gestos que no son fundamentales").

Porque, lector, por si no bastara el simple discurrir de los días, el marchitamiento de las ilusiones, la acrimonia de la estafa, la mujer de J. M. Brausen sufre la pérdida de un pecho en prueba flagrante, contundente y brutal de la mutilación del amor. Lo que va del pezón enhiesto de Virginia Cras a una ausencia deforme y lastimera.

Poco hay que contar de los Brausen: joven pareja montevideana que atraviesa el Río de la Plata tras la promesa de Buenos Aires. Una vez aquí, no importa a raíz de qué suceso, en qué momento, principian a hudirse en el intangible légamo del desánimo, en el "clima del amor emporcado". Dos condenados más, entre miles.

Él se emplea en una agencia de publicidad, filial de una compañía norteamericana, y se gana a pulso el mote que le aplica Julio Stein, su único amigo y, como veremos luego, responsable involuntario de la fundación (o refundación) de Santa María. El mote: "cabeza de caballo triste". Ella, Gertrudis, echa carnes, desdibuja su antiguo, largo cuello, en medio de su reino doméstico. Gris. Desapasionado. Afligido. Brausen acepta su fracaso total "con la resignación anticipada que deben traer los cuarenta años". Resignado, sin melancolía, impersonal, especula acerca de cómo habría sido su vida "si en lugar de venir a Buenos Aires con Gertrudis hubiera subido solo desde Montevideo hacia el norte, el Brasil, o hubiera buscado un lugar en un barco de carga, cuando todavía era tiempo, cuando conservaba la diminuta fe indispensable para hacerlo" (OC: 490).

Nos topamos con Juan María Brausen cuando, solitario en su departamento de la calle Chile, aguarda a que Gertrudis salga del hospital, donde, la víspera, sometióse a la ablación de una mama. La izquierda, la del lado del corazón, receptáculo de la llama pasional. Lo obsede la imagen de "aquel pecho cortado, sin forma ahora, aplastándose sobre la mesa de operaciones, como una medusa, ofreciéndose como una copa" (OC: 437). Copa rebosante de cenizas, hiel. Anticipa Brausen, a partir de la intervención quirúrgica, el comportamiento de la cicatriz. Primero: sombra de piel traslúcida. Después: arrugas en movimiento. Por último: mapa rugoso de tonos sonrosados y blancos (los de Santa María).

En la parte que cuenta la consumada desgracia de los Brausen (hay otra parte, mítica), *La vida breve* dura lo que la cicatrización de la herida de Gertrudis: metáfora literal de lo perdido, desprendimiento de un fruto amargo, magro. Ruptura que a diferencia del caso de los Linacero —Eladio y Cecilia— no pasa por el juzgado. Gertrudis regresará al hogar, vomitará su odio y vergüenza. Brausen la consolará: inhábil, incapaz. Se alejarán días tras día hasta que la vida los separe, definitivamente.

X. LA BIENVENIDA

a. *Los adioses*; b. El espíritu deshojado; c. El hombre deshecho.

a. *Los adioses*

Dije ya que J. C. Onetti (así firmaba entonces) debuta en las letras rioplatenses a la edad en la que sus muchachas y muchachos en flor principian a perder la condición de héroes y heroínas del desafío, de la pureza.

Los 24 años.

Igual que el fruto espléndido se desprende de la rama, los jóvenes de Onetti resbalan a la edad adulta: una vez aquí, se pudren ineluctablemente. Bob se hará Roberto. Jorge Malabia crecerá, esto es, aprenderá a "ser imbécil" (es Díaz Grey quien habla). En el lugar de Santa María donde dos jóvenes intrépidos, Moncha Insaurralde y Marcos Bergner, dieron vida, para escándalo de propios y azoro de extraños, a un Falanste rio, imperan hoy el polvo y el olvido.

No existe otra salida, otro desenlace.

A no ser (anticipé ya) que Onetti les conceda la muerte, la locura, o una combinación de muerte y locura. Uno desaparece en plena juventud, pierde la razón o lleva por nombre Víctor Suaid, M. Girord, Baldi, Sr. Cras, Seidel, Carmen Méndez, Risso, Aránzuru, Barthé, Guiñazú, Cecilia Huerta de (ex) Linacero, Orsini, Herminia Fraga Kirsten Montes, Llarvi, Balbina, Morasán, Violeta, Blanes (y basta de iniquidades).

Ni qué decir que el demiurgo de unos y otros, inocentes rabiosos y miserables atónitos, jóvenes y adultos, elige una salvación que tiene, sin duda, algo de mortal y otro tanto de insana (pero salvación a la postre). Hablo, por supuesto, del oficio de escribir tal y como lo prescriben, proscriben *La piedra en el charco* y *El pozo*. Vicio, pasión y desgracia, anacoretismo, rechazo de la pompa y circunstancia de la gloria, autofagia imaginista, etc. etcétera.

Cuenta el crítico (Ángel Rama): "Fuera de los poetas, sólo un narrador, de particular temperamento poético como es Juan Carlos Onetti, ha sido capaz de avizorar en los años treinta el crecimiento de una insolente y purísima juventud a la que se sentía mancomunado y a la que vio abrirse dentro de un universo de adultos corrompidos. Este tema del joven puro entre los mayores emporcados, cuya originalidad es bien sabida en la literatura onettiana, se manifiesta dualmente: como afirmación juvenil y a la vez como escéptica comprobación de su seguro fracaso". Página 349 del libro *Uruguay hoy.*[38]

La dualidad advertida por Rama es, en rigor, aparente. Salvo *Tiempo de abrazar,* el "seguro fracaso" priva sobre la insolente y pura afirmación juvenil. Bien. Juan Carlos Onetti, en cambio, se da el lujo de afirmar a los sesenta y un años de edad: "yo permanezco adolescente".[39]

b. *El espíritu deshojado*

Eladio Linacero despotrica a título personal y a nombre de su predecesores y sucesores: la ciudad maldita, la promesa fementida del amor y el tiempo ineludible habíanle arrebatado el ánima. Podían pasar por teatrales o prosopopéyicos o histéricos algunos alaridos suyos. No aquel que reza: "He leído que la inteligencia de las mujeres termina de crecer a los veinte o veinticinco años / terminan siendo todas iguales, con un sentido práctico hediondo", etcétera.* La inteligencia, el espíritu, el alma de las muchachas y, a decir verdad, de los muchachos. Piénsese en el mismísimo memorialista de la novela de 1939: algún día, él también, adolescente incorruptible.

Insisto: una lectura común predica la misoginia consustancial de Onetti, de su escritura: la mujer pierde al hombre, como Eva a Adán. Lo cierto, lector, es que Onetti habla de la individualidad amenazada, hombre o mujer (aunque admito, sí, que Dios Brausen crea primero un hombre, Díaz Grey, y después una mujer, Elena Sala, en medio de un paraíso a la postre avernal: Santa María). Lo vimos ya: las acechanzas de la urbe y del corazón valen para unos y otros. Remito a los casos de *Convalecencia y Mascarada,* y agrego ese complot, digno de Nabokov, ideado por el argonauta de *Tiempo de abrazar*. Complot núbil. Mientras observa embelesado a Virginia Cras, a sus maravillosos dieciséis años, Julio Jasón fragua lo que a la letra cito:

> tirar un millón de Virginias Cras sobre la ciudad. Un ejército de muchachas decididas y burlonas, que rompieran todo, que tiraran patas arriba la estúpida vida de las gentes. Que alegremente hicieran astillas la moral, el pecado, la decencia, el amor. Todos los mamarrachos que hacían retroceder a los hombres como espantapájaros (TDA[2]: 69).

Esto, no se pierda de vista, fue escrito en los 30's.

Bien.

En plan de refutar la supuesta misoginia, cínica y rencorosa, de Juan Carlos Onetti, apelo a dos citas más, separadas por veinte años de dis-

* *Cf.* cáp. V.

tancia. La primera de ellas procede de *Para esta noche* (1943); la segunda, por su parte, de *La muerte y la niña* (1973). Luis Ossorio Vignale ha conseguido, finalmente, de manos del líder que será sacrificado, Edmundo Barcala, los pasajes para el *Bouver,* el barco que lo alejará de la ciudad policial. No obstante, piensa en

> el desencanto del dinero en el bolsillo junto a las cartulinas de los pasajes, como un viejo sueño de adolescente que puede ser cumplido solo a los treinta años, ya enfriados el deseo y la fe, cuando se sabe que uno está definitivamente enjaulado en el propio esqueleto (OC: 330).*

Solitario en el consultorio desde cuyas ventanas domínanse la *Plaza Nueva,* la *Avenida Artigas,* la rambla, el puerto y, más allá de la línea del río, la *Isla de Latorre,* el Dr. Díaz Grey observa una vieja fotografía de su hija ausente. Piensa:

> Adolescencia con errores y mugre, iluminada siempre por la creencia en la eternidad de las vivencias, una fe inconsciente que irían carcomiendo las inevitables estaciones (LMYLN: 22).

Sin distinción de sexo, muchachas y muchachos emplazados, acorralados, sentenciados. Entre los títulos que mejor convienen a Juan Carlos Onetti, Pintor de la Condición Ciudadana, Psicólogo de los Pequeños Apocalipsis, Maestro del Cálculo y la Mala Fe, Tanguista de la Intimidad, ninguno tan merecido como el de Inmisericorde Relator del Ocaso de los Héroes. Pienso en Jorge Malabia, pienso en María Ramona Insaurralde, pienso en Bob.

—La "bienvenida" de Malabia ocupa un puñado de textos, informa una pequeña saga dentro de la gran saga sanmariana. Es el jovencito, dorado mechón sobre la frente, que acaricia la mano de "María Bonita", en la cervecería Berna, durante la despedida del lenón "Juntacadáveres" (*La vida breve,* 1950). El hechizado que escucha mil y una historias extraordinarias de boca de la forastera Carmen Méndez (*El álbum,* 1953). El discípulo de "Juntacadáveres" que explota, humilla, empuja a la tumba a Rita García (o González), otrora doméstica de la familia Malabia y amante de Marcos Bergner (*Una tumba sin nombre,* 1959). El amante ritual y noctívago de la viuda de su hermano Federico, el poeta que se perece por trasponer las puertas del burdel de la costa (*Juntacadáveres,* 1964). La inscripción de su lápida corre a cargo, obviamente, de Díaz Grey. Dice éste en *La muerte y la niña*: "El, Jorge Malabia, había cambiado. Ya no sufría por cuñadas suicidas ni por poemas imposibles. Vigilaba caprichosamente *El Liberal,* compraba tierras y casas, vendía tierras y casas. Ahora era un hombre abandonado por los proble-

* *Cf.* cáp. XVI.

mas metafísicos, por la necesidad de atrapar la belleza con un poema y un libro" (pág. 56).

—La relación de méritos de Moncha Insaurralde (o Insurralde) se recoge en la novela *Juntacadáveres* (1964). Su "bienvenida", en *La novia robada* (1968), cuento antecedido por una carta "de amor o cariño o respeto o lealtad" que el autor dirige a su personaje. La virgen que desfiló alrededor de la *Plaza Nueva,* confundida en el ejército núbil, exigiendo NOVIOS CASTOS Y MARIDOS SANOS; esto es, la clausura del burdel de la costa regenteado por Junta Larsen. La jovencita indócil que junto con su novio Marcos Bergner echa a andar, contra viento y marea, una comuna por lo menos audaz cuya historia ha escrito, mas no dado a la estampa, el periodista que profetizó el regreso de Larsen a Santa María: Lanza.[40] La misma que defecciona y huye a Europa cuando el falansterio degenera en ocio, explotación de peones e intercambio de parejas. La compatriota que, años más tarde, regresa a Santa María con una maleta colmada de sedas, encajes y puntillas: materiales que la afamada modista Mme. Caron, de la Capital, transforma en vestido de novia. Robada. Vestida de novia, Moncha recorre las calles del puerto aguardando al difunto Marcos Bergner, el prometido, el contrayente. Mansa locura nupcial larga cola donde se van agolpando las hojas caídas, el pedregullo rojizo de la *Plaza Nueva* el lado del *Mercado Viejo,* la burla, las miradas. Hasta que un frasco de seconales pone fin a la espera. Corresponderá, obviamente, a Díaz Grey, extender el acta de defunción. Lugar de deceso: "Santa María, Segunda Sección Judicial. Sexo: femenino. Raza: blanca. Nombre del país en que nació: Santa María. Edad al fallecer: veintinueve años. La defunción que se certifica ocurrió el día del mes del año a la hora y minutos. Estado o enfermedad causante directo de la muerte: Brausen, Santa María, todos ustedes, yo mismo" (CC^{b}: 368).

—Ahora bien, lector: ningún texto onettiano —cuento, relato, novela— certifica la muerte de la juventud con la saña adulta, el júbilo vengativo, con que lo hace *Bienvenido, Bob,* cuento publicado por *La Nación,* de Buenos Aires, en su número correspondiente al 12 de noviembre de 1944.

c. *El hombre deshecho*

La urbe y sus aglomeraciones sin rostro, así como la cara del amor, asedian, acosan fuera de nosotros. El hecho de que Baldi y Brausen no se hayan atrevido a hacerlo, no impide a un nuevo adolescente subir a la cubierta de una barcaza con unos cuantos dólares, un revólver y el deseo de salvarse como todo equipaje. O taponarse los oídos con cera para no escuchar el canto de la pareja, la sirena mitológica que habrá de transfigurarse en mujer.

La *Caída* en el *Tiempo,* por el contrario, tiene lugar dentro de nosotros mismos: muesca fatal, invisible.

Hubo una vez un muchacho de "cara dichosa y pálida", amante del jazz, que se proponía edificar a la orilla del Río de la Plata, cuando fuera arquitecto, una "infinita ciudad" para cinco millones de habitantes.

Bob.

La mirada fría, iconoclasta, impecable, purísima, interpuesta entre Inés, la hermana, y su novio (y también Narrador del cuento). Ella: joven, no exactamente Virginia Cras, pero muchacha en flor. Él: adulto. A la postre de varios meses de sufrir la humillación que Bob le hace sentir con su sola mirada, su sola presencia "rabiosamente joven", el Narrador decide casarse con Inés.

Bob tercia: ángel flamígero, despiadado custodio.

Las razones que aduce para negar la mano de su hermana, nada tienen que ver con los impedimientos tradicionales, tan bien expuestos en novelas sentimentales y fotonovelas rosas: cunas diferentes, pobreza, color de la piel, acendrados odios familiares, lastres venéreos (etcétera). No. Transcribo la parte ejemplar de la conversación sostenida, en un café, por Bob y el Narrador; advirtiendo que cometo la temeridad de adaptar el texto de Onetti para entresacar, tan sólo, los diálogos. Cito:

—Usted no se va a casar con Inés.

—. . . . .

—No, no se va a casar con ella porque una cosa así se puede evitar si hay alguien de veras resuelto a que no se haga.

—Hace algunos años eso me hubiera dado muchas ganas de casarme con Inés. Ahora no agrega ni saca. Pero puedo oírlo; si quiere explicarme...

—. . . . .

—Si quiere explicarme por qué no quiere que yo me case con ella.

—Habría que dividirlo por capítulos, no terminaré en la noche. Pero se puede decir en dos o tres palabras. Usted no se va a casar con ella porque usted es viejo y ella es joven. No sé si usted tiene treinta o cuarenta años, no importa. Pero usted es un hombre hecho, es decir deshecho, como todos los hombres a su edad cuando no son extraordinarios... Claro que usted tiene motivos para creer en lo extraordinario suyo. Creer que ha salvado muchas cosas del naufragio. Pero no es cierto.

—Usted puede equivoscarse. Si usted quiere nombrar algo de lo que hay deshecho en mí...

—No, no; no soy tan niño. No entro en ese juego. Usted es egoísta; es sensual de una sucia manera. Esta atado a cosas miserables y son las cosas las que lo arrastran. No va a ninguna parte, no lo desea realmente.

Es eso, nada más; usted es viejo y ella es joven. Ni siquiera debo pensar en ella frente a usted. Y usted pretende...

Fojas 26 y 27 de la edición de los cuentos de 1967.

Bob Lorenzo, Bob Jasón. Esa misma pureza insolente, cuyo recuerdo sacude a Linacero (y a su prosa).

Pasa el tiempo: tiempo de vengar.

Bob se había equivocado por partida doble: respecto a sí mismo y acerca del talento del Narrador. La capacidad para el desquite de éste último sólo puede tacharse de magnífica, admirable.

Recuento los hechos, mejor dicho, el sentimiento que los llena con una substancia acre y venenosa. El Narrador y Bob —"hoy se llama Roberto"— coinciden en una misma tertulia de café. En vez de injurias, recriminaciones, golpes, una astucia malévola. Desde un principio, nos dice el Narrador, quedó resuelto "que no le hablaría jamás de Inés ni del pasado y que, en silencio, yo mantendría todo aquello vivo dentro de mí". Ni Roberto ni los demás contertulios sospechan aquel odio "cálido y nuevo", aquella "enfurecida y gozosa venganza" del Narrador. A saber:

> Hablo con él, sonrío, fumo, tomo café. Todo el tiempo pensando en Bob, en su pureza, en su fe, en la audacia de sus pasados sueños (...) el Bob que no podía mentir nunca; el Bob que procamaba la lucha de jóvenes contra viejos, el Bob dueño del futuro y del mundo (CC[a]: 29, 30).

Ajuste de cuentas alimentado por un Bob inerme, con la guardia baja, con los dedos tatuados de nicotina, vulgar, burócrata, casado con una mujer rolliza —antítesis de la doncella Inés defendida del Dragón— a la que llama "mi señora". Lo que alborozaría a M. Girord si se topara con un Julio Jasón sensato, adulto. Confiesa(nos) el Narrador, estremecido de placer:

> Nadie amó a una mujer con la fuerza con que yo amo su ruindad, su definitiva manera de estar unido a la sucia vida de los hombres. Nadie se arrobó de amor como yo lo hago ante sus fugaces sobresaltos, los proyectos sin convicción que un destruido y lejano Bob le dicta algunas veces y que sólo sirven para que mida con más exactitud hasta donde está emporcado para siempre (CC[a]: 30).

Tales recaídas en la fe y la audacia de antaño, débense, lector, a que Roberto no hace mucho dejó tras de sí el país de las maravillas, el país donde también habitaron una temporada Jorge Malabia, Marcos y Julio Bergner, Moncha Insaurralde y el primer Linacero. En efecto, es por demás reciente su ingreso al "tenebroso y maloliente mundo de los adultos" (cita literal). Y cuando Roberto cierra los ojos ante las imágenes incumplidas de la ciudad inmensa y fluvial, sus edificios, sus calles arboladas, el corazón del vengador apostado frente a él, tras el humo del cigarrillo, "desborda de amor y se hace sensible y cariñoso como el de una madre" (cita, igualmente, literal). Lo mima y anima, consuela e impulsa, reanima y conforta. Bob queda *en paz, en medio de sus treinta años, moviéndose sin disgusto ni tropiezo entre los cadáveres pavorosos de las antiguas ambiciones, las formas repulsivas de los sueños que se fueron gastando bajo la presión distraída y constante de tantos miles de pies inevitables*. El subrayado es mío. Treinta años. Cadáveres pavorosos de las antiguas ambiciones. Sueños convertidos en monstruosidades.

Baldi sufre la mordida del fracaso al contemplar los jardines cenagosos, los edificios ruinosos de su Academia de la Dicha. Roberto, en cambio, es sostenido artificialmente, descoyuntado y vacío, en una de las esquinas del ring. Bastaría una sola palabra dura, veraz, del Narrador, del Vengador, para que se derrumbara. Pero esto no ocurriría jamás. Para conocer a fondo el desapacible y eterno asesinato de Bob, escuche usted, lector, la voz de Juan Carlos Onetti leyendo, íntegro, el cuento de 1944. Sin disputa, uno de los más logrados y fieros de su bibliografía.[41]

Posdata:

No huelga recordar que en tanto que Bob no consigue levantar su ciudad imaginada y portentosa, Juan Carlos Onetti, en cambio, edifica la suya. En algún punto del Río de la Plata, a los cuarenta y un años de edad. Esa misma ciudad que, quizá en este preciso instante, se afana en destruir.

Pero no sólo Onetti inasiste a su "bienvenida".

También E. Larsen sobrevive a sus veintitantos años.

XI. EL SUPLICIO DE JUNTACADÁVERES

a. La excepción de la regla; b. El regreso; c. La Gerencia General; d. La puesta en escena; e. El castigo del héroe.

a. *La excepción de la regla*

Lleva razón quien sostenga que Onetti no construye, en debida técnica, personajes sino espectros de personajes. Salvo, a mi juicio, un caso legendario: E. Larsen o Junta o "Juntacadáveres" o Junta Larsen. Comparados con él, Díaz Grey y Juan María Brausen y Jorge Malabia, por citar ejemplos categóricos, no son otra cosa que vagas presencias. Únicamente puedo presumir el empaque y la cojera, adustos, del médico. De Brausen conozco menos sus facciones equinas que el rostro de su iniquidad. Malabia es, a lo sumo, un mechón rubio sobre la frente. Por el contrario, Larsen hállase imbuido de una fisonomía y de una voz precisas, fruto de varios ensayos de composición literaria y de una extensa lista de informantes: Aránzuru, Brausen, Marcos Bergner, Onetti, Hagen, Lanza, Barreiro, Barthé, Díaz Grey, Angélica Inés Petrus, Medina, Lanza, Nora Num, etcétera. Ya en *El astillero* (1961) y *Juntacadáveres* (1964) su figura, acabada, acotada, puede recortarse con tijeras.

Lo poco que Juan Carlos Onetti ha revelado de sus creaturas atañe, abrumadoramente, a Larsen. Su verdadera vocación, sus modelos reales, etcétera. El 19 de noviembre de 1973, en la sede del entonces Instituto de Cultura Hispánica de Madrid, España, se lleva a cabo la hasta hoy primera y quizá última confesión pública del escritor uruguayo. Buena parte de su charla giró alrededor de Larsen. Contradictorio y misterioso, dijo Onetti esa ocasión:

1. A pesar de todas las noticias periodísticas o amistosas yo no puedo convencerme de que Larsen haya muerto realmente.

2. Lo que realmente sé es que por un oscuro arrebato maté a Larsen en *El astillero* y no me resigno a su muerte. Si el tiempo me lo permite estoy seguro que Larsen reaparecerá, indudablemente más viejo, posiblemente agusanado y disfrutando los triunfos de que fue despojado en las anteriores novelas.[42]

Sólo Larsen es capaz de obligar a Juan Carlos Onetti a quebrantar una de las consignas preconizadas por *Periquito el Aguador* en *La piedra en el charco*: ignorar a la crítica. Así, reprocha a Ángel Rama, uno de sus mejores lectores, que "haya escrito en un artículo, elogioso por otra parte, 'el indigno Larsen'. Larsen no es indigno, es un artista fracasado, nada más".[43] Un artista que se propuso, en la cárcel, o recién salido de la sombra, construir el prostíbulo y la mujer perfectos. El personaje al que le tocó encabezar, lo dije ya, la más amplia vulgarización de Onetti durante los 60's.

No obstante, lector, el carácter excepcional de Junta Larsen no parte de su precisa anatomía novelística ni del amor que le profesa su creador ni de ser la figura más popular del *dramatis personae* onettiano. No. Tampoco parte de su oficio de proxeneta, de sus fajas y revólveres, de su retórica arrabalera. Parte de su voluntad de vivir, encarnizada, visceral, pese a haber rebasado (con mucho) la línea que separa la edad heroica de la edad adulta. Esto en medio de un orbe narrativo cuyos rasgos extremos son, de un lado, la guardia baja, y de otro, la evasión. A los cuarenta o a los cincuenta años, Larsen informa el reverso de Linacero, Aránzuru, Ossorio, Brausen. Sus aventuras son "sucesos", jamás "sueños". Lo empuja una profesión de fe en la realidad. Quiere lo suyo. Actúa. Pugna y, por ende, repugna a los que arrastran por las calles, cafés y departamentos de Montevideo y Buenos Aires (y Santa María, a la postre) los "cadáveres pavorosos" de las ilusiones perdidas. Los expulsados, hace poco o hace mucho, del país de las maravillas de la adolescencia. En cambio, Jorge Malabia lo admirará e imitará. ¿Tiene algo de sorprendente el ensañamiento con que Larsen es perseguido, defraudado, vejado, torturado, crucificado al pie del leño que soporta el cartel con la inscripción PUERTO ASTILLERO? De ninguna manera. Un sobreviviente golpeado por cuerpos inertes a la deriva.

Larsen surge a través de las páginas de *Tierra de nadie* (1941). Aquí es, apenas, un fuerte olor a peluquería, un sobretodo oscuro, una boca en O, un diente de oro, unos ojos pequeños y arrugados ,un cuello sucio y salpicado de caspa; el rufián de ínfima categoría que conduce a Diego E. Aránzuru mientras éste intenta escapar de Babilonia. Como sucede con Jorge Malabia, Larsen es dueño de una saga particular dentro de la saga sanmariana: *El astillero, Juntacadáveres*. Más aún: su presencia se extiende a *Una tumba sin nombre,* novela que narra la metamorfosis de Jorge Malabia, retoño de una familia patricia, en "Juntacadáveres".

El astillero, Juntacadáveres y *Una tumba sin nombre* instauran tres series diversas: de factura, cronológica y de aparición.

La primera noticia del tema de *Juntacadáveres,* apertura y clausura del hasta la fecha único prostíbulo de Santa María, aparece en "Thalassa", Capítulo XVI, Segunda Parte, de *La vida breve* (1950), y reaparece en *Una tumba sin nombre* (1959). Y estaría de acuerdo con quien advirtiera un indicio del mismo en *El álbum* (1953).

Después de la novela de 1959, Juan Carlos Onetti se entrega de lleno a la historia del prostíbulo: primer descenso de Junta Larsen a Santa María. Empero, ya avanzado el manuscrito, mientras camina por un pasillo, golpea a Onetti el torrente de imágenes del fin de Larsen: vertiente que aplaza, reemplaza el caudal original.[44] El fin de Larsen constituye, justamente, la anécdota de *El astillero* (1961): no obstante la clausura del burdel y su expulsión de la ciudad, Larsen regresa a Santa María y se hace cargo de los astilleros de D. Jeremías Petrus. No es sino tres años más tarde que por fin aparece publicado el manuscrito de *Juntacadáveres* (1964): manuscrito del que se desprendiera *El astillero*. El nudo después del desenlace.

Así pues, las series a que me he referido quedan como sigue: de factura: *Una tumba sin nombre, El astillero, Juntacadáveres*; cronológica: *Juntacadáveres, Una tumba sin nombre, El astillero*; de aparición: *Una tumba sin nombre, El astillero, Juntacadáveres.*

La crónica sanmariana consigna dos versiones de la profecía de Lanza, profecía que anuncia el regreso de Larsen al puerto. Su mención en el primer párrafo de *El astillero*, lo anoté ya, poco o nada decía a los lectores debutantes de Onetti. En una y otra versión coinciden el lugar, la circunstancia y el número (y calidad) de los testigos. El lugar: la cervecería *Berna,* a unos pasos de la *Plaza Nueva.* La circunstancia: antes de ser conducido a la estación del tren por Medina, el policía encargado de cumplir la orden de expulsión, Larsen pasa sus últimos momentos en Santa María. Los testigos: el Dr. Díaz Grey, el adolescente Jorge Malabia, las pupilas del burdel clausurado ("María Bonita", Irene, Nelly) y, por supuesto, atónito, sin recobrarse aún del golpe sufrido, el propio Junta Larsen. Dispuesto ya a marcharse, a cumplir sus obligaciones de corrector de pruebas y ocasional colaborador de *El Liberal,* Lanza dijo:

Primera versión:

A trabajar, a mover kilos de plomo y estupidez. Hubiera querido historiar estos cien días que nos estremecieron. Desde el regreso de Rosario, puerca ciudad de mercaderes, hasta este embarco a Santa Elena; de donde también es posible escapar, *Junta,* es posible (OC: 692).

Segunda versión:

A trabajar, a hundirme en metros de plomo y estupidez. Pero algún día publicaré la historia de estos cien días que conmovieron al mundo.*

* Deuda historiográfica aún incumplida, como en el caso del Falansterio.

Y tal vez... Piense: si uno regresó de Elba otro puede escapar de Santa Helena (OC: 976).

Catorce años separan las dos versiones: el tiempo transcurrido entre *La vida breve* y *Juntacadáveres*. Testimonio inequívoco de la identidad lógica artística, memoria de la escritura onettiana. Pues creo a pie juntillas en esa parte de la leyenda que dice que el autor jamás vuelve sobre lo escrito y publicado. En fin, desde las alturas de la cervecería Berna, un ojo triangular ilumina la escena de la profecía. Juan María Brausen, Dios Brausen, Brausen que estás en los cielos "casi Junta para los ateos". Pero dejo la teología para más adelante y sigo, por ahora, en exclusiva, los pasos del execrado, del forastero, del ambicioso, del suplicante, del ajusticiado.

b. *El regreso*

Santa María se localiza, realmente, en las páginas de su saga. Simbólicamente, a unos cinco grados al sur del ecuador, en algún punto de la banda oriental del Río de la Plata. A Santa María se accede por agua y por tierra. Un ferry, "la balsa", atraca en el muelle todos los mediodías, procedente de Buenos Aires. Vías carreteras unen el puerto mítico con El Rosario, Colón, etcétera. Entre Santa María y El Rosario se tiende la vía del ferrocarril.

Larsen procede de Colón.

Han transcurrido seis años desde que descendió del tren de las 17:00 horas, luego de un rápido viaje a El Rosario, "puerca ciudad de mercaderes" en palabras (ya citadas) de Lanza, pastoreando tres vejestorios que "llevaban vestidos largos, apretados en la cintura, sombreros con frutas, flores y velos, rellenos y remolinos de tela en las caderas" (OC: 782). "María Bonita", Irene, Nelly: las pupilas del burdel Triunfal arribo presenciado por Tito Perotti, el hijo del ferretero, y Jorge Malabia, la gran esperanza sanmariana de esos tiempos (el resto de la ciudad se encerró a "cal y canto"; luego respondería al agravio del burdel con el anónimo ,el libelo, la amenaza abierta, el motín).

Nadie lo aguarda, esta vez, en la estación de autobuses. Lleva una maleta pequeña. Espera a que amaine la lluvia. Narra su regreso la entera población de Santa María, si bien sobresalen:

1. La voz cáustica, maligna, de la "peña" del café Universal. Los notables de la ciudad: Díaz Grey, Lanza, Guiñazú, Canabal.

2. Los testimonios de Hagen, el dueño de la estación de gasolina, y del *barman* del Hotel Plaza.

Junta se dirige a *Artigas,* la avenida arbolada que une la *Plaza Nueva,* plaza principal, con el puerto. Entra a la cervecería Berna. Unos lo descubren obsequioso, domado. Otros: insolente, tunante, arrogante. Como antaño. Bebe el aperitivo en la barra y almuerza en una de las mesas que miran a la *Avenida Artigas.* Ni Onetti ni sus narradores vicarios lo dicen, pero Larsen no puede menos que observar, frente a él, el edificio de *El Liberal*; recordar que en los Altos del Berna, una tarde, el Dr. Díaz Grey lo reconcilió con Euclides Barthé, el farmacéutico que, con el señuelo de la regencia de un prostíbulo, lo trajo por vez primera a Santa María; ciudad que Larsen imaginó "rica, blanca y venturosa". Tres años de espera interminable, gastados en los libros de contabilidad de *El Liberal,* periódico donde encontró acomodo. Una amargura sólo descubierta a su confidente Froylán Vázquez, el del expendio de diarios y revistas. Luego, de pronto, la *Ordenanza 2112* dictada por el Consejo Municipal de Santa María, la autorización del prostíbulo obtenida finalmente por el consejal Barthé a cambio de su voto en favor de la privatización del servicio de estiba del puerto, el retorno súbito de la fe, el alquiler de la casita de la costa propiedad de la familia Malabia, el viaje a El Rosario en procura de las pupilas, la decoración, las tarifas y horarios. Todo lo que Larsen debió recordar en el Berna, el día de su regreso, y que narra la novela *Juntacadáveres.* Los cien días que estremecieron a Santa María. El éxito inicial y las defecciones causadas por los anónimos que redactaban virginales alumnas del Colegio Confesional o exalumnas, también virginales, de la Acción Cooperadora del Colegio.[45] Los sermones cada vez más enfáticos del cura Bergner. Su liga de Caballeros Católicos. Los jóvenes soldados del himen que se apostaban, armados de revólveres, plumas y libretas, a las puertas del burdel para hostilizar a los clientes y apuntar pelos y señales. La franca declaración de guerra. La conversión de Marcos Bergner, "enfant terrible", libertino, en defensor de la moral pública y enemigo mortal de Junta. Vírgenes y putas, altares y sábanas, proxenetas y catones. La intervención del Gobernador de la Provincia. El detierro.[46]

El astillero cuenta el regreso, cinco años después. Del Berna, una vez recobrada su antigua pieza en los Altos de la cervecería. Larsen recorre el cuadrángulo, atravesado por dos diagonales de pedregullo rojizo, de la *Plaza Nueva,* corazón de Santa María, asiento de la Torre de la Municipalidad, la Jefatura, el Juzgado, el Hotel Plaza, la Pensión para Viajeros, la Cooperativa, el Conservatorio de Música y la Catedral y su solitaria torre "con la marca de una bala de cañón" (proyectil realista o insurgente o liberal o conservador; que esto no está averiguado). Larsen, lo más seguro, ve desfilar de nuevo, alrededor de la plaza, a los batallones de muchachas del Colegio Confesional y de la Acción Cooperadora del Colegio tras una enorme pancarta con la demanda:

QUEREMOS NOVIOS CASTOS Y MARIDOS SANOS.

Está escrito en *Juntacadáveres*.[47]

Se aproximaba el fin del prostíbulo de la costa, el salto, de las armas de la palabra, a la crítica de la subversión. En medio del silencio absoluto que guardaban los curiosos, la Banda Municipal del maestro Fitipaldi ejecutaba "Oh, María". Al Gobernador no le quedaría otra salida: o la revocación de la *Ordenanza* 2112 o la Guerra Civil. Y faltaba el desenlace de la manifestación femenina: calculado, teatral. El cura Bergner clausura las puertas de la Catedral con un enorme candado. La Casa de Dios (Brausen) no se abriría de nuevo al culto hasta entonces el lenón nacido en *Tierra de nadie* no fuera echado de la ciudad, quemado en efigie. El mismo hombre que cinco años más tarde —lo cuenta *El astillero,* novela anterior— pesado, taconeando, echa un vistazo a los establecimientos de la Zona Comercial que crece alrededor de la *Plaza Nueva*: "La Moderna", "La Nueva Italia", la farmacia de Barthé, la "Joyería Salem", la "Casa de Música", la "Librería Sabatiello", la "Ferretería Perotti", las firmas de pompas fúnebres "Miramonte" y "Cochería Suiza".

Resumo el itinerario seguido, luego, por E. Larsen: la casita de la costa donde estuvo el prostíbulo;[48] la *Colonia Suiza,* a espaldas de Santa María; el bar del Hotel Plaza, lugar donde se abstuvo de dirigir la palabra al Dr. Díaz Grey. Algunos sostienen haberlo visto cruzar, más tarde, la *Plaza Nueva* rumbo a los Altos del Berna. Lo indudable es que su pista se pierde a lo largo de una, dos semanas.

De acuerdo: la profecía del periodista y transterrado Lanza se cumple: Larsen reaparece en Santa María. Ahora bien: ¿por qué, para qué regresa? Pregunta, perdonando la expresión, abisal. Escribe acerca de este punto Jaime Concha: "la crítica existente hasta la fecha no parece haber definido bien el proyecto central del héroe. .¿Qué es lo que pretende Larsen al volver, después de cinco años, a la ciudad que lo expulsó?". Se da por sentado, añade, "de inmediato y sin mayor análisis que lo que busca Larsen es integrarse al trabajo en el astillero cuyo dueño es Jeremías Petrus. El edificio en ruinas al que asistirá Larsen puntualmente, en su condición de gerente general de esa empresa delirante, parece ser el fin último de su actividad, la meta de su lento, empecinado dinamismo". Sin embargo, advierte Concha, "como primer paso para la comprensión efectiva de la novela, es necesario restituir al proyecto de Larsen toda su complejidad, el sentido múltiple de su inciativa".[49] ¿Sed de venganza, nostalgia, casualidad, manes del destino? ¿"El destino y la intuición de Larsen, puestos al servicio de su destino?". Todo esto, sin duda, y algo más: su necesario castigo. Obsequiando los designios de

Brausen, Junta retorna a Santa María para representar una *Pasión,* el martirio de la esperanza insensata, tardía, insoportable.

Los sanmarianos vuelven a saber de él a los ocho, quince días de que descendió de uno de los autobuses de la línea SANTA MARÍA-COLÓN. Es el viejo ridículo, artero, manso, entallado, sobrado de carnes y con las mejillas empolvadas, que apoya un ramo de violetas sobre el corazón desmayado. Un domingo, en el atrio de la Catedral, mientras se disgrega la grey de la misa de once. Todos comprenden. Todos comprenden cuando Angélica Inés Petrus, virgen lunática, casi sonríe al ramo de violetas, parpadea deslumbrada, se aleja con la mirada turbia. El lenón descubría al tímido y rendido cortejante.

c. *La Gerencia General*

El astillero. Mediodía.

—Gálvez y Kunz —dijo Petrus, señalando—. La administración y la parte técnica de la empresa. Buenos colaboradores.

Irónicos, hostiles, confabulados para desconcertar, el joven calvo y el viejo de pelo negro le dieron la mano con indiferencia, miraron enseguida a Petrus y le hablaron.

—Mañana terminaremos con la comprobación del inventario, señor Petrus— dijo Kunz, el más viejo.

—La verificación— corrigió Gálvez, con una sonrisa de exagerada dulzura, frotándose las puntas de los dedos—. Hasta el momento no falta un tornillo.

—Ni una grampita— afirmó Kunz.

Larsen volvió a mirar la hostilidad y la burla en las caras inmóviles de los dos hombres que aguardaban. Enfrentar y retribuir el odio podía ser un sentido de la vida, una costumbre, un goce; casi cualquier cosa era preferible al techo de tapas agujeradas, a los escritorios polvorientos y cojos, a las montañas de carpetas y biblioratos alzadas contra las paredes, a los yuyos punzantes que crecían enredados en los hierros del ventanal desguarnecido, a la exasperante, histérica comedia de trabajo, de empresa, de prosperidad que decoraban los muebles (derrotados por el uso y la polilla, apresurándose a exhibir su calidad de leña), los documentos, sucios de lluvia, sol y pisotones, mezclados en el piso de cemento, los rollos de planos blanquiazules reunidos en pirámides o desplegados y rotos en las paredes.

—Exactamente— dijo por fin Petrus, con su voz de asma—. Poder dar a la Junta de Acreedores, periódicamente, sin que ellos lo pidan, la seguridad de que sus intereses están fielmente custodiados. Tenemos que resistir hasta que se haga justicia; trabajar, yo lo hice siempre, como si no hubiera pasado nada. Un capitán se hunde con su barco; pero nosotros,

señores, no nos vamos a hundir. Estamos escorados y a la deriva, pero todavía no es naufragio— el pecho le silbó durante la última frase, las cejas se alzaron, expectantes y orgullosas; hizo ver veloz los dientes amarillos y se rascó el ala del sombrero—. Que terminemos mañana sin falta la verificación del inventario, señores; por favor. Señor Larsen...

Larsen miró, lento y provocativo, las dos caras que lo despedían con sonrisas parejas, acentuando la burla de origen impreciso, confesado, además, y sin saberlo, una inevitable complicidad de casta. Después, siguiendo el cuerpo erguido y trotante de Petrus, respiró consciente y sin despecho, apenas entristecido, el aire oloroso a humedad, papeles, invierno, letrina, lejanía, ruina y engaño. Sin volverse, oyó que Gálvez o Kunz decía en voz alta:

—El gran viejo del astillero. El hombre que se hizo a sí mismo.

Y que Gálvez o Kunz contestaba, con la voz de Jeremías Petrus, ritual y apático:

—Soy un pionero, señores accionistas.

Cruzaron dos oficinas sin puertas —polvo, desorden, una soledad palpable, el entrevero de cables de un conmutador telefónico, el insistente, increíble azul de los planos en ferroprusiato, idénticos muebles con patas astilladas— antes de que Petrus circundara una enorme mesa ovalada, sin otra cosa encima que tierra, dos teléfonos, secantes verdes, gastados y vírgenes (OC: 1062, 1063).

D. Jeremías Petrus ofrece a Larsen la Gerencia General del astillero. Tarea pesada pero grandiosa. Poner de nuevo en pie al coloso caído. Los capitales sobraban. Cuestión de tiempo, de esfuerzo. Larsen pide un plazo para estudiar la oferta. Fingimiento puro, insensato. Ya había elegido, creído.

Jeremías Petrus se levantó y recogió el sombrero. Caviloso, aceptando a disgusto el regreso de la fe, rebelándose tibiamente contra la sensación de amparo que segregaban las espaldas encogidas del viejo, Larsen lo custodió a través de las dos habitaciones vacías, en el aire luminoso y helado de la sala principal.

—Los muchachos se han ido a comer —dijo Petrus, tolerante, con un tercio de sonrisa—. Pero no perdamos tiempo. Venga por la tarde y preséntese. Usted es el Gerente General. Tengo que irme a Buenos Aires al mediodía. Los detalles los arreglaremos después.

Larsen quedó solo. Con las manos en la espalda, pisando cuidadoso planos y documentos, zonas de polvo, tablas gemidoras, comenzó a pasearse por la enorme oficina vacía. Las ventanas habían tenido vidrios, cada pareja de cables rotos enchufaba con un teléfono, veinte o treinta hombres se inclinaban sobre los escritorios, una muchacha metía y sacaba sin errores las fichas del conmutador ("Petrus, Sociedad Anónima, buenos días"), otras muchachas se movían meneándose hasta los ficheros metá-

licos. Y el viejo obligaba a las mujeres a llevar guardapolvos grises y tal vez ellas creyeran que era él quien las obligaba a conservarse solteras y no dar escándalo. Trescientas cartas por día, lo menos, despachaban los chicos de la Sección Expedición. Allá en el fondo, invisible, creído a medias, tan viejo como hoy, seguro y chiquito, el viejo. Treinta millones (OC: 1065).

La trampa se cierra.

d. *La puesta en escena*

La derrota impuesta al rufián, al héroe, en *Juntacadáveres,* documenta un ensayo general de lo que ocurriría —orden cronológico, no de factura ni de publicación— en *El astillero.* La pasión de Junta Larsen, su puesta en escena, en discurso, se divide en territorios y los territorios en actos. Helos aquí:

SANTA MARÍA: V
EL ASTILLERO: VII
LA GLORIETA: V
LA CASA: 1
LA CASILLA: VII

En ocasiones, territorios y actos se conjugan, mezclan, sin menoscabo de sus específicas formas de tortura y dolor. El tema de la novela de 1961 es bien conocido.

Larsen, ya Gerente General, descendiendo a Santa María, "ciudad maldita", siempre por la ruta del río, jamás por la de tierra firme, para arrancar a Díaz Grey la verdad clínica acerca de su prometida, la idiota, la babeante hija de su patrón: Angélica Inés; para recoger de boca de D. Jeremías Petrus renovadas promesas de resurrección empresarial; para vengar, farsa pura, la traición de Gálvez, el Gerente Administrativo; para perder, incidente que precipita el fin, la oportunidad de entrar a la zona prohibida de la Mansión Petrus (SANTA MARÍA: ACTOS II a V).

Larsen mordido por el frío, la niebla y la lluvia que se cuelan por las ventanas sin cristales de la Gerencia General, leyendo correspondencias comerciales y balances financieros: legajos y carpetas sustraídos a la destrucción, sí, pero mutilados a partir de tal o cual nombre, hecho, fecha, página. Historias antiquísimas de barcos como *El Tampico,* como *El Tiba.* ¿Se hundieron al salir de El Rosario? ¿Consiguieron echar anclas frente al astillero? ¿Sus capitanes, al no aceptar los minuciosos presupuestos firmados por Petrus, lograron hacerlos navegar hasta sus puertos de origen? "El desenlace de tales historias estaría perdido en las pilas de carpetas y biblioratos que habían formado el archivo y que cubrían ahora medio metro de las paredes de la Gerencia General y se desparramaban por el resto del edificio. Quizá lo descubriera el lunes, quizá nunca" (OC: 1078).

Nunca. Nunca. Larsen, ya avanzada la mañana, oprimiendo los timbres que resonaban sobre las cabezas de Gálvez y Kunz, su personal; Larsen dando rienda suelta al "placer demente de hacer preguntas y obtener respuestas": balanza de pagos, compresión de las calderas, adquisiciones, vigilancia y qué sé yo. Datos, cifras que anota en las hojas de un calendario siete (o más) años extemporáneo; anotaciones que, ya solo, despedazaría "pacientemente". Larsen regresando, por la tarde, al astillero; moviéndose en una desolación "mugrienta y helada" donde contendían las ratas y el polvo, las arañas y las goteras; transmitiendo a Gálvez y Kunz los abominables mensajes de Petrus: el inminente pago de los suelos atrasados, el inminente retorno a la Edad de Oro. Voz de bajo que atraviesa puertas sin chapas ni cristales y se apaga en rincones, estos sí, indignos. Larsen aceptando, lector, una forma ilícita pero compensatoria de pago: el saqueo de lo que aún no se pudría del todo en los almacenes de "Jeremías Petrus & Cía". Larsen, el segundo a bordo, imponiéndose "triste y aterido" de la revelación que le hace Gálvez: Petrus había falsificado títulos en perjuicio de la Junta de Acreedores. Larsen descubriendo la defección de Gálvez, su Gerente Administrativo, lo que iniciaba el "final del delirio que él, Larsen, había recibido como una antorcha de desconocidos, anteriores Gerentes Generales". Larsen transformándose en un "truhán, un hombre sucio, ciego, gordo y enloquecido" la tarde en que Angélica Inés, faro de su oscuridad aterida, promesa hogareña, Penélope, ingresa a la Gerencia General para reclamarle sus relaciones con la esposa de Gálvez; escándalo atestiguado por sus dos Gerentes y Josefina, la sirvienta y dama de compañía de Angélica Inés, la cómplice que le abrió las puertas de la Mansión Petrus después de que el azar, la intuición, el destino, Brausen, lo condujeron a *Puerto Astillero* al otro día de su regreso a Santa María. Escándalo que lo derrumba. Casi. Larsen siguiendo adelante, sombra de lo que fue, con Kunz como único sobreviviente. Narra Díaz Grey. O Lanza. O Guiñazú. Narra Santa María:

> El aire mordía su cara de viejo, malsana, colgante, boquiabierta, con el labio inferior estremecido por la respiración; se apoyaba grisáceo sobre el cráneo redondo, casi calvo, ensombrecía el mechón solitario aplastado en la ceja; exaltaba la nariz delgada y curva; triunfante de la decrepitud y la grasa de la cara. Isócrana, exángüe, la boca se estiraba hacia la base de la mejilla y volvía a empequeñecerse. Un viejo atónito, apenas babeante...

Etc., Etcétera. Página 1169 de la edición de Aguilar. Larsen recibiendo una carta con matasellos de Santa María en la que Judas Gálvez:

a) renunciaba no sólo al cargo de Gerente Administrativo desempeñado "durante no sé cuanto tiempo con el general beneplácito de las fuerzas vivas del país", sino, asimismo, a "la alícuota tercera parte del fruto de todos los robos que usted ordene hacer en los depósitos".

b) participaba que esa misma mañana "no tuvieron más remedio que meter en la cárcel a don Jeremías Petrus, apenas bajó de la balsa, porque hace unos días hice la denuncia de la falsificación de títulos que respetuosamente le informé con oportunidad".

c) retaba (por último) al Gerente General: "Me dicen que usted no es persona grata para la ciudad. Lo lamento porque tenía la esperanza de que viniera a convencerme de que cometí un error y explicarme en detalle el maravilloso porvenir que disfrutaremos desde mañana o pasado. Nos habríamos divertido".

Larsen, en fin, levantándose de la lona, espoleado, hallando en la traición de Gálvez y en la prisión de Petrus, esto es, en el desastre final, nuevas, redobladas energías. Remataría lo rematable. Contrataría abogados. Larsen alias "Juntacadáveres", el otrora "filatelista de putas pobres", el indeseable, el expulsado, salvaría la fortuna y con la fortuna la honra del caído *Emperador de Santa María, Enduro, Puerto Astillero* y *Villa Petrus*. ¿Vulgar, sensiblero desplante? Así es, lector. Pero también gesto de quien, perdonando la expresión, bebe hasta las heces la copa de su infortunio (EL ASTILLERO: ACTOS III A VI).

El Gerente General dirigiéndose, concluidas sus altas responsabilidades, a través de una calle olorosa a eucalipto, a la Mansión Petrus, Itaca Prometida: limpio "en las partes que no cubría la ropa", perfumado, empolvado, vistiendo una camisa de seda aunque gastada limpia y reluciente, ardoroso, ardiente, loco de amor, enamorado. Larsen llegando hasta el "portón de hierro donde se enlazaban con discreción una J y una P"; soportando la mirada hosca de Josefina, que lo conduciría por un jardín salvaje, presa de la incuria, poblado aquí y allá por estatuas de mármol cuya desnudez cubren pátina y ramajes, a una glorieta construida con tablones alguna vez, en épocas de esplendor, pintados de azul. Dos sillas de hierro, una mesa de cemento, un mantel, tazas, un vaso de violetas. El escenario de sus suspiros y súplicas. Larsen esperando el arribo de la Julieta estúpida, de la Beatriz demente, ensayando inseguro las argucias aprendidas en *Dancings* y lupanares, preguntándose en qué tipo de mujer encajaba Angélica Inés, "con qué olvidada María o Gladys coincidía, que técnica de seducción podía usarse sin provocar el espanto, la histeria, el final prematuro". Larsen, Larsen adivinando uno que otro signo en aquel silencio de la heredera de las ruinas, roto por risas metálicas y el ocasional recuerdo de un sueño habitado por caballos. Larsen, Junta,

"Juntacadáveres" suplicando se le permitiera ir más allá de la glorieta, entrar a la casa: "Nada más para ver, para estar en los lugares donde vive, la sala, la escalera, la pieza de costura". Larsen acatando la negativa de Angélica Inés, la prohibición que únicamente el padre, Don Jeremías Petrus, podía revocar (LA GLORIETA: ACTOS II A V). Concluyo, lector, con la sinopsis:

LA CASA: ACTO ÚNICO.

Al término de su postrera representación en el escenario de la "ciudad maldita", Santa María, donde visitó a Petrus en la cárcel y se enteró por mediación del policía Medina —el mismo Medina que en el pasado lo custodió hasta la estación del ferrocarril, el mismo Medina que, al parecer, tiene un papel principalísimo en la novela que hoy por hoy escribe Juan Carlos Onetti—, del suicidio de Gálvez, judas cuyo cadáver devuelve el río; de regreso de Santa María, digo, Larsen encuentra en El Belgrano un recado fechado tres días atrás:

Lo vamos a esperar para comer arriba con Josefina a las ocho y media. Pero venga antes.
Su amigüita A. I.

Arriba significaba la casa de Petrus, la cita nupcial. Poco importaba la prisión del empresario. No todo estaba perdido. Trasponer, ay, la zona vedada que se extiende a partir de la Glorieta, acercarse a la mole cúbica retrepada sobre catorce pilares de mampostería, de un blanco gris y terroso y de ventanas numerosas, bañarse en la luz violácea de la oquedad que forman los pilares, entrar por fin, finalmente subir la escalera, trotar hacia el centro "de una habitación cálida, limpia y ordenada, de una escena por él presidida, con orgullo y naturalidad, mientras iba reconociendo, sobre todo al principio, los errores cometidos al imaginarla, y planeaba los cambios que introduciría para satisfacer la necesidad histórica de dejar señalado el comienzo de una nueva época, de su particular estilo" (OC: 1195, 1196).

El refugio final y lacustre, doméstico, al término de la jornada. Posar sus nalgas en un alto sillón, junto al fuego, de vuelta de la humedad y la mugre. Restañar las heridas, deleitarse con lo conquistado. El yerno de D. Jeremías Petrus. Otra es (sábese) la voluntad de Dios Brausen. Le abre el portón Josefina. No. Enferma, ya recluida en sus aposentos, Angélica Inés se hallaba incapacitada para recibirlo. No. La invitación a cenar en la casa pertenecía al pasado. No, no, aunque Larsen adujera ser portador de urgentes noticias del padre, detenido en el Destacamento de la *Plaza Brausen* de Santa María. No. Brutal, tardíamente, Junta se hace cargo de la situación. Alarga la mano, acaricia, besa.

—Imbécil —dijo ella— todo este tiempo. Imbécil.

Guiado por Josefina, franquea el límite de la Glorieta para entrar, en vez de a la casa, al cuarto de la sirvienta y su consabida escenografía: la cama desvencijada, la palangana, las estampas de santos, las fotografías de ídolos populares, el olor agridulce, "el espejo rodeado de tules rígidos y amarillentos". La tierra natal. Segregando, desde ese instante, un "eterno clima de hielo", toca su esqueleto el frío que se le había impregnado en la Gerencia General del astillero. Ordena a la mujer que guarde silencio, que lo desnude. Larsen penetra a Josefina ignorando a la doncella demencial que duerme "en el piso de arriba, en la tierra que él se había prometido". Despídese antes del alba, sin mirar hacia atrás, hacia "la casa inaccesible".. ¿El Sr. E. Larsen y la distinguida señorita Angélica Inés Petrus? No. "Juntacadáveres" y la sirvienta de los Petrus.

LA CASETA: ACTOS I A VII.

Hay, en *El astillero*, junto a la Gerencia General y al cortejo de Angélica Inés, otra hagañaza: la mujer de Gálvez. Hermosa, desaliñada, enfundada siempre en un abrigo masculino y calzando unos zapatos también masculinos, atados con alambres. Mujer intangible, enigma de gozo y de preservada inocencia, cuyo reino es una casilla de perro "con tres escalones vencidos que llegaban hasta el umbral, con rastros de haber estado pintada de azul, con una mal adherida timonera de barco fluvial, extraída del cadáver de algún *Tiba*" (OC: 1097).

A este sitio, ubicado entre el cañaveral y el cobertizo del astillero, acude Larsen las veces que la Gerencia General y Angélica Inés se lo permiten. Para comer alguna cosa, beber mal vino, escuchar tangos en la radio, mantener vivo el fuego de "Jeremías Petrus & Cía" ante la molicie de Gálvez y Kunz, remedar el compañerismo de sus años de chulo, agitar un espeso "légamo de locura", compartir la desgracia, tratar de convencer a Gálvez de que vuelva al trabajo una vez que defecciona, intentar hacerse del título que prueba la falsificación perpetrada por Petrus. En suma, lector, para ablandarse y tornarse sentimental, cortejar cautamente a la mujer vestida de hombre, pelar papas y dar consejos "sobre condimentos", simular el hallazgo de un lugar tibio y solitario. Una noche poco antes del desastre, besa a la mujer.

Los dos finales. Larsen (acoté) deja a Josefina antes del alba. Está averiguado que contornea el edificio del astillero para "husmear silencioso la casilla". Lo recibe un grito espantoso. La viuda de Gálvez daba a luz una creatura. Sola. Semidesnuda. Aterrada. Aullante. Sanguinolenta. El miedo y el asco expulsan a Larsen de la ventana de la caseta, un agujero cubierto por vidrios, cartones y trapos. Nadie lo ve correr. Pasar, espeso de barro y terror, frente al Belgrano. Detenerse en el muelle "a respirar con lágrimas el olor de la vegetación invisible, de maderas y charcos podridos".

Final 1:

Lo vence el sueño y se queda dormido debajo del cartel con la borrosa leyenda: PUERTO ASTILLERO. Despertado por unos lancheros, indaga su rumbo: el norte. Le aceptan su reloj en pago del pasaje. La lancha zarpa al despuntar el día. Perdido en el sobretodo,

> ansioso y enfriado, Larsen imaginaba un paisaje soleado en el que Josefina jugaba con el perro; un saludo lánguido y altísimo de la hija de Petrus. Cuando pudo ver se miró las manos; contemplaba la formación de las arrugas, la rapidez con que se iban hinchando las venas. Hizo un esfuerzo para torcer la cabeza y estuvo mirando —mientras la lancha arrancaba y corría inclinada y sinuosa hacia el centro del río— la ruina veloz del astillero, el silencioso derrumbe de las paredes. Sorda al estrépito de la embarcación, su colgante oreja pudo discernir aún el susurro del musgo creciendo en los montones de ladrillos y el del orín devorando el hierro (OC: 1200, 1201).

Final 2:

Lo derrumba el delirio debajo del ya mencionado cartel. Unos lancheros —tres, sus nombres constan— casi lo pisan. Larsen, grosero, exige que lo saquen de *Puerto Astillero*; manotea, incluso, con su revólver. Lo golpean, le rompen la boca. A la postre lo recogen del barro y le ofrecen un trago y lo admiten en la lancha a cambio de su reloj. Mientras

> la lancha temblaba sacudida por el motor, Larsen, abrigado con las bolsas secas que le tiraron, pudo imaginar en detalle la destrucción del edificio del astillero, escuchar el siseo de la ruina y del abatimiento. Pero lo más difícil de sufrir debe haber sido el inconfundible aire caprichoso de septiembre, el primer adelgazado olor de la primavera que se deslizaba incontestable por la fisuras del invierno decrépito. Lo respiraba lamiéndose la sangre del labio partido a medida que la lancha empinada remontaba el río. Murió de pulmonía en El Rosario, antes de que terminara la semana, y en los libros del hospital figura completo su nombre verdadero (OC: 1201).

Coincidencias de los dos finales: el pago del pasaje con el reloj, el rumbo de las lanchas de motor, la alucinación del derrumbe del astillero. Divergencias: Larsen sobrevive / Larsen fallece. Juan Carlos Onetti se inclina, a todas luces, por el final 2; y no puedo menos que subrayar el golpe teatral, digno de un Maurice Leblanc, que nos asesta. Larsen no es el verdadero nombre de "Juntacadáveres". Revelación hecha mientras baja el telón. Si el nombre verdadero (nos) será algún día revelado, sólo Dios (Brausen) lo sabe.

e. *El castigo del héroe*

La perdición de Larsen, escribe Saúl Yurkievich, "se debe a que desoye los anuncios concretos, corporales, incontrovertibles; famélico, se obstina en ayunar entre quimeras".[50] Lo único censurable que hice, observa Junta Larsen acerca de sí mismo, "fue fracasar". Demasiado infierno para un solo hombre, para un simple invierno, ese invierno que el Ex Gerente General ve desplomarse junto con los muros de "Jeremías Petrus & Cía". Todo un deslumbrante texto es urdido para inmolar un personaje que los lectores de *Tierra de nadie* apenas si advirtieron y al punto olvidaron.

Si *El infierno tan temido* puede leerse, alguien lo dijo ya, como una introducción al suicidio, en *El astillero* se respira el aliento del verdugo, el ensañamiento de una venganza todavía más terrible que la del Narrador de *Bienvenido, Bob.* El revés sufrido al concluir los Cien Días, el cierre del prostíbulo y la orden de destierro, y aún antes, los tres años pasados en la Administración de *El Liberal,* no fueron suficiente.

El ímpetu vital de Junta Larsen, adulto dueño de su alma, convoca una furia ejemplarizante, torva, implacable. Las promesas se multiplican: Larsen Ejecutivo, Larsen Romeo, Larsen Propietario. Ambiciones que se despedazan en el cieno. Larsen, hombre "roído por la adversidad": sentencia Díaz Grey (o Lanza, o Guiñazú). Pasión (¿y muerte?) de quien se atrevió a transgredir el Código de la Renuncia. No desearás. No actuarás más allá del límite de la adolescencia.*

Adversidad, lector, con todas las agravantes de la ley. Lo memorable de la actitud de Junta radica en su conciencia de la representación —su sacrificio— que lo trae de vuelta a nosotros, a Santa María. Cierta mañana, mientras remonta el río inflamado por las palabras esperanzadas, demenciales, de D. Jeremías Petrus, el Gerente General del astillero piensa:

> Esta luz de invierno en un día sin viento y metido en ella desinteresada y fría me está rodeando y me mira. Yo haré porque sí, tan indiferente como el resplandor blanco que me está alumbrando, el acto número uno, el número dos y tres, y así hasta que tenga que detenerme, por conformidad o cansancio, y admitir que algo incomprensible, tal vez útil para otro, ha sido cumplido por mi mediación (OC: 1131).

Otro. Mediación. Pero en vez de escapar, permanece. Hasta el final.

¿Larsen antihéroe como Linacero, Aránzuru, Ossorio, Brausen, el último Malabia? ¡Quiá! (como se decía el siglo pasado). Más bien: superhéroe, cabecilla de una raza mínima y señalada que no conoce ni el miedo ni la consolación de los sueños.

* ¿De la escritura?

¿Ejemplos?

Pienso, desde luego, en el propio Jeremías Petrus, el impulsor visionario de la primera fábrica de Santa María, de *Puerto Astillero* y del balneario del sur: *Villa Petrus;* esforzado capitán de empresas al que únicamente le faltó adquirir, para que su colapso fuera más profundo y estrepitoso, el palacio de la *Isla de Latorre.*[51] Pienso, enseguida, en la llamativa pareja, Ricardo de la Rosa y Sra., que llegó de Liliput y se instaló en el Hotel Victoria, antes de pasear por Santa María su felicidad ostentosa, tangible, insoportable. Es la pareja que luego protege Specht, el actual dueño de *Villa Petrus.* Es la pareja que baila lasciva, una noche, en el Club Progreso de la *Plaza Nueva.* Es la pareja que acoge doña Herminia Fraga, solitaria, extravagante y millonaria, en su finca *Las Casuarinas.* Entresaco, de *Historia del Caballero de la Rosa y de la Virgen encinta que vino de Liliput,* relato que data de 1956, de la época en que Onetti regresa del segundo destierro, dos citas por demás elocuentes.

Sentencia Díaz Grey, o Lanza, o Guiñazú, cualquiera del autobautizado grupo Los Notables; sentencia dando la voz de alarma: "ella y él, demasiado jóvenes, temibles y felices". Primera cita.

Cuenta el notario Guiñazú, según consta a fojas 64 de la edición del Centro Editor de América Latina, lo siguiente: "era el tipo de la camisa amarilla y la rosita en el ojal que habíamos visto aquella noche de lluvia en la vereda del Universal. Quiero decir, aunque me empecine en la antipatía: un hombre congénitamente convencido de que lo único que importa es estar vivo y, en consecuencia, convencido de que cualquier cosa que le toque vivir es importante y buena y digna de ser sentida". Segunda cita.

Me abstengo de (re)contar, a quienes no han leído aún el relato, la manera lúgubre y socarrona mediante la cual los sanmarianos, a través del testamento de Herminia Fraga, fustigan, exorcizan el espectáculo de la Dicha Ajena. Espectáculo que les produce, retorno a Guiñazú, "miedo y odio".

Pienso, por último, en otro dignísimo representante de la raza señalada: Jacob van Oppen. A comienzos de los 60's, la revista *Life en Español* cita a concurso a los cuentistas de América Latina. Desde Montevideo, donde, olvidados ya el periodismo y la publicidad, ejerce funciones de empleado municipal y deidad furtiva de un culto que se extiende lentamente, Juan Carlos Onetti remite a Estados Unidos una obra maestra: *Jacob y el otro.* El jurado se decide, empero, por *Ceremonia secreta,* de Marco Denevi. De cualquier modo, el largo cuento aparece publicado en Nueva York, en 1961, bajo el sello Doubleday Foreing Languaje Paperbacks.

Ex-campeón mundial de lucha en la máxima categoría, roble abatido por los años, el alcohol, la desgracia, Jacob van Oppen se enfrenta en el *Apolo* sanmariano, al más temible retador de su larga *tournee sudamericana*: el *Turco*. Hércules instigado, más que por el sueño de gloria, por el cálculo y la tenacidad de su prometida: embarazada, ardorosa y pobre.

Orsini el promotor y el gigante espectral, cuenta el Narrador, "habían entrado al continente por Colombia y ahora bajaban de Perú, Ecuador y Bolivia. En pocos pueblos fue aceptado el desafío y siempre van Oppen pudo liquidarlo en un tiempo medido por segundos, con el primer abrazo" (OC: 1136). Todos en Santa María recordamos al empresario y su púgil. Orsini consigue publicidad gratis del desafío en *El Liberal;* Orsini y van Oppen depositan una ofrenda floral al pie de la estatua ecuestre de Juan María Brausen; van Oppen trota por Santa María preparándose para el encuentro, lento, viejo, "la mandíbula colgante". Bolsa: 500 pesos.

Una joven pequeña e intrépida recoge el guante. Orsini la recibe en el *Hotel Plaza.*

—Esta noche voy a El Liberal para aceptar el desafío. Lo vi en misa. Está viejo. Necesitamos los quinientos pesos para casarnos. Mi novio tiene veinte años y yo veintidós. Él es el dueño del almacén de Porfilio. Vaya y véalo.

—Pero, señorita —dijo el príncipe aumentando la sonrisa—. Su novio, hombre feliz, si me permite, tiene veinte años. ¿Qué hizo hasta ahora? Comprar y vender.

—También estuvo en el campo.

—¡Oh, el campo! —susurró extasiado el príncipe—. Pero el campeón dedicó toda su vida a eso, a la lucha. ¿Que tiene algunos años más que su novio? Completamente de acuerdo, señorita.

..—Treinta, por lo menos —dijo ella sin necesidad de sonreír, confiada en la frialdad de sus ojos. Lo ví.

—Pero se trata de años que dedicó a aprender cómo se rompen, sin esfuerzo, costillas, brazos, o cómo se saca, suavemente, una clavícula de su lugar, cómo se descoloca una pierna. Y si tiene un novio sano, de veinte años...

—Usted hizo un desafío. Quinientos pesos por tres minutos. Esta noche voy a El Liberal, señor...

—Príncipe Orsini —dijo el príncipe.

Ella cabeceó, sin perder tiempo en la burla; era pequeña, hermosa y compacta, se había endurecido hasta el hierro.

—Me alegro por Santa María —sonrió el príncipe, con otra reverencia—. Será un gran espectáculo deportivo. ¿Pero usted, señorita, irá al diario en nombre de su novio?

—Sí, me dio un papel. Vaya a verlo. Almacén Porfilio. Le dicen el turco. Pero es sirio.

(OC: 1369, 1370).

Orsini acude al almacén y, al instante, descubre un cortejo de adversidades: la mujer, Adriana, estaba embarazada, de ahí la codicia despertada por los 500 pesos del desafío, cantidad que el príncipe ni siquiera poseía; el *Turco* era un Hércules de cien kilos. Intenta, pues, en vano, llegar a un arreglo: ciento cincuenta pesos libres de polvo y paja si el retador se dejaba "poner de espaldas". No. A partir de ese momento, Orsini da por descontado el infortunio.

Llega la hora del encuentro. Imaginen el *Apolo* lleno a reventar. Imaginen a los contendientes: un viejo "difunto", sobrado de grasa (en esta esquina); un joven de veinte años, musculoso, lustroso (en esta otra). Imaginen la campanada, la embestida feroz del retador, la resolución inusitada de Jacob van Oppen que lo trueca en un púgil alerta y astuto, en su mejor forma. Imaginen el abrazo poderosísimo, imbatible, que levanta en vilo al *Turco* y lo lanza fuera del ring, de espaldas, contra dos sillas. El parte médico debe constar en los archivos del Hospital de Santa María. Reza:

> Politraumatizado, coma profundo, palidez, pulso filiforme, gran polipnea y cianosis. El hemitórax derecho no respira. Colapsado. Crepitación y angulación de la sexta costilla derecha. Macidez en la base pulmonar derecha con hipersonoridad.

Etcétera. Únicamente la habilidad del Dr. Díaz Grey salvará la vida del retador. Sigo con la crónica. Imaginen el aullido de los sanmarianos, los pedazos de madera y las botellas que vuelan sobre las cabezas de los espectadores de *ring side* antes de rebotar y posarse en la lona. Imaginen la intervención de la fuerza pública y esa escena, expresión del ánimo general, que Orsini logra atestiguar. Cuenta el príncipe:

> Fue entonces, que nadie supo de dónde, y yo sé menos que nadie, que apareció junto al turco la mujer chiquita, la novia, y se dedicó a patear y a escupir al hombre que había perdido, al otro, mientras yo felicitaba a Jacob sin alardes y asomaban por la puerta los enfermeros o médicos cargados con la camilla (OC: 1396).

Hasta aquí.

"Juntacadáveres" Larsen ni siquiera prueba las mieles de una última victoria arrancada a la realidad. Dentro del texto onettiano, mirada anclada ora en la puerca vida, ora en una superficie onírica, desempeña el papel de víctima propiciatoria.

TERCERA PARTE

XII. PARÉNTESIS: HEREJÍAS IMAGINARIAS

a. Breve noticia biográfica; b. La llamada detrás del muro.

a. *Breve noticia biográfica*

"Durante años fui secretario de la agencia Reuter en Montevideo y en Buenos Aires. Eran, para mí y creo que para todo periodista, años de nervios y entusiasmo. La última —aunque no tanto— guerra. Habíamos tenido como prólogo la de España y aquel era un tiempo cargado con noticias de trascendencia, comunicados de Estado Mayor, "hylines" de corresponsales de guerra, rumores, mentiras y predicciones. Además, en Argentina se producía la irresistible o no ascención de Juan Perón.

Eran madrugadas repartidas entre la vigilancia del teletipo —Londres despertaba alrededor de las tres —y charlas en el café vecino con corresponsales de diarios extranjeros.

Y aquí se impone un recuerdo contra toda restricción. Una noche el teletipo comenzó a campanillar enloquecido y el encargado de turno continuó leyendo su periódico. Tal vez se me haya escapado una mala palabra de uso corriente en España y agregué:

—¡Fulano! ¿No oye la campanilla?

—Bah, total mañana lo vamos a leer en los diarios.

Arranqué la cinta y leí: LONDRES— URGENTE— FUERZAS ALIADAS DESEMBARCARON EN NORMANDÍA.

Reuter había logrado su primicia y, naturalmente, al día siguiente la leímos en los periódicos".

Esto se publicó en *Excélsior* de México con fecha 16 de marzo de 1979 (*En el oficio / Reflexiones de un periodista*). Su autor, Juan Carlos Onetti, requeriría en efecto "un gordo libro de memorias" para evocar su paso por *Marcha*, Reuter y, más adelante, *Acción*. Atraído al periodismo, en 1939, por Carlos Quijano, el cuentista y novelista encuentra en este oficio —oficio que luego endereza hacia la publicidad— la llave que le abre de nueva cuenta la puerta de Buenos Aires.

Dije ya que Onetti deja Montevideo a principios de los 40's. Su relación con el semanario *Marcha* se mantiene, dentro de lo posible. Primero en Montevideo y Buenos Aires simultáneamente, luego sólo en la capital argentina, Reuter absorbe su tiempo.

Han transcurrido diez (o más) años desde el primer exilio. Aunque únicamente lo supieran unos cuantos iniciados, el uruguayo que trabajaba para la agencia inglesa era un escritor original, iconoclasta, dueño de un mundo genuino que había despertado el entusiasmo de Arlt. Ahí estaban, inconfundibles, *El pozo, Tiempo de abrazar, Convalecencia, Tierra de nadie.* Eso, su celebridad *underground,* es la única valija que Onetti lleva a Buenos Aires (la misma valija que lo acompañará de regreso a Montevideo la década siguiente).

Al decir de la leyenda, el máximo galardón periodístico de Onetti fue la entrevista que le hizo, allá por el 44, al entonces coronel Juan Domingo Perón.

Cuenta el profesor (Luis Harss): "Después de Reuter, fue jefe de redacción —hasta 1950, aproximadamente— de una revista argentina, *Vea y Lea.* Luego tuvo a su cargo una revista de publicidad llamada *Ímpetu.* Era un folletín subsidiado por la Agencia Walter Thompson que salía una vez al mes y lo mantenía a flote. Dice, sin entusiasmo: "era un trabajo muy descansado, porque no tenía más que hacer un editorial, bla, bla, relaciones públicas, etcétera. Todo el resto era traducciones robadas a *Printer's Ink* y otras a *Bertelsmann*"."[52]

Hay un encuentro, encuentro en el sentido rijozo del término, con Jorge Luis Borges del que habla Rodríguez Monegal, réferi o moderador. Esto fue por el 48 o 49.[53]

Enorme es el trayecto recorrido por la narrativa latinoamericana desde la aparición de *Avenida de Mayo-Diagonal-Avenida de Mayo* en las páginas interiores de *La Prensa.* Inadvertido, Onetti es partícipe de una tradición que afilia los nombres de Carpentier, Mallea, Marechal, Revueltas, Sábato y quienes sin dolo se me escapen: la gran tradición que encontrará el *boom* de los 60's. En Buenos Aires, Onetti lleva a extremos riesgosos y totalitarios sus intuiciones, elecciones, decisiones estéticas y éticas. También casa con la violinista Dolly Muhr.

Muchos años después, en tanto se rueda el cortometraje *Onetti. Un escritor,* éste responde a una pregunta de Julio Jaimes ("¿Cómo te acordás de Buenos Aires?") del modo que sigue:

—Ah, ¿ahora querés que te lo cante? "Mi Buenos Aires queridoooo" ¿Cómo me voy a acordar de Buenos Aires?... Sufro, sufro. La última vez que estuve allí cada desplazamiento era para mí una fuente de nostalgia, porque yo había estado allí, porque yo había hablado en ese boliche, porque había conversado... Una fuente de nostalgia y angustia.[54]

Cuenta (otra vez) el profesor: "Onetti estuvo en Buenos Aires hasta 1954, cuando ciertas aspiraciones vagamente políticas lo llevaron nuevamente a su país. Fue el tiempo del triunfo electoral de Luis Batlle Barres en el Uruguay. Amigos pertenecientes al partido del gobierno lo llamaron al banquete. Tomó a su cargo el periódico del partido, contando con la optimista promesa de que tal vez le darían un consulado en algún lugar (promesa que nunca se cumplió). Permaneció en *Acción* —con el que todavía colabora en años bisiestos— durante dos o tres años. Después contrajo su empleo actual en la biblioteca de Artes y Letras".[55]

Esto lo publicó Harss en 1966, un año después de conversar con Onetti en un hotel del centro de Montevideo. Eran los tiempos jocundos, excitantes de la NNL, corriente que exalta a Onetti y lo deposita en la celebridad. Pero ésta llega demasiado tarde: impuesta e indeseada. Nuestro autor, lo dije ya, retorna a la clandestinidad, a sus papeles, a su cargo de Bibliotecario Municipal.

Después de la derrota en el Premio Rómulo Gallegos de 1967, el nombre de Onetti vuelve a ocupar —cuando lo ocupa— la atención pública con motivo de su detención a raíz del último concurso de cuento celebrado por *Marcha;* concurso en el que sale laureado *El guardaespaldas* de Nelson Marra.

—A mí me llevaron el 9 de febrero de 1974; Onetti cayó al día siguiente, el diez —me cuenta el Dr. Carlos Quijano—. Yo estaba ahí, en el Departamento de Policía, durmiendo en el suelo, en una colchoneta, y entró Onetti. Me saludó con la mano. (Pausa). En el Departamento de Policía estuvimos hasta el 22. Después nos llevaron al antiguo estadio municipal que se llama El Cilindro. (Pausa). Dormíamos sobre bancos, los grandes bancos donde la gente antes se sentaba para mirar los partidos de basquetbol.* Juntábamos dos bancos y dormíamos en el suelo. Junto a mí dormía Hugo Alfaro, el secretario de redacción de *Marcha*, y enfrente Onetti. (Pausa). En los días que pasamos en la Jefatura de Policía, Onetti se encerraba en su celda. Con la única persona con quien hablaba era conmigo y leía todo el día novelas policiales. (Pausa). A los ocho o diez días de los que pasamos en la Jefatura de Policía, antes de ir al Cilindro, se me presentó Onetti desencajado. Me dijo: "Mirá, hermano, no aguanto más. Total. Si esto dura me mato". Fuera de eso, aguantó con resignación, sin quejarse, con una gran serenidad, dedicado a leer, a fumar y a tomar. Pero muy encerrado en sí mismo, muy encerrado, sí, sin comer prácticamente, no quería comer...

A los cuatro o cinco días de estar en El Cilindro, el estado psíquico de Juan Carlos Onetti empeora. Quijano y Dolly Muhr intervienen ante "las autoridades de lo que podía considerarse penal o cárcel" y consiguen el traslado del novelista a un sanatorio psiquiátrico, "donde él pasó su prisión, claro que con custodia en la puerta".

Prosigue el relato del Director de *Marcha*:

* Esto ya lo había contado Onetti en *Para esta noche.*

—Onetti estuvo más injustamente que nadie preso. (Pausa). Marra había hecho el cuento, yo era el Director de *Marcha,* Julio Castro era el subdirector, Alfaro era el redactor responsable. Bueno, era una injusticia que nos metieran presos, pero de todas maneras había una responsabilidad en la dirección y en la conducción del semanario. Onetti, en cambio, había sido presidente de un tribunal que había fallado ante 352 cuentos, y del que formaban parte, además, Marcela Rey, que era la Jefe de Páginas Literarias en ese momento, y Ruffinelli. ¿Qué responsabilidad tenía Onetti de haber dicho que ese cuento merecía el premio? Absolutamente ninguna. Con este agregado: Onetti había hecho en el acta de atribución del premio una observación sobre una parte del cuento, diciendo que aunque el cuento era el mejor de todos, le parecía que esa parte le quitaba cierto mérito, cierto brillo al texto. (Pausa). Sobre lo que se podía considerar pornográfico —¿qué es pornográfico? ¿qué es pornografía? —él mismo había salvado su posición. (Pausa). Fíjese usted lo que representa, porque no nos damos cuenta, que a un hombre de 65 años de edad, de salud precaria, con una reputación internacional, que evidentemente es una de las glorias del país, nuestro modesto país, el escritor más consagrado de Uruguay, lo lleven preso porque estuvo en un tribunal, en un jurado*...

b. *La llamada detrás del muro*

Hay otro relato debajo o entre las líneas del texto que narra los peligros y la destrucción del alma: relato rebelde, rocambolesco (este segundo término no sorprenderá demasiado, cuando yo lo emplee en su presencia, a Onetti). Digo que esta otra escritura, materia de los capítulos XIII a XX, puede leerse como se lee a Edgar Rice Burroughs, como se mira *La marca del zorro,* como se lee y mira al mismo tiempo *Corto Maltese,* historieta de Hugo Pratt. Si bien es verdad (claro está) que el artista uruguayo se adscribe al lado sombrío del género de aventuras.

Incluso, en un principio, el discurso herético plagia, sin rubor, la novela y el cine de aventuras. De 1933 a 1950, de la Alaska "literaria" de Víctor Suaid a la Santa María mítica de Brausen, Onetti y sus "soñadores" viven de manera vicaria sus existencias imaginarias (no otro es el origen de esa galería de Borges, Jorge Luis, llamada *Historia universal de la infamia* y publicada en 1935). Dieciséis años de tenaz conspiración antirrealista les toma instaurar un espacio original. Victoria que se muda en estrepitosa derrota (según contaré al final del libro).

Ahora procedo al recuento de argucias y sueños.

* *Cf.* cáp. III.

XIII. PLAGIOS Y DOBLES

a. Antes de *El pozo;* b. Cosas así; c. Después de *El pozo.*

a. *Antes de El pozo*

Víctor Suaid, el primero de los personajes onettianos, menciona al autor de las visiones polares que blande, cual escudo protector, ante Buenos Aires y sus hordas: Jack London. Cito: "Alaska —Jack London— las pieles espesas escamoteaban la anatomía de los hombres barbudos —las altas botas hacían muñecos increíbles a pesar del humo azul de los largos revólveres del Capitán de Policía Montada...", etc., etcétera. Página 19 de la edición de Corregidor. Suaid debió mencionar, también, al segundo Julio de la veneración de Onetti: Verne (el otro es Cortázar).[56]

Ahora bien: Suaid no sólo se convierte en *otro* al desempeñar el papel de Alejandro Iván, el Gran Duque que cabalga al lado del Zar Nicolás II. Hay un "doble" del que no he hablado, un doble a través del cual intenta, en un principio, exorcizar la aparición de María Eugenia: amenaza que pone fin a su hasta entonces venturosa y monologal travesía por el centro de Buenos Aires. Retorno al pasaje correspondiente. Desesperado, Suaid alza la mirada rumbo a la leyenda cinética del anunciador eléctrico:

> EL CORREDOR MC CORMICK BATIÓ EL RECORD
> MUNDIAL DE VELOCIDAD EN AUTOMÓVIL
> DAD EN AUTOMÓVIL HOY EN MIAMI
> HOY EN MIAMI ALCANZANDO UNA VELOCIDAD

Sin perder tiempo, se transporta a Miami, como antes lo hizo a Alaska, y es, quiere ser, Jack Ligett, el "manager" de Mc Cormick. La pista: arena de oro salpicada de aceite. Víctor Ligett pule las piezas del bólido aerodinámico. Brrnnnn, brrrrbbbbnnnnnnmm. Observa con mirada de lince el rostro tenso de Mc Cormick bajo el yelmo de cuero, su coraje, su sonrisa "sedienta de kilómetros". Brrrmmmmm, brrrbbbnnmm. Todo en regla. La bandera cae...

Pero, lector, "la imagen era forzada": Miami y Jack Ligett y Mc Cormick se apagaron "como bajo un golpe de agua". Suaid regresa al punto de partida, la Avenida de Mayo. De esto hablo en el inciso *a* del capítulo VIII.

Antes de arrobar y embelesar a la mujer del impermeable verde, en una esquina de la calle Victoria, el posible Baldi desecha plagios que harían las delicias de Suaid (y de Linacero, también): las historias de los Jefes Indios Wenonga, Mano Sangrienta, Caballo Blanco, etcétera, o de Caras Pálidas como Búfalo Bill, el de "las altas botas, guantes de mosquetero y mostachos desafiantes. Baldi opta, en cambio, por aventuras sanguinarias:

—¿Conoce usted Sud África?

Pregunta el abogado.

—¿África?

—Sí. África del Sur. Colonia del Cabo. El Transvaal.

—No. ¿Es muy lejos, verdad?

—¡Lejos!... ¡Oh, sí, unos cuantos días de aquí!

—¿Ingleses, allí?

—Sí, principalmente ingleses. Pero hay de todo.

—¿Y usted estuvo?

—¡Si estuve! —La cara se le balanceaba sopesando el recuerdo— El Transvaal... Sí, casi dos años.

—Then, do you know english?

—Very little and very bad. Se puede decir que lo olvidé por completo.

—¿Y qué hacía allí?

—Un oficio extraño. Verdaderamente, no necesitaba saber idiomas para desempeñarme.

(El posible Baldi, en efecto, no requería hablar inglés o francés o alemán: su idioma era el de la muerte. En el Transvaal, el posible Baldi dedicábase a cazar negros).

—¿A cazar negros? ¿Hombres negros?

—Sí, un puesto de responsabilidad. Guardián en las minas de diamantes. Es un lugar solitario. Mandan el relevo cada seis meses. Pero es un puesto conveniente: pagan en libras. Y, a pesar de la soledad, no siempre aburrido. A veces hay negros que quieren escapar con diamantes, piedras sucias, bolsitas con polvo. Estaban los alambres electrizados. Pero también estaba yo, le aseguro. Pam, pam, y el negro terminaba su carrera con una voltereta (OC^{b}: 48, 49).

Sobra decir que el real Baldi jamás había viajado más allá del Plata; menos aún disparado una ametralladora marca *Schneider,* que tarara-tarata, escupía 250 tiros cada 60 segundos. Antes de recobrar, tentado ya por la desdicha, su real fisonomía, el abogado se disfrazará, respectivamente, de chulo francés, de marinero sin puerto fijo y de miembro de la Legión Extranjera.

Figúrese el lector que el mismísimo Julio Jasón, joven dispuesto a ofrecer combate, a amar, a vencer, comete plagio, vuelve los ojos a la épica fílmica y/o literaria: "Hubiera sido necesario un principio más hermoso y extraordinario para su conocimiento.* Cualquier cosa rara e inaudita. Un salvamento de novela romántica, con peligro de su vida, vítores y padres agradecidos. Un flechazo con sensación de milagro, una antesala de medio minuto antes de la absoluta intimidad. Cualquier cosa menos la tontería de venir a visitarla, de construir a fuerza de paciencia un puente para alcanzar su alma. ¿Le gustan las flores, señorita? ¿Cuál es su poeta? ¿De qué número son sus calzones? Ah, la estupidez de la vida". Recuérdese que Julio Jasón conoce a Virginia Cras entre el humo y el parloteo pequeñoburgués de una velada literaria: mácula indeleble. Los blancos dientes, la piel canela y la humedad de la risa de Virginia, inspiran a Julio esta estampa hollywoodense: "Plátanos, plátanos, plátanos, con un lánguido susurro de hojas como abanicos de plumas. Negros gigantes y semidesnudos se mueven en silencio, penetrando trabajosamente en el calor del anochecer. Polvo de diamantes en una bolsita de cuero de boa. Leyendas inverosímiles del Koh-i-nur, la Estrella del Sur y el Gran Mogol. Calor. Una lejana música de guitarras, soñolienta como el vaho de la tierra reseca. La que tocaban en *Pasaje de ida.* Calor. Los negros pasan en silencio, con enormes cestas...", etc., etcétera. Páginas, respectivamente, 55 y 56 de la edición de *Tiempo de abrazar* de 1978 (Bruguera).

b. *Cosas así*

Eladio Linacero agota, en lo esencial, la veta descubierta por Víctor Suaid; sus confesiones señalan la frontera entre plagio e invención. A diferencia de Suaid y Baldi, nombra esas "aventuras" instaladas entre el personaje y los "sucesos" (o realidad o "mundo exterior"). Sostiene, incluso, que podría llenar un libro con ellas (lo hace: *El pozo*). Menciono algunos títulos: *El regreso de Napoleón, La Bahía de Arrak, Las acciones de John Morhouse, Las diez mil cabezas de ganado, La aventura de la cabaña de troncos,* etcétera. Precisé ya, en otro sitio, su *modus operandi,* cómo irrumpen: bálsamo, maná.

Linacero narra sólo tres aventuras: dos ajenas; una original (sin bien su prólogo pertenece sobre todo a London). El auditorio: una prostituta, un poeta, los lectores de *El pozo*.

La que escucha Ester, la prostituta, tiene como escenario a Holanda ("Yo le digo Nederland"). Ester y Linacero reposan desnudos, ateridos de frío, en la cama de un hotelucho "en Liniers, frente al mercado". En vez de poseerla, él le habla de Holanda, de una ventana que se

* El conocimiento de Virginia Cras claro está.

abre al río, de un hombre tras la ventana que aguarda el arribo de una persona, una mujer sin duda: cita concertada años atrás. No sólo eso. El hombre de la ventana es un contrabandista. Con una luz azul orientada hacia el río, indica al capitán de una "chalana" cargada de "fusiles" que el camino está libre de riesgos. Cuando la barcaza se desliza bajo la ventana, su tripulación canta en alemán una canción cuya letra dice:

"hoy mi corazón se hunde y nunca más..."

La prostituta estalla:

—Siempre pensé que eras un caso... ¿Y no pensás a veces que vienen mujeres desnudas, eh? ¡Con razón no querías pagarme! ¿Así que vos? ¡Qué punta de asquerosos!

Sí: a Eladio Linacero lo visitan pensamientos de mujeres desnudas. Un solo pensamiento, una sola mujer a decir verdad. Ester acierta.

Dije ya que para el misántropo de la novela de 1939, únicamente se salvan las putas, los poetas y las adolescentes. La segunda "aventura" que narra Linacero la confía a Cordes: poeta. "Sólo dos veces hablé de las aventuras con alguien. Lo estuve contando sencillamente, con ingenuidad, lleno de entusiasmo, como contaría un sueño extraordinario si fuera un niño" (OC: 57). El resultado, en uno y otro caso, "me llenó de asco". Cordes reacciona igual que Ester.

He aquí, en síntesis, lo que el poeta escuchó de labios de Eladio Linacero:

Un velero, *El Gaviota,* zarpa. El viento infla las velas. El sol patina en la cadena del ancla. Y están: "las botas altas hasta las rodillas, los pies descalzos de los marineros, la marinería, las botellas de ginebra que sonaban contra los vasos en el camarote, la primera noche de tormenta, el motín en la hora de la siesta, el cuerpo alargado del ecuatoriano que ahorcamos al ponerse el sol. El barco sin nombre, el capitán Olaff, la brújula del náufrago, la llegada a ciegas a la bahía de arena blanca que no figura en ningún mapa". Está, lector, por último, "la media noche en que, formada la tripulación en cubierta, el capitán Olaff hizo disparar veintiún cañonazos contra la luna que, justamente veinte años atrás, había frustrado su entrevista de amor con la mujer egipcia de los cuatro maridos" (OC: 74). Toda semejanza entre la aventura de *La Bahía de Arrak* y esa literatura corsaria devorada las noches de la infancia, a que alude *Tiempo de abrazar,* es por fuerza fatal. Si bien quien narra la travesía del *Gaviota* y la venganza del Capitán Olaff es un hombre de cuarenta años (que, por cumplirlos, escribe sus memorias).

Dice, inseguro, Cordes:

—Es muy hermoso... Sí, pero no entiendo bien si todo eso es un plan para un cuento o algo así.

Linacero (herido, furioso):

—No, ningún plan. Tengo asco por todo, ¿me entiende? Por la gente, la vida, los versos con cuello almidonado. Me tiro en un rincón y me imagino todo eso. Cosas así y suciedades, todas las noches.

Comprendo en carne propia a Cordes. No otra fue mi perplejidad cuando, al inciarme en la literatura de Onetti, supuesta y exclusiva y reiterada crónica de la pequeña vida, de la grisura citadina, descubrí el oculto discurso épico —tan del cine y del *comic*, además de la novela— al que se adunan las hazañas imaginarias de contrabandistas, marineros y legionarios: reflejos de lo leído y visto por Suaid, Baldi, Jasón y Linacero antes o a punto de abandonar el país de las maravillas rumbo a la ciudad, el tiempo, la estafa.

La tercera "aventura" narrada por Linacero merece, más adelante, un capítulo especial.

c. *Después de El pozo*

A partir de Eladio Linacero, gracias a Eladio Linacero, el plagio comienza a mitigarse como materia de la *Herejía*. Su lugar lo van ocupando "sueños" originales, onettianos. Por otra parte, se instaura con mayor eficacia el juego del doble ya probado por Víctor Suaid y Baldi. Dobles heróicos o rufianescos. Diego E. Aránzuru, el último en abrevar en las fuentes de la novela y el cine de aventuras —Ossorio lo hace en la tradición sentimental—, se transforma en el chulo, el golpeador de putas, el vividor que no pudo ser Baldi. El falso nombre de Luis Ossorio, en *Para esta noche,* simboliza algo más que una convención del trabajo político clandestino. Juan María Brausen, en *La vida breve,* se convierte en Juan María Arce: *macró* y (casi) homicida. Y no es el único desdoblamiento de este personaje clave: Díaz Grey lo prolonga y rehace en la medida que Elena Sala prolonga y rehace a Gertrudis Brausen. Jorge Malabia imita, corrigo, revive a "Juntacadáveres" en las páginas de *Para una tumba sin nombre*: el delfín y el lenón. Etcétera, etcétera. En cuanto al mismísimo Juan Carlos Onetti, baste por ahora recordar algunas de sus múltiples personalidades: *Periquito el Aguador,* la cuentista H. C. Ramos, Juan C. Onetti, J. C. Onetti y (por qué no) J. C. O.*

El doble cumple mínimamente dos misiones.

De un lado, permite las vidas breves dentro de la unívoca existencia condenada. De otro: decide en buena medida el modo de producción de la escritura onettiana. En tanto el relato de los "sucesos" fluye con ritmo, si no lineal, sí documental, las existencias aventureras tomadas de otras

* También, a partir de 1964, O'Nety. *Cf. Los nuestros,* pág. 223.

fuentes o de la biografía misma de los personajes —Baldi nada tiene que ver con el cazador de negros, pero Díaz Grey es carne y sangre de Brausen— discurren por pasadizos secretos, ambivalentes. Insuflan un lirismo infrecuente en el discurso de la *Caída*.

XIV. LA APARICIÓN DESNUDA

a. La aventura de la cabaña de troncos; b. Origen y extinción.

a. *La aventura de la cabaña de troncos*

Con la venia del lector, cito el "sueño" clave de *El pozo,* tal y como lo redactó Eladio Linacero, con un lápiz, en el reverso de una incendiaria proclama revolucionaria. Antes de proceder, advierto que la aventura tiene un prólogo: "nunca el mismo", pero siempre ambientado en "un lugar con nieve". Puede tratarse de un aserradero en Alaska, de una mina de oro en Klondike o de un chalet suizo, construido a miles de metros de altura, donde Linacero se ha "escondido para poder terminar en paz" su obra maestra.

E. L. nos confía exclusivamente el prólogo del aserradero. Taberna del *Doble Trébol.* Diez de la noche. Linacero se levanta de la mesa en la que ha estado jugando "a las cartas, fumando y bebiendo" con Wright, el dueño del *Doble Trébol,* Maley y Raymond *El Rojo.* Se pone "la chaqueta de pieles, el gorro, los guantes". No olvida, por supuesto, el revólver, ni quemarse la garganta con un último trago. Una vez metido en la noche, en el frío polar, trepa al trineo y azuza a los perros a fin de apurar la distancia que lo separa de su cabaña en el aserradero, de la nocturna y secreta cita de amor. Sus movimientos son los de quien lleva diez años en Alaska.

Ya en la cabaña de troncos, enciende la chimenea y se calienta las manos, el pecho y la cara. *Es entonces. . .*

> Es entonces que la puerta se abre y el fuego se aplasta como un arbusto, retrocediendo temeroso ante el viento que llena la cabaña. Ana María entra corriendo. Sin volverme, sé que es ella y que está desnuda. Cuando la puerta vuelve a cerrarse, sin ruido, Ana María está ya en la cama de hojas esperando.
>
> Despacio, con el mismo andar cauteloso con el que me acerco a mirar los pájaros de la selva, cuando se bañan en el río, camino hasta la cama. Desde arriba, sin gestos y sin hablarle, miro sus mejillas que empiezan a llenarse de sangre, las mil gotitas que le brillan en el cuerpo y se mueven con las llamas de la chimenea, los senos que parecen oscilar, como si una luz de cirio vacilara, conmovida por pasos silen-

ciosos. La cara de la muchacha tiene entonces una mirada abierta, franca, y me sonríe abriendo apenas los labios.

Nunca nos hablamos. Lentamente, sin dejar de mirarla, me siento en el borde de la cama y clavo los ojos en el triángulo negro donde aún brilla la tormenta. Es entonces, exactamente, que empieza la aventura. Esta es la aventura de la cabaña de troncos.

(Estoy citando de la cuarta edición de *El pozo*: Arca, 1967. Prosiguió escribiendo Linacero:)

Miro el vientre de Ana María, apenas redondeado; el corazón empieza a saltarme enloquecido y muerdo con toda mi fuerza el caño de la pipa. Porque suavemente los gruesos muslos se ponen a temblar, a estremecerse, como dos brazos de agua que rozara el viento, a separarse después, apenas, suavemente. Debe estar afuera retorciéndose la tormenta negra, girando entre los árboles lustrosos. Yo siento el calor de la chimenea en la espalda, manteniendo fijos los ojos en la raya que separa los muslos, sinuosa, que se va ensanchando como la abertura de una puerta que el viento empujara, alguna noche en la primavera. A veces, siempre inmóvil, sin un gesto, creo ver la pequeña ranura del sexo, la débil y confusa sonrisa. Pero el fuego baila y mueve las sombras, engañoso. Ella continúa con las manos debajo de la cabeza, la cara grave, moviéndose solamente en el balanceo de las piernas.

Es todo.
Páginas 17 y 18.

b. *Origen y extinción*

¿Onanismo? ¿Voyeurismo? Sin duda. Pero lo que interesa es el motivo. Ana María existió en el "mundo de los hechos reales", en el orden de los "sucesos": adolescente a la que el también adolescente Eladio Linacero hizo caricias humillantes y soeces con el visionario propósito —hoy lo sabemos— de no caer en la trampa que atrapa y liquida a los de su raza: el amor, la mancha de sangre (caerá, sí, en la trampa, pero más tarde). No sólo lo antes dicho: Ana María muere a los dieciocho años de edad. Son estas condiciones, quiero decir, el que Linacero se negara a ser Julio Jasón, y la temprana muerte de la muchacha, las que posibilitan su regreso misterioso y deslumbrante en medio de la tormenta y a miles de kilómetros de la realidad. De haber corrido Ana María la suerte de Virginia Cras, de haberse degradado al estado de "mujer", su sitio sería el doméstico y gris de Cecilia Huerta y no el de la heroína de una aventura erótica, herética.

Fracasado, pobre diablo, Linacero consigue no obstante enmendarle la plana a lo acontecido. ¿Cómo? Blasfemando, soñando, masturbándose con sus visiones ingentes. Frente a su fracasada historia, las aventuras *Contrabando en Holanda* y *La Bahía de Arrak* pueden parecernos, con razón, como dice Baldi de Wenonga y Bufalo Bill, "historias para niños". En cambio, en su cotejo con la relación entre Eladio y Cecilia, *La aventura de la cabaña de troncos* aparece como fulgor en la oscuridad, como un oasis perfumado y umbrío en medio del desierto. Así el precio sea sumamente alto: no tocar, contemplar, poseer a la muchacha incorruptible, a la muchacha para siempre llena de gracia, a la muchacha dueña invencible de su alma, detrás de una mirada. Ana María, lector, sigue teniendo dieciocho años "cuando abre por la noche la puerta de la cabaña y corre sin hacer ruido, a tirarse en la cama de hojas".

Cuando la aparición desnuda se desvanece, cuando la mierda de la existencia cubre y deja sin fuerzas a Linacero, éste sucumbe en condiciones románticas —agua, luna, nocturnidad— ya transcriptas en otro lugar.* Juan María Brausen, en su momento, no se contentará con la contemplación de las visiones: las tocará. Empero. *La aventura de Santa María* resulta impensable sin *La aventura de la cabaña de troncos*: extremos del túnel —uno de tantos— que comunica *La vida breve* (1950) con *El pozo* (1939).

* Inciso b cáp. V.

XV. FARURU, EN EL OCÉANO

a. Recapitulación; b. La isla; c. A toda vela; d. Fin de partida.

a. *Recapitulación*

En *Tierra de nadie* (Losada, 1941) Juan C. Onetti sostiene pintar una galería de indiferentes morales: eco tardío, porteño, de la desilusión europea de entreguerra. Advertencia del autor, según indiqué ya, únicamente en parte verdadera. De los "sucesos" (líos de dormitorio, verbosidad, apatía y molicie) plasmados en la tercera novela del montevideano, despréndese un "sueño", un relato de aventuras, una herejía geográfica para ser exacto.

Su héroe (o expedicionario): Diego E. Aránzuru. Abogado.

Un día cualquiera, lo (re)conté ya, en tanto aguarda en el andén el arribo de Nené, su amante, Aránzuru percibe la extrañeza hostil y ciega de Buenos Aires. ¡Ah! Si al menos, en vez de hundirse en herencias y cobros hipotecarios, en las conversaciones, infidelidades y rituales vacíos de Violeta, Llarvi y demás indiferentes, se topara con vampiros o destripadores de niñas. Su queja es escuchada. Onetti le tiene reservado algo en verdad inusual, una cosa, diría Jasón, "rara e inaudita".

b. *La isla*

Pablo Num, "Embalsamador de pájaros", acude a Diego E. Aránzuru para que le tramite una herencia que, sostiene, alguien le dejó en Dinamarca. El abogado no necesita ahondar demasiado para descubrir la patraña: no hay tal herencia. Empero, acepta el caso, porque sí y por la hija de Num, Nora, la futura "María Bonita" de la novela *Juntacadáveres*. Ahora bien: el falso legado danés no es el único invento del viejo taxidermista. Aránzuru:

—Anoche andaba vagando y me paré en una agencia de vapores. Había uno de esos letreros de excursión que ponen, con arbolitos y el agua azul marino, claro. Me acordé de Tahití y de usted, de la otra isla, ¿se acuerda?

—Sí, la isla... Si usted la viera doctor... No se viene más, no.

—¿Cómo era el nombre?

—¿El nombre, dice? ¡Qué cabeza! Hay algunos días... ¡Ah! Faruru. Sí, el nombre es Faruru. Todo eso de la Polinesia, las islas. Pero no la traen los mapas. Una isla... ¡Ah!, nada de blancos, es la única que queda ¿Le conté? Estuve de paso, hace tantos años... Pero aquí mismo, no hace mucho que estuve hablando con un marinero. Había estado. Nada de blancos todavía. Está un poco al sur y se llama Faruru, así, con una efe en la garganta (OC: 99, 100).

El de Faruru es el nombre final y definitivo de la isla. Antes, al comienzo de la "mentira" de Num, la isla se llamó: primero Anakai; después Tangata.

c. *A toda vela*

A la isla irreal, fementida, jamás cartografiada de Faruru, parte Diego E. Aránzuru.

Zarpa de súbito, una mañana, viendo a Nené atarse, frente al espejo, los diminutos calzones. Reconoce que ya "no tenía la ansiedad de los días anteriores. Había quedado vacío, indiferente, desnudo en la cama". Piensa en Buenos Aires, la ciudad y sus multitudes desalmadas: tres "millones de personas". Murmura: "Anakai tangatafaruru". Espeta a Nené: "no te quiero más". Cimbrada, perpleja, la mujer que espera un hijo que después abortará, escucha acto seguido una explicación la mar de imprecisa (dadas las circunstancias): "Parece mentira. Así, sin pensarlo, de pronto, como viene la enfermedad. Uno tiene un montón de cosas que llama su vida, pero va rodando junto con ellas, nada más que eso. Ya no tengo nada que ver con mi vida, ya no es mía. Y de golpe, de esa manera, porque sí, como una fruta que estaba madura. Naturalmente. Y no puedo...", etc., etcétera. Página 110 de Obras completas.

Rotas las ligaduras del "amor", tócale su turno a las de la profesión: tres años de abogacía, 96 casos entre muertes, linderos en disputa, estafas, adulterios. Aránzuru traspasa el despacho a un colega.

De Llarvi, Casal, Balbina, Violeta, etcétera, la generación perdida de *Tierra de nadie,* ni siquiera se despide.

Inaugurando un estilo que imitará en su oportunidad Juan María Brausen, el abogado surca una ruta torcida y rufianesca. El viajero se alía con un hamponcete "gordo y lustroso, con un fuerte olor a peluquería": Larsen (a secas), recién llegado a la escritura de Onetti. No sólo eso. Diego E. Aránzuru conviértese en el chulo marsellés imaginado por el real Baldi.

Macró de Catalina, Katty, puta vieja, "cadáver" del tipo de los que junta Larsen, el abogado se congratula de haber encontrado, en una etapa de su viaje a la isla situada en ningún lugar, a "mano derecha, si uno va yendo para el Japón, allí por al parelelo 97, 36 grados, 46...", un sitio donde "todo sucedía más cerca de la tierra y las manos suprimían las palabras y las inevitables cosas sucias se mostraban sucias e inocentes".

Katty lo trajea y calza y lleva a provincia.

Hasta que rompen y el abogado regresa a Buenos Aires y se retira a un cuartucho —"en el fin del mundo, por el nueve mil de Rivadavia"— que evoca el pozo desde el cual Eladio Linacero, legendario antecesor, aulla y apostrofa lamiéndose las heridas causadas en el alma por Montevideo, Cecilia Huerta y su cuarenta años.

Restos de comida, bolsas de ropa sucia, "un olor vago a excremento, gato o perro". Ahí, solo, rodeado de mugre, las uñas "rotas y negras", semidesnudo, sentado sobre un cajón, leyendo un libro cuyo título reza *Introducción a la filosofía de las matemáticas*, lo encuentra Violeta, miembro esclarecido de la Pandilla de Indiferentes; mujer que ha sufrido, de súbito, el hechizo de Faruru. Pero la complicidad dura bien poco. La de Violeta es una liberación turística, una expedición gestual: "Frente al espejo, de espaldas a él, la mujer se acomoda flores blancas en la gruesa trenza rubia que le ceñía la cabeza. Estaba descalza, las piernas y el busto desnudos. Un montón de collares le colgaba temblando entre los senos y rodeándolos. Desde la cintura caía floja y crespa una falda espesa de paja" (OC: 229). Por supuesto que no faltaba el toque final: una guitarra.

Diego E. Aránzuru, lector, prosigue la travesía solo y su alma recobrada. O casi.

d. *Fin de partida*

A la postre de varias peripecias, que incluyen un negocio con pasaportes falsos urdido por Larsen, la seducción de Rolanda (correligionaria del líder tranviario Bidart), la búsqueda infructuosa de Pablo Num y su hija Nora, etcétera, etcétera, nuestro viajero recoge las velas, suspende la travesía, dáse por vencido.

Sentado en un lugar de muelle, ese mismo muelle que Brausen recorrerá, más adelante, recolectando trozos de fierro o vidrio, Aránzuru reconoce que ya "no había isla para dormir en toda la vieja tierra, ni amigos ni mujeres para acompañarse". A sus espaldas, rumorosa, "estaba la ciudad con su aire sucio y las altas casas, con el ir y venir de las gentes, saludos, muertes, manos y rostros, juegos". Concluye su pensa-(senti)miento: "Ya era la noche y la ciudad zumbaba bajo las luces, con sus hombres, sus sombreros, niños, pañuelos, escaparates, pasos, pasos como la sangre, como granizos, pasos como una corriente sin destino". Fin de partida, en efecto. "Aquí estaba él sentado en la piedra, con la última mancha de la gaviota en el aire y la mancha de grasa en el río sucio, quieto, endurecido" (OC: 261).

Nueve capítulos antes —*Tierra de nadie* consta de sesenta y uno, de muy diversa extensión—, dejamos a Larsen a punto de ser detenido por la policía. Nora Num vive con él.

La voluntad astuta, atenta, omnímoda, que gobierna los destinos de la raza onettiana muéstrase miseriocordiosa con el abogado. Su final, es cierto, está rodeado de noche y agua. Pero, a diferencia de Eladio Linacero, sobrevive a sus visiones y es recompensado. Diego E. Aránzuru desembarca novelas más tarde en una isla imaginaria: *Latorre*, frente a Santa María.[57]

XVI. EL FOLLETÓN SENTIMENTAL

a. Pequeña introducción; b. La historia básica; c. La otra historia (de amor).

a. *Pequeña introducción*

Hojeo mi ejemplar de *Para esta noche,* novela —la cuarta del autor— signada Juan C. Onetti. Podría presumir que corresponde a la edición original, hecha por Poseidón de Buenos Aires en 1943. Pero no faltaré a la verdad. Trátase, apenas, modestamente, de la tercera edición (Montevideo: Arca, 1967). Encuentro entre sus páginas un recorte, un despacho periodístico fechado en Roma el 8 de enero de 1977 y encabezado así: AL CINE LA NOVELA "PARA ESTA NOCHE", DE JUAN CARLOS ONETTI.

La nota consigna una extensa declaración de Carlo di Carlo, cineasta que su país rescataba de la televisión alemana. En su momento, subrayé dos cuestiones mencionadas por el futuro director de *Per cuesta notte;* dos cuestiones relativas, respectivamente, al "tema" (en el sentido formalista) y a las "cualidades lingüísticas" (también en el sentido formalista) de la novela.

—"El filme narrará la historia de una fuga y una persecusión, afirmó Carlo di Carlo, que espera reflejar fielmente la obra de Onetti (...) La historia se desarrolla en realidad, en una localidad no precisada, donde dominan la delación, el sálvese quien pueda y una atmósfera de desastre moral, más que social y político".

—"Eligió la ciudad de Liorna porque se trataba de inventar una ciudad, un ambiente que pudiera devolver los espacios, los colores, la geometría, la atmósfera, los tonos que el filme quiere tener".

La "lectura" del cineasta Carlo di Carlo me pareció de lo más atinada. *Para esta noche,* en efecto, narra algo más que un "suceso" político. Pese al tema que la inspira, al complejo de culpa del autor y a su exacta (por imaginada) crónica del terror fascistoide. Esto por una parte.

Por otra: uno de los rasgos sobresalientes de la novela de 1943 radica, cierto es, es su empleo del color, en una atmósfera plástica atravesada por destellos y penumbras. La luz o su ausencia demarca el espacio urbano y textual.

Empero, con todo y que no limita su "lectura" a una "lectura política", y a que destaca el valor cromático de la prosa, el director italiano omite (no sólo él) aquello que termina por desplazar la persecución policiaca y el colapso social que se abaten sobre la ciudad innominada; aquello que adscribe, a *Para esta noche*, a la blasfemia onettiana. Me refiero, lector, a la historia de amor, amor folletinesco, que encarnan Luis Ossorio Vignale (adulto, deshecho) y Victoria Barcala (niña, casi muchacha). Un sexo intacto, tierno, salobre, no la toma reaccionaria del poder, es lo que refulge en el fondo y al final de la noche, de la ciudad tomada por los perros de Morasán y Cot.

—*Pese al tema que la inspira*:

En un pasaje perdido de *Tierra de nadie*, novela dos años anterior, Bidart, el líder del sindicato tranviario, comenta a Ramírez, uno de sus lugartenientes, lo que enseguida transcribo:

—*Estaba leyendo el diario de los anarcos. Te cuentan cosas feroces sobre la guerra de España, después de Barcelona. Tenían un hermano en el gobierno de Negrín y hay una historia con los pasaportes y la intervención inglesa que es para morirse de asco* (OC: 128).

En este comentario está preescrita *Para esta noche*.

En repetidas ocasiones, Onetti ha retomado las palabras del personaje Bidart. "Pero lo que me interesa decir de *Para esta noche* es que la historia básica, real, a mí me la contaron dos anarquistas en el Café Metro. Cuando el gobierno de Negrín se trasladó a Valencia —ya era el final—, mandaron un barco —se había formado un Comité de No Intervención, o algo así— para sacar a los derrotados, a los republicanos (...) Pero en realidad había un truco —según me contaron estos dos anarquistas— que consistía en dar el permiso a todo el mundo, pero el pasaje exclusivamente a comunistas. Eso me contaron ellos, y en eso se basó la historia": dijo frente a la cámara de Félix Munti.[58] "Más tarde escribí una novela llamada *Para esta noche,* basada en un relato que me hicieron en un café dos anarquistas que habían logrado huir de España. Es curioso que yo había empezado a escribir la novela como una cosa fantástica en la que no había ni principio ni fin deliberados. Las diversas entrevistas que tuve con los exiliados ya mencionados me hicieron cambiar totalmente mi intención inicial. Llegué a ver realmente personajes y situaciones. Me ví a mí mismo tratando de huir de una ciudad bombardeada, geográficamente ambigua": dijo frente al público madrileño que se congregó, para escucharlo, en la Avenida de los Reyes Católicos.[59]

—*Pese al complejo de culpa del autor*:

En el "Prólogo a la primera edición" de la novela de 1943, leemos:

En muchas partes del mundo había gente defendiendo con su cuerpo diversas convicciones del autor de esta novela, en 1942, cuando fue escrita. La idea de que sólo aquella gente estaba cumpliendo de verdad un destino considerable, era humillante y triste de padecer.
Este libro se escribió por la necesidad —satisfecha en forma mezquina y no comprometedora— de participar en dolores, angustias y heroísmos ajenos. Es, pues, un cínico intento de liberación.

Añado que en otro prólogo, éste de la segunda edición, Onetti aclara lo relativo al cambio de título sufrido por el manuscrito original: "Esta novela tiene un pequeño e insistente destino. Fue bautizada *El perro tendrá su día* y el perro lo tuvo. Pero en 1943, en Buenos Aires, el editor hizo balance y juzgó preferible quedarse sin novela y no sin editorial. El título de una sección de *Crítica* proveyó el nuevo nombre".

—Pese a su exacta (por imaginada) crónica del terror fascistoide:

Para esta noche narra un golpe de estado que, entre otras predicciones, se apoya en la tarea desestabilizadora del gremio camionero, transfigura un campo deportivo en un campo de concentración y se vale de la fuerza aérea como arma decisoria. El II de septiembre chileno visto treinta años antes del paro de los transportistas, del bombardeo de la Casa de la Moneda, de la readaptación cuartelaria, funeraria, del Estadio Nacional de Santiago. Los ejemplos podrían ampliarse. Siempre abrumadores. Uno de los perros que tiene su día, como lo tiene, décadas después, el personaje de *El guardaespaldas* de Nelson Marra, es Morasán, el Jefe de la Policía Política, el dueño y señor, por unas horas, horas espantosas, de la ciudad (¿Buenos Aires?). Perro hijo de perra. Tachado de apolítico, indiferente social, Juan Carlos Onetti podría jactarse de haber ido más allá, en su retrato del fascismo criollo, de quienes dicen empuñar la pluma como si fuera un fusil justiciero. Sin deliberación, sin eufemismos, sin pedir recompensa alguna, el narrador uruguayo miró a tiempo infiernos históricos, signos feroces cuyo significado llámase Buenos Aires, Montevideo, Santiago de Chile, Asunción, etcétera.

Pero *Para esta noche* no es lo que parece (y es en gran medida) ser.

b. *La historia básica*

—Parece que hay un pasaje para usted. Nada seguro. Un muchacho de allá arriba, él lo conoce a usted. En el First and Last, ¿conoce? Bueno, esta noche a las nueve. Bueno, es todo. Mande postales de esas con bahía que dice arriba: "las bellezas del mundo". Chau.

El mensaje telefónico de un tal Weiss, recibido por Ossorio, abre la novela.

Ossorio: efectivo de una guerrilla que no logró hacerse del poder sino de una oposición legalizada. El escenario del frente —llanos, montañas, playas— cede paso a la Casa del Partido, edificio sito en pleno centro de la ciudad "geográficamente ambigua". El Jefe de ambos brazos, el armado y el político, Jefe indiscutido, llámase José Edmundo Barcala. Ahora bien: en el otro extremo, el derecho, del sistema —democracia representativa— surge un "hijo de perra con nariz griega" cuya buena nueva, y fotografía, empiezan a desplazar, poco a poco, los símbolos estatuidos. El *Salvador* apóyase en dos columnas: las fuerzas del orden, con el general Cot a la cabeza, y su propia policía. A cargo de esta última encuéntrase Morasán, otrora combatiente, fidelísimo seguidor de Barcala.

Morasán emprende el operativo que ilumina, con tonos violentos, violáceos, quemados, la noche de la novela. Suya es la idea de la trampa colocada en el puerto: el *Bouver*. En efecto, Morasán hace correr la voz de que el gobierno a punto de extinguirse, de ser derrocado, había expedido salvoconductos para quienes desearan abandonar la ciudad. Mentira. En primer lugar, se requería, además del salvoconducto, un pasaje. En segundo, sólo un barco, no tres como se dijo en un principio, estaba surto en el muelle: *el Bouver*. Por último, los que consiguieran subir a bordo firmarían su condena de muerte.

Morasán anticipa tanto a Héctor Morán Charquero, el policía uruguayo ejecutado por los Tupamaros en abril de 1970, como al agente policial también ejecutado en las páginas del cuento *El guardaespaldas*. Si bien al perro de *Para esta noche* lo liquida su propio amo.

Ossorio y Morasán coinciden en el First and Last: pero el perseguidor no reconoce a su antiguo correligionario. Encuentro éste que el Narrador aprovecha para ofrecernos una prueba de virtuosismo técnico al contarnos dos veces la escena: desde el punto de vista de Ossorio primero, desde el de Morasán después. Miradas contrapuestas que se buscan, evaden, tocan, repelen, simulan, consignando a su paso lo que sucede dentro del café en el que actúa un conjunto de jazzistas negros. El mensajero anunciado por Weiss no se presenta.

Ossorio reaparece en la Casa del Partido: vigilada ya, a punto de ser tomada por los perros. Los sonidos de la noche van diluyéndose, apagados por los estridentes, ominosos, del cerco policial tendido sobre la ciudad. En el local del partido subsisten unos cuantos hombres, unos cuantos pertrechos. Por boca de Martins, responsable de la defensa de la Casa del Partido, Ossorio se impone de un desastre mayor: Barcala, el líder, el Jefe, ha perdido la razón y piensa entregarse. Además, Barcala tenía en su poder pasajes para el *Bouver*. Martins pide a Ossorio se entreviste con Barcala.

La entrevista llévase a cabo.

A la hora de la cacería, de la batalla final, en la noche de los perros, Barcala, sucio, barbudo, cansado, los ojos acuosos, se empantana en la duda metafísica. Había pensado, sí, "emplear los pasajes para crear un gobierno exiliado, yo entre ellos, y seguir valientemente la lucha en el exterior. Somos, Ossorio, Fernández, Aron, Martins, Molles, Barcala, dirigentes partidarios de un capital de provincia. Nada. Pero nuestra actuación etcétera".

Continúo transcribiendo:

> Y pensando en el plan levanté uno de los pasajes y vi abajo mi deseo de disparar, tan escondido, y otra vida, que no se me acabara ya la vida, vivir en cualquier parte. Aquella era la pústula y podía haberme ido a dormir. Ya estaba resuelto que el plan del gobierno exilado era bueno, pero que yo no me iría. Sólo que aquella noche me dio por pensar en mi impulso de escapar y recordar otros y pensar en todas las llagas, eso sí cotidiano, no de los perros, de nosotros. Y descubrí que al enemigo no lo había hecho Dios ni el Diablo, sino nosotros mismos, y nadie puede obtener la más pequeña victoria en nombre de la bestia si no existe la bestia. Unos fueron castigados con el diluvio y otros con la lluvia de fuego; a nosotros nos tocó esto, lo seguimos mereciendo porque los hemos hecho nosotros mismos (OC: 325, 326).

Animal acorralado, vencido por sí mismo antes que por el cazador. No obstante, Barcala confía a Ossorio el sitio donde se encuentra el fichero del Partido: "El Comité de la Juventud, en la plaza, en la pieza de al lado de la del Club de Ajedrez". Asimismo le entrega dos pasajes para el *Bouver*.

—Me basta con uno. O me sobra.

Protesta Ossorio.

—No, usted no sabe. Dos o nada.

Decide Barcala.

No, lector, Luis Ossorio Vignale no sabía lo que encerraba el gesto de Barcala, como Baldi no podía saber lo que le depararía el encuentro con la mujer del impermeable verde. Sólo Juan Carlos Onetti —ese "Brausen más alto, un poco más verdadero" de las plegarias de Díaz Grey— podía saberlo.

Ossorio regresa a la calle. Busca un teléfono.

—Hola —dijeron en el teléfono.

—¿Morasán? —preguntó Ossorio.

—¿Quién habla?

—¿Morasán? —repitió.

—Sí. ¿Qué quiere?

—Quiero darle la dirección de Barcala. Apunte.

—Venga.

—Es el 384 de Coronel Payva. Hay una ventana en los fondos por donde puede escapar..

—¿Quién habla?

Ossorio cuelga el auricular y *Para esta noche* se desplaza rumbo a los incidentes, el lenguaje, las obsesiones, aparentemente transgredidos, de las novelas que la anteceden en la producción onettiana.

Personaje hasta entonces impulsado por la lógica política, la respuesta táctica de un partido de oposición condenado a muerte, Ossorio adopta la retórica de esa estirpe surgida, un atardecer cualquiera, entre la Diagonal y la Avenida de Mayo de la ciudad de Buenos Aires. Luego de entregar a Barcala, de telefonearle a Morasán, Ossorio palpa en el bolsillo los dos pasajes para el *Bouver*, esto es, la *Salvación*, como si palpara "un viejo sueño de adolescente que puede ser cumplido sólo a los treinta años, ya enfriado el deseo y la fe, cuando se sabe que uno está definitivamente enjaulado en el propio esqueleto". Su desilusión, onettiana, nada tiene que ver con la desilusión histórica de José Edmundo Barcala: el líder sacrificado.

Aunque aclaro:

No que *Para esta noche* deje, a partir de la llamada a Morasán, sueltos los cabos de esa historia de persecución, tortura, ejecuciones, vesania golpista en suma, que anuncian sus primeros ocho capítulos. Nada de eso.

Autor tachado de intimista y antiépico, Juan C. Onetti hace desfilar ante nosotros, en páginas que si no igualan, tampoco ofenden, las de un Hemingway o un Malraux, episodios bélicos. Episodios de una guerra entablada, no entre ejércitos profesionales, sino entre esbirros y una oposición desarticulada, entre jaurías de agentes y la inerme población civil, entre delatores de la policía y ciudadanos objetivamente sospechosos (y, a la postre, entre las dos facciones del golpe: Morasán y Cot).*

Está Ramón, torturador máximo, músico y arquitecto; perro refinado y elegante. Están las sesiones de tortura en una cancha de basquetbol convertida en prisión (¿qué piensa Onetti cuando, años adelante, en el "mundo de los hechos reales", lo conducen a una cancha de basquetbol convertida en prisión?). Están las sendas psicologías de la víctima y del verdugo. Están los celos que alejaron a Morasán de Barcala. Está el odio de Morasán a la vida de "prostitutas y macrós", esa vida, lector, que fascina al discurso onettiano desde *El pozo*. Están los disparos que atraviesan la noche, la jauría de perros que husmea, sigue el rastro, muestra los dientes y se lanza sobre hombres y mujeres paralizados por el terror (muchos años después, el dibujante Ramírez Amaya representará a los esbirros en una especie de galería o exposición canina). Están los juegos de luces y penumbras: fanales de automóviles policiacos, rendijas

* *Post scriptum*. El general Cot no sólo sobrevive a Morasán, su rival; años adelante gobernará tiránico, salvaje, Santa María. Véase *Presencia*, relato reciente de Onetti publicado por el suplemento del periódico *Unomásuno* (*Sábado*, núm. 100, págs. 4 y 5, 13 de octubre de 1979).

por las que asoma una línea amarilla, siluetas que atrapa el haz luminoso del alumbrado público, eco lumínico de una puerta que se cerró tras un perseguido, paso de la flotilla aérea bajo el ojo inyectado de la luna, etc., etcétera. Cierta crítica literaria de estos tiempos, imbuida del contexto, de la semántica social del significado estético, ha pasado por alto, en sus censos ejemplarizantes, de manera que sólo puedo calificar de inaudita, ese enorme texto de anticipación política que se llama *Para esta noche.*

Yo, entretanto, sigo las huellas del relato que se despliega, por sí y para sí, al margen y a contracorriente del golpe de estado.

c. *La otra historia* (*de amor*)

Veo a Luis Ossorio Vignale encaminarse al Comité de la Juventud para rescatar los archivos del Partido. Advierto que esta misión, decisiva para la seguridad de los militantes, adquiere el carácter de un "suceso", de un hecho vacío desplazado por sentimientos harto familiares al lector que nos ha acompañado hasta aquí:

> Él y su vida sin tiempo de meditación, su vida en la miserable infancia y la adolescencia flaca y sin alegría, el trabajo desamorado en cualquier sitio de donde fuera posible arrancar los pesos para comer, el recuerdo de los calcetines rotos y pegajosos frente a las hermosas muchachas, la humillación de sus grandes manos torpes, los sueños tímidos y ardientes en que construía y alejaba la felicidad y el amor y la furiosa resolución de vengar y rescatar, con la felicidad colectiva, su propia dicha perdida, pisoteada, deformada en el machacar de los días; la gran esperanza a repartir como una torta, sin reservarse un pedazo, sin otra recompensa que manejar el cuchillo para cortarla y ofrecerla.

¿Linacero? ¿Brausen? No. Luis Ossorio Vignale. Prosigue éste su lamento:

> Y la enceguecedora sonrisa del amor perdida, invisible bajo sonrisas de mujeres, abortos, bidets, permanganato, preservativos, menstruaciones y dinero, camas alquiladas, portales vergonzosos, miseria del sudor en verano, la miseria de los pies y las rodillas frías en invierno, *sabiendo que hay otra cosa en alguna parte que a veces la suerte da y a veces niega toda la vida, pensando en aquella beatitud ignorada.*

Etcétera. Fojas 107 y 108 de la edición de Arca. El subrayado es mío.

Justo cuando todo está perdido para la causa —Ossorio no consigue salvar el archivo, Martins no resiste por mucho tiempo el ataque contra la Casa del Partido—, la suerte cambia sus designios y concede al personaje de *Para esta noche* una salida diversa a la de sus camaradas. Morirá, sí, al igual que Barcala, Martins, Tersut, Fernández, Aron y Molles, mordido por las balas de los perros. Pero en la espesura del delirio golpista, vivirá por fin, por sí y ante sí, privadamente, esa "otra cosa", esa "beatitud" escatimada.

—*¿Usted es Santana?*

E. Santana, mejor dicho, al tenor de la leyenda escrita en el sobre que le muestra, a Ossorio, una niña de doce años a lo sumo. Niña enfundada en un abrigo azul. Niña delgada y triste pero orgullosa. Niña de mejillas blancas y "ojos tranquilos y misteriosos".

Victoria Barcala.

Hija del líder cazado por Morasán, sin darle oportunidad de escapar por la ventana del fondo, en el 384 de la calle Coronal Payva.

Ossorio, "Santana" en el códice cifrado del partido, comprende al fin la razón por la cual Barcala le entregó —"Dos o nada"— los pasajes para el *Bouver;* espejismo, trampa, tumba anclada en el muelle, falsa salida del cerco, de la ciudad asesina(da). Comprende, sí: "Ahora corresponde que yo me case con ella, en el perfecto folletín si ella tuviera unos años más y éste fuera nuestro secreto". Lo es, lo será, sin impedimento alguno de edad.

Eso, lector, un "folletín" ignoro si perfecto, representa la pareja a partir de su encuentro. Se desplazará de un lugar a otro, sorteando la luz delatora, las patrullas, los francotiradores, el aullido de las sirenas, el miedo de los amigos aún sobrevivientes, la mirada sucia de los delatores, los disparos que le pisan los talones —y que por fin alcanzan la pierna del Héroe Romántico: preámbulo de la ejecución final.

Ya del todo onettiano, Ossorio mira dormir a Victoria, y piensa lo que Eladio Linacero no pensó a tiempo, cuando Cecilia era todavía Ceci, la muchacha. Piensa Ossorio:

> Todo eso que inevitablemente va a perder, no un día, no si le digo de repente que le maté al padre, sino que lo va a perder día a día, por el solo hecho de vivir (...) Pavada para una infancia difunta, deformada, sucia, tibia; pavada para la muerte de un ímpetu, de una serenidad, para la muerte de vivir, nada más que por vivir, porque la detención es imposible y la idea de detención más repugnante aún que el exterminio de la pureza; pavada para la muerte de la niebla en tu pupila, el fantasma que cae con el fin de la noche, el alba de la inexcusable, la tranquila sabiduría, los ojos que vieron, que comparan y recuerdan, los ojos que miran la mirada que están dando.

Fojas 125 y 126 de la citada edición de Arca. La misma fúnebre y anticipada nostalgia que turba, perturba, conturba a Julio Jasón en *Tiempo de abrazar,* mientras observa a Virginia Cras frente al espejo, una vez conquistado el Vellocino de Oro. Tiempo de caer.

El "folletín" como tal, ocupa la mitad de la novela de 1943: doce de sus veinticuatro capítulos.

El hombre hecho, es decir, deshecho, que ve en la niña un reflejo de su "perdida pureza inicial", el comienzo de la "inevitable suciedad" que él había recorrido y que esa noche, la noche de los perros, refluye, marea descendente, cediendo paso a un texto sentimental, una escritura aventurera, un cisma de la imaginación insertado en el discurso de lo atroz (digamos, Morasán orinando, vengativo, caudaloso, hiena más que perro, sobre el cadáver de José Edmundo Barcala).

Ahí, lector, a contraluz, va la pareja. Calles, escaleras, refugios sumarios, portales, taxis, bares, azoteas, traspatios, sótanos. Doce capítulos: "largo folletín". Claroscuros, sombras espesas, ráfagas. Que, hecho el trabajo sucio, el *Salvador* mude de piezas, encumbre a Cot y éste liquide a Morasán, es asunto que ya no atañe a la conciencia del personaje central de la novela. Está, por el contrario, el descubrimiento del amor. Están los detalles minúsculos de la huida rumbo al *Bouver*: cercanías, roces, olores, textura del cabello de la niña, casi adolescente. Están los pequeños descansos de la carrera de fondo, la intimidad, la oscuridad que los une más y más, la confianza, la solidaridad, el júbilo deleitoso de acariciarla suave, lentamente.

Llega el amanecer.

Cot ordena el bombardeo de la ciudad, el desenlace. Obsequiando las convenciones del género, Ossorio, herido en la pierna, decide dejar a buen recaudo a la heroína y sumergirse, él solo, en el peligrosísimo tramo final: minado, vigilado, en llamas. Victoria, por supuesto, duerme. Sale, pues, a la calle, y penetra el resplandor causado por el raid. Corre. Derrúmbase. Allá está el *Bouver,* blanco, "violentamente iluminado contra el muelle". Pónese de pie. Ossorio descubre, bajo la suya, la cara de Victoria. Ella lo ha seguido (claro está) hasta el final. La abraza. Un estallido los separa. Victoria muere.

No puedo menos que dejar constancia del comportamiento del Héroe, digno de Robert Taylor en condiciones semejantes (si es que el cine de aventuras del corazón se atreve a lo que Onetti se atreve). Malherido, mortalmente herido, mejor dicho, Ossorio se arrastra, gatea, repta en dirección del cadáver de la niña. Lo alcanza.

> Tocó la sangre, la piel desnuda, los pedazos de ropa rodeando la pierna y el pecho, dobló los brazos hasta poder tocarle la cara sin nariz, lamiendo largamente con los labios los pozos de los ojos, el inconfundible gusto que cubría la cara, reconociendo con la lengua la redondez resbalosa del frontal, tratando resueltamente de saber si la piel de la cara estaba escondida por la sangre, si la cara no tenía piel, tratando

de aquietar el brillo acuoso que se renovaba incesante en el agujero del ojo (OC: 426).

Y aún no concluye la memorabilísima novela de 1943. Ossorio bésala de nueva cuenta, antes de levantarla y correr con el cadáver en brazos, correr no en dirección del *Bouver* sino tierra adentro, hacia la ciudad bombardeada, hacia los lamentos y el humo, los disparos cruzados, profiriendo un insulto, una "sucia palabra".

Su ofrenda.
Su "beatitud ignorada".
No avanza mucho antes de que lo derriben las balas.

Su brazo, no obstante, muévese "milímetro a milímetro", y la mano consigue posarse y extenderse "en la blandura desnuda como un labio". Un dedo cruza "el misterio". Ahora sí, lector, cae lentamente el telón:

> Volvían a sonar, entrecortadas ahora, las sirenas, y en alguna parte avanzaban luces; un camión tumbado abrió un solo ojo de luz amarilla y colocó su chorro con cuidado en el hombre inmóvil en el suelo que sentía regresar, desde su mano apoyada, la primitiva pureza y la fe, adentrándose en los inacabables días que tenía prometidos. Y sonrió en el charco amarillo que hacia el faro, agitando un poco la lengua, tratando de unir retazos de oraciones olvidadas desde la infancia, sintiendo imprecisamente que alguna cosa fofa resbalaba y caía, enfriándose, muerta su mano endurecida en el misterio.

Página 178 de la edición de 1967.

Dicho sin velos ni eufemismos, el blanco de la mano moribunda de Ossorio, su fosa, es el sexo de Victoria Barcala.

Al igual que Eladio Linacero, Ossorio sucumbe; si bien, a diferencia del imprecador de *El pozo,* en olor de salvación. Su muerte pertenece a la clase de muerte que se asigna la autora e intérprete de *Un sueño realizado.*

¿Qué diantres tiene que ver el folletín sentimental de *Para esta noche* con la anécdota —infamia o infundio— revelada a Juan C. Onetti, en el Café Metro, por dos anarquistas españoles? Nada. Es que, lector, *Para esta noche* se inserta en un contexto sígnico, no real o histórico.

XVII. LA REALIZACIÓN DE LOS SUEÑOS

a. Un texto capital; b. Primer sueño; c. Segundo sueño.

a. *Un texto capital*

Sin lugar a dudas, uno de los documentos constitutivos del universo narrativo que nos ocupa denomínase *Un sueño realizado.* Publicado por *La Nación* de Buenos Aires el 6 de julio de 1941, el cuento presta su nombre, diez años más tarde, a la portada del primer libro de relatos de Juan C. Onetti. Selección: Emir Rodríguez Monegal; prólogo: Mario Benedetti; índice: *Un sueño realizado, Bienvenido, Bob, Esbjerg en la costa* y *La casa en la arena*; pie editorial: Número. En debido rigor, *La casa en la arena* no configura un cuento; trátase, más bien, de un ejercicio faulkneriano que Onetti elimina de la versión definitiva de *La vida breve*, su tronco original (aunque, verdad es, *La casa en la arena* suministra datos importantísimos acerca de ese pasado bonaerense y delictuoso —venta de morfina— que marca al Dr. Díaz Grey, eminente sanmariano).

Pero lo que deseo aclarar es otra cosa. El cuento aparecido el mismo año que *Tierra de nadie* y recopilado junto con otros de su nombradía —piensese en *Bienvenido, Bob*— en 1951, debió intitularse *Segundo sueño realizado.* Toda vez que el primero se había producido incluso antes de que Eladio Linacero diera a conocer su fórmula narrativa consistente en combinar *Sucesos* y *Sueños.* Hablo del manuscrito inconcluso hallado, no hace mucho, en una libreta escolar, el: *Pequeño ensayo sobre la composición y el adjetivo intitulado Los niños en el bosque y escrito por J. C. Onetti en* 1936.

En otro sitio,* me ocupé ya de la polémica levantada alrededor de su interpretación, y más que de su interpretación, del motivo que llevó al ensayista a interrumpir el relato y/o sustraerlo de la mirada pública. ¿Olvido, desgaste del tema? (Ruffinelli). ¿Censura? (Rodríguez Monegal). Yo también interrogué a Onetti sobre el particular. Transcribo su respuesta:

—Yo escribí eso a pedido de dos muchachos, dos adolescentes que me contaron su vida, lo que pasaba en el barrio. (Pausa). Me pidieron que

* Inciso c. cáp. VIII.

escribiera algo sobre ellos. (Pausa). No les gustó nada, querían una cosa mucho más clara, más concreta, más realista y..., bueno..., lo abandoné.

Veamos el relato inconcluso, sus hechos.

b. *Primer sueño*

A medio camino entre la niñez y la adolescencia, a punto de concluir sus vacaciones escolares, Raucho sueña por cuarta ocasión con "la chica de la casa con pájaros en la verja negra". Una niña vecina suya. El sueño, lector, tiene como prólogo una canción infantil sin palabras: trenza de cantos, rondas y carreras, el cortejo fúnebre de Mambrú. La vecina canta "guiñando los grandes ojos verdes, acompasándose con los requiebros del vestido cálido y rojo". Aletean las cintas de sus botas y sonríe a Raucho, el soñador, "guiñando los ojos pesados ofreciéndose y burlándose con el viboreo de la cintura".

Las tres ocasiones anteriores, al lanzarse sobre la niña danzante y provocativa, Raucho vióse precisado a despertar: burlado y ansioso. Esta vez —la cuarta— sucede otro tanto. ¿Por qué? Como en los "intentos anteriores, estuvo junto a ella, la rodeó, la dobló hasta el suelo y tuvo que levantarse, jadeante y rabioso, porque estaba encima de Coco". Un niño, menor que él. "Siempre con el vestido rojo y bailando en el aire las botas, el muchachito lo miraba desde el piso, le sonreía y aleteando las largas pestañas, se daba pintarrajeado y cínico entre el canto" (TDA[b]: 248).

Nunca —dícese Raucho—, nunca podría saber por qué la habitación del sueño se volvía "encogida y triste", por qué "ella debajo suyo era Coco sonriéndole como una mujer pintada y barata".

Una tarde, el soñador estafado y Lorenzo, amigo entrañable con el que suele conversar sobre lo divino y lo humano, los peligros del alma y los posibles caminos de salvación, matan el tiempo, en una esquina, con un par de golfos: el *Rengo* y *Tarzán*.

Aparece Coco.

Raucho: "Voy a saber por qué soñé con él anoche en el suelo, de rojo, pataleando con las botas". Inútilmente escudriña, en las de Coco, las facciones de la vecina que el sueño desplaza, suplanta, trasvasa. Únicamente que —piensa— el nexo entre el niño y la niña consistiera "en algo que no es ella ni Coco, la estela que dejan en el aire al moverse, esa angustia final de la cabeza a un lado, la luz de los ojos de miel" (TAD[b]: 268).

El par de golfos, *Rengo* y *Tarzán*, intentan llevarse a Coco. Raucho se interpone: defensa que incluye el brillo de una navaja empuñada sin vacilación.

El *Rengo* y *Tarzán* hacen mutis.

Raucho, Lorenzo y Coco echan a andar.

Raucho mira "al chico que trepaba el cordón de la vereda, para saltar enseguida a la calle con los pies juntos. Tenía las nalgas desbordando el corto pantalón y una huella oscura, profunda y dulce señalaba la nuca" (TDA[b]: 270, 271).

Lorenzo sonríe burlón, y Raucho se enfada. Lorenzo hace mutis. La pareja, Raucho y Coco, el soñador y el intruso, llegan a un parque donde, esa misma mañana, un tipo se voló la tapa de los sesos. Sonriente, Coco inquiere a Raucho, "Rauchito":

—*¿Por qué fue eso con Tarzán y el Rengo?*

—*¿Te acordás del rubio de los ingleses, aquel Carnaval en el baile?*

—*Era... marica, ¿no?*

—*Sí, una porquería. Bueno; que te iba a pasar lo mismo.*

—*¿A mí? Esos asquerosos.*

Metros adelante, Coco vuelve a la carga:

—*¿Y qué te importaba?*

—*¿Cómo?*

—*Claro: si yo hubiera querido. También vos; anduviste con el rubio de los ingleses y Juan José.*

Raucho —sigue contándonos *Los niños en el bosque*— detúvose. Olisqueó "el perfume ya remoto y miró alrededor, los pedazos de cielo y nube entre las ramas. Río, brevemente. Sí; me había olvidado —iba por la calle la noche con la luna— que soy un sucio cochino". Sin embargo, arguye en descargo suyo lo que a la letra dice: "Pero mirá", dice a Coco, "no sé si entedés. El rubio y Juan José ya eran así. Vos no; sos mi amigo. Además... ¡Pero animal! ¿No sentís que el Rengo y el otro son una inmundicia, que con sólo mirarte...?" (TAD[b]: 274). Coco no le presta atención: habían arribado al banco del suicida. Poco después, Coco se le insinúa a su ángel custodio.

Raucho vacila. Le revela a Coco que hace meses él y Lorenzo lo protegen de las bestias inmundas de la esquina. Levanta el brazo para hacer añicos el rostro ofrecido del niño; ademán vano, teatral, como el de Víctor Suaid sembrando ametralladoras en las bocacalles de Babilonia. Cito la descripción simbólica de lo realmente ocurrido en el bosque entre los dos niños: "El agua verde y podrida de la zanja lo llenaba todo; agua cenagosa eran el cielo, la arbolada, el aire fresco y silencioso que lo rodeaba. En medio del agua viscosa se inclinaba por fin sobre la niña roja y bailadora". El niño. Página 278 de la edición de Bruguera.

De regreso del lugar de los hechos, Raucho lanza brutalmente a Coco a la zanja de aguas verdes y podridas. Podemos sostener que aquí concluye, en puridad, el inconcluso relato facturado por Onetti a los 27 años de edad. Las tres escenas subsecuentes: una ciudad presa del fuego, una discusión acerca de la falsedad del arte pictórico, Lorenzo viendo pasar —conteniendo el escupitajo del insulto— mujeres altas y arrogantes, nada sustancial añaden (o restan) al ensayo escrito (y sepultado) el mismo año de aparición de *El posible Baldi.*

Al tenor de lo que me dijo Onetti en septiembre de 1976, de haber existido alguna censura, ésta no fue obra suya sino de los reales Raucho y Lorenzo (¿o Raucho y Coco?). Pero, lo dije ya, Onetti no es de fiar.

Los niños en el bosque, afirmo, abre dos vías interpretativas: la motivación del personaje, de un lado; el sojuzgamiento y evasión de lo real, de otro.

Primera vía. Raucho posee una abundante ejecutoria homosexual, de ahí que la suplantación de la vecina en el sueño no tenga nada de asombrosa ni sea legítima, por ende, la perplejidad del soñador. Segunda vía. No obstante, el deseo erótico cobra otra naturaleza, compleja y subversiva, más allá del cuerpo. El ensayo de 1936 no puede leerse, tan sólo, en calidad de audacia (para su tiempo) autocensurada o entregada, de súbito, al olvido, por desinterés o ineptitud. Mencioné en otro sitio las conversaciones entre Raucho y Lorenzo. Agrego que Raucho habla de esa otra vida "rodeando la vida. Magia, embrujo, espanto, hechicería. Sobrevida donde me muevo mejor que acá; y sólo yo, porque de eso no se puede hablar con nadie". El casi adolescente padece, pues, de la insatisfacción onettiana intuida sin dolor por Víctor Suaid, impuesta a Baldi, cara a Diego E. Aránzuru y Juan María Brausen. Raucho es un borrador de Jorge Malabia. Va a la esquina porque en su casa, fuente de inagotable amor, se ahoga. ¡Oh, si el padre fuera pistolero, la madre alcahueta, la hermana puta! ¡Oh, si él pudiera escribirles una carta "sucia y enconada"! ¡Oh, si uno de los tres —el padre, la madre, la hermana— despertara un buen día loco, "dedicado a cosas absurdas y secretas"! Empero, nada de eso ocurre. Lo folletinesco, la "sobrevida" de existir, es asunto personal, interior. Luego de inclinarse, sueño realizado, sobre el niño rojo y bailador, Raucho se siente, más que sucio, desprovisto de la magia, del "aura misteriosa que bordeaba todo". Sin embargo, el brutal empujón dado a Coco, oblígalo a rectificar: "Podría quedar vacío de todas las cosas menos de aquello; acaso tuviera allí su expiación y su castigo. Tendría que seguir viviendo la otra vida marginal y fantástica, temblando a la fina angustia de los trenes lejanos, atrevesado por los mensajes inefables de los seres y las cosas, los graves secretos de la tierra y el cielo" (TDA^{b}: 280).

La vida "marginal y fantástica". Recuerdo al lector que en la página final de un texto coetáneo, el abogado Baldi, el real Baldi, laméntase de no haber aceptado a tiempo "que la vida es lo que no puede hacerse en compañía de mujeres fieles ni hombres sensatos". La aventura salvacionista de Raucho, el personaje de *Los niños en el bosque,* demanda una expresión acorde, una expresión inusitada: la del sueño que encarna, que gobierna los "sucesos" conforme a una lógica sentimental sin la que los hechos son un lenguaje vacío. Pese a sus antecedentes homosexuales, nítidamente indicados en el ensayo inconcluso, el sueño erótico de Raucho úrdese con materiales ilusorios. El bosque, la realidad, Coco, son el guante dócil, la vaina dúctil, el lecho dispuesto de una actitud más que sodomita existencial. Lo que J. C. Onetti ensaya en *Los niños en el bosque* no es la "composición" y el "adjetivo", meras hagañazas técnicas. Lo que está en juego, lo que se dirime, es la defenestración del ser. Y una, hasta entonces, 1936, inédita, más compleja forma de conjurar el peligro.

c. *Segundo sueño*

—Quería verlo por una representación —dijo—. Quiero decir que tengo una obra de teatro.

—Señora, es una verdadera lástima... Usted nunca ha estrenado, ¿verdad? Naturalmente. ¿Y cómo se llama su obra?

—No, no tiene nombre —contestó—. Es tan difícil de explicar... No es lo que usted piensa. Claro, se le podría poner un título. Se le puede llamar "El sueño", "El sueño realizado", "Un sueño realizado".

—Bien. "Un sueño realizado" no está mal el nombre. Siempre he tenido interés, digamos personal, desinteresado en otro sentido, en ayudar a los que empiezan. Dar nuevos valores al teatro nacional (...) En fin, señora. Usted debe de saber que la temporada aquí ha sido un fracaso. Hemos tenido que interrumpirla y me he quedado sólo por algunos asuntos personales. Pero la semana que viene me iré yo también a Buenos Aires (...) Ahora que podemos hacer una cosa, señora. Si usted puede facilitarme una copia de su obra yo veré si en Buenos Aires... ¿Son tres actos?

—¿Qué?

—Su obra, señora. Un sueño realizado. ¿Tres actos?

—No, no son actos.

—O cuadros. Se extiende ahora la costumbre de...

—No tengo ninguna copia. No es una cosa que yo haya escrito.

—Le dejaré mi dirección en Buenos Aires y cuando usted la tenga escrita...

—No, es del todo distinto a lo que piensa. Es un momento, una escena se puede decir, y allí no pasa nada, como si nosotros representáramos esta escena en el comedor y yo me fuera y no pasara nada más. No, no es cuestión de argumentos, hay algunas personas en una calle y las casas y dos automóviles que pasan. Allí estoy yo y un hombre y una mujer cualquiera que sale del negocio de enfrente y le da un vaso de cerveza. No hay

más personas, nosotros tres. El hombre cruza la calle hasta donde sale la mujer de su puerta y con la jarra de cerveza y después vuelve a cruzar y se sienta junto a la misma mesa, cerca mío, donde estaba al principio.

—. . . . .

—*¿Comprende?*

. . . .

—*No es nada de eso, señor Langman —me dijo—. Es algo que yo quiero ver y que no lo vea nadie más, nada de públicos. Yo y los actores, nada más. Quiero verlo una vez, pero que esa vez sea tal como yo se lo voy a decir y hay que hacer lo que yo diga y nada más. ¿Sí? Entonces usted, haga el favor, me dice cuánto dinero vamos a gastar para hacerlo y se lo doy.*

Páginas 63 a 66 de la edición de los cuentos de Onetti de 1976 (Corregidor). Advierto que he tenido la osadía de adaptar el diálogo anterior, eliminando los *apartes* del Sr. Langman.

Si en *El posible Baldi* (1936), una mujer singular irrumpe en la escritura invocando lo raro, lo extraordinario, en *Un sueño realizado* (1941), otra mujer concierta la representación de una escena banal para dar paso al prodigio. El diálogo arriba transcrito tiene lugar en el restaurante de un hotel provinciano. Empresario y director teatral, Langman rumia el brutal fracaso de su compañía de sainetes, fracaso que lo empobrece hasta el extremo de dejarlo sin fondos para regresar a Buenos Aires, su base de operaciones. Aguarda la proposición de negocios que, previa cita, le ha planteado una mujer, la heroína del cuento (el Sr. Langman rememora lo sucedido muchos años después, en el asilo al que se ha retirado de los dos escenarios: el mundo, el teatro).

Será la distancia en el tiempo la que obligue a Langman a reparar en detalles apenas advertidos aquel mediodía provinciano. La entrada de la mujer al restaurante, el contraste entre su edad, unos cincuenta años, y "aquel aire de jovencita de otro siglo, que se hubiera quedado dormida y despertara ahora un poco despeinada, apenas envejecida pero a punto de alcanzar su edad en cualquier momento, de golpe, y quebrarse allí en silencio, desmoronándose roída por el trabajo sigiloso de los días" (CC^{b}: 62). La entrada de la mujer al restaurante, sí, y ya puestos de acuerdo, su regreso a la calle, como si volviera "a la temperatura de la siesta que había durado un montón de años y donde había conservado aquella juventud impura que estaba siempre a punto de deshacerse podrida" (CC^{b}: 67).

El Sr. Langman pónese en acción. Encuentra a otro náufrago de la compañía de sainetes: el actor Blanes, un borrachín. Alquila el pequeño teatro de la localidad y dispone la escenografía de la obra, al tenor de la descripción —no existía libreto alguno— que la mujer hace, ahora con lujo de detalles, tanto a Langman como a Blanes.

En la escena hay casas y aceras, pero todo confuso, como si se tratara de una ciudad y hubieran amontonado todo eso para dar la impresión de una gran ciudad. Yo salgo, la mujer que voy a representar yo sale de una casa y se sienta en el cordón de la acera, junto a una mesa verde. Junto a la mesa está sentado un hombre en un banco de cocina. Ese es el personaje suyo. Tiene puesta una tricota y una gorra. En la acera de enfrente hay una verdulería con cajones de tomates en la puerta. Entonces aparece un automóvil que cruza la escena y el hombre, usted, se levanta para atravesar la calle y yo me asusto pensando que el coche lo atropella. Pero usted pasa antes que el vehículo y llega a la acera de enfrente en el momento que sale una mujer vestida con traje de paseo y un vaso de cerveza en la mano. Usted lo toma de un trago y vuelve en seguida que pasa el automóvil, ahora de abajo para arriba, a toda velocidad; y usted vuelve a pasar con el tiempo justo y se sienta en el banco de la cocina. Entretanto yo estoy acostada en la acera, como si fuera una chica. Y usted se inclina un poco para acariciarme la cabeza.

Dando prueba de su oficio, Langman incluso consigue introducir un automóvil real en el escenario. Bien. Una noche, con la sola presencia de Langman y los actores, se lleva a cabo el estreno de *Un sueño realizado*. Con "el pelo, espeso y casi gris, suelto a la espalda, anudado sobre los omóplatos con una cinta clara", la autora y protagonista, desempeña con aplomo su papel de "chica". La trama ("disparate" llámale, en un comienzo, Langman) se desarrolla sin contratiempos. La chica. El hombre. La mujer con la jarra de cerveza. La calle. El paso de los automóviles. La caricia en la cabeza. Caricia de Blanes, que, sin embargo, se prolonga más allá de lo previsto, de la lenta caída del telón ante una sala oscura y deshabitada, de la extrañeza súbita de Langman, del grito del propio actor Blanes:

—*¡No se da cuenta que está muerta, pedazo de bestia!*

Vaya desenlace, lector.

En el asilo para gente de teatro al que se ha retirado, Langman confiesa que poco antes de la función, del estreno, comenzó "a saber cosas y qué era aquello en que estábamos metidos, aunque nunca pude decirlo, tal como se sabe el alma de una persona y no sirven las palabras para explicarlo" (CC^{b}: 75).

Intentémoslo, no obstante.

Del mismo modo que la Bella Durmiente del Bosque es rescatada del espeso sueño por el beso del Príncipe, la caricia de Blanes a la heroína de *Un sueño realizado*, adolescente presa de un cuerpo infame, depositala en un espacio más allá de los días contados, inmune al veneno de la existencia adulta. A diferencia de Langman, de la actriz que representa a la mujer con la jarra de cerveza y del conductor del automóvil,

Blanes, el Príncipe, el actor dipsómano, barruta, conjetura, lo que de verdad se representaba en un teatro vacío bajo los incidentes de una trama fútil. La autora habíale confiado que la escena era la materia de un sueño que la inundaba de felicidad pero cuyo significado se le escapaba. Para descifrarlo lo representaría. La realidad, así fuera una realidad artificiosa, pasaba a ocupar el rol de un instrumento, esta vez no de tortura, sino de revelación. La puesta en escena, ella y sólo ella lo sabe, es un conjuro.

Así fue como la adolescente supérstite, oculta por un vestido negro y una cabellera gris, escapó del cuerpo, halló el poderoso narcótico, la fórmula mágica, justo a punto de "deshacerse podrida". Final beatífico si se le compara con el de Bob, el de Esperanza, el de la heroína de *Convalecencia* o el del fantasma nupcial que habita las páginas de *La novia robada*. Ninguna salvación del alma alcanzará en Onetti, el Onetti del discurso herético, la plenitud alcanzada por la mujer de *Un sueño realizado*. Para siempre inaccesible al tiempo y a su putrefacción inmisericorde y apagada.

Existe un tercer año realizado: la nunca vista ni oída Santa María. La crónica de su fundación maravillosa informa el siguiente capítulo.

XVIII. SANTA MARÍA (DE BRAUSEN)

a. El médico y la morfinómana; b. Una gota de violencia; c. La ruta del fundador; d.. Onetti habla del puerto fluvial.

a. *El médico y la morfinómana*

1950: Juan C. Onetti, de 41 años de edad, publica, bajo el sello de la Editorial Sudamericana, su quinta novela: *La vida breve*. Dividida en dos partes, de 24 y 17 capítulos respectivamente, y dedicada a Norah Lange y Oliverio Girondo, la novela de 1950 toma su nombre de una canción cuya letra completa transcribo: "La vie est bréve / un peu d'amour / un peau de réve / et puis bonjour / La vie est bréve / un peu d'espoir / un peu de réve / et puis bonsoir /".

Juan María Brausen, el personaje de *La vida breve*, nace, asimismo, en Montevideo. Casa con una joven decidida, de largo cuello, apenas egresada del *Lycée Francais*: Gertrudis. Fiel al destino bíblico de su raza, la pareja cruza las aguas del Río de la Plata y se establece en Buenos Aires. El narrador nos exonera del relato de su historia previa al definitivo triunfo de la puerca vida y del amor emporcado. Nos exonera con razón, pues se trata de una sórdida historia ya contada por *El pozo*: la adolescente que un día despierta transmutada en mujer, el antiguo doncel que se reconoce, desalmado y empequeñecido, en las aguas infames de la existencia degradada. Juan María Brausen ha cumplido ya el aprendizaje de la derrota. Empleado menor de una agencia de publicidad, bebe día a día, hasta las heces, la copa de sus cuarenta y tantos años. Julio Stein, ejecutivo de la agencia, es el autor del retrato que mejor describe a Brausen: "cabeza de caballo triste". Aunque llámalo, también, "Brausen el asceta". Con el ánimo, quizá innecesario, de situar al lector en la atmósfera gris y abatida tan cara a los reales Linacero y Aránzuru, transcribo de nueva cuenta la cita siguiente: "Gertrudis y el trabajo inmundo y el miedo de perderlo —iba pensando, del brazo de Stein—; las cuentas por pagar y la seguridad inolvidable de que no hay en ninguna parte una mujer, un amigo, una casa, un libro, ni siquiera un vicio, que puedan hacerme feliz" (OC: 475).

Desde el primer capítulo de la primera parte, Onetti plantea las posibles vías de salvación del personaje, esas fracturas de lo real que discurrren junto al discurso de la *Caída.* Stein había propuesto a Brausen la redacción de un libreto cinematográfico "que interese a los idiotas y a los inteligentes, pero no a los demasiado inteligentes". Fuera de esto, Brausen quedaba en entera libertad para elegir tema, personajes y escenarios. A la entrega del guión, Brausen recibiría 13 000 pesos de entonces. El pobre diablo se aferra a la cuerda lanzada por su amigo en medio del naufragio. Tendría un hijo, escaparía de Buenos Aires. Ninguno de los dos podía imaginar el desenlace de la propuesta.

El guión no marcha. Obsede a Brausen, echado en la cama —esa posición horizontal de que habla Anderson Imbert—, el pecho izquierdo de Gertrudis, apenas unas horas antes cortado en la mesa de operaciones. Ablación de la mama. Pero también lo perturba el arribo al edificio de la calle Chile de una nueva vecina: Enriqueta Martí. Prostituta desenfadada y ruidosa que ocupa el departamento *H,* contiguo al de los Brausen. La delgada pared transmite, diáfanos, las voces y los ruidos producidos por la vecina. Su futura amante, sirena que canta tras el muro, uno de los llamados que seducirá al miserable empleado de "Macleod Publicidad".

No es sino hasta que Gertrudis regresa del hospital que Brausen da en el blanco, quiero decir, esboza la imagen germinal del argumento: un médico cansado, prematuramente envejecido, que trafica morfina; una drogadicta que entra a su consultorio. El personaje masculino "vive en Santa María, junto al río (. . .) Sé que hay junto a la ciudad una colonia suiza".

La pareja real (Brausen y Gertrudis) ocupa el lecho marital, frío, tapizado de impalpables cenizas. Ella duerme, atormentada, humillada, mutilada.

¿Por qué Santa María en vez de cualquier otra ciudad ríoplatense? Por agradecimiento. Brausen el Triste, Brausen el Doliente, "había sido feliz allí, años antes, durante veinticuatro horas y sin motivo". No obstante el paso del tiempo, recordaba con claridad "el aire, los árboles frente al hotel, la placidez con que llegaba la balsa por el río".

La mujer entraría al consultorio repitiendo los movimientos y gestos que hizo Gertrudis el día que visitó al médico para conocer la irreparable verdad de su mutilación.

Sin dejar de espiar el sueño de la esposa, Brausen se abandona al ímpetu de la inspiración y pasa del *big long shot* de la imagen inicial al *close up.* Piensa al personaje masculino "lacónico y desesperanzado". Le otorga una edad: cuarenta años; y una fisonomía: "debía usar anteojos gruesos, tener un cuerpo pequeño como el mío, el pelo escaso y de un rubio que confudía las canas". Un hombre, lector, capaz de cortarse una mano antes que provocar un aborto. El guionista decide, asimismo, que el médico no sea natural de Santa María. Sitio al que habría llegado un año antes de la escena del encuentro en el consultorio.

El guionista da un paso más y ubica el consultorio en uno de los edificios de la *Plaza Nueva,* la principal de la ciudad. Enseguida lo decora y amuebla. Amén de las vitrinas pletóricas de instrumentos y frascos, un biombo, y detrás de éste, una perchera y un espejo "de calidad asombrosamente buena". Frente al biombo un escritorio y un librero donde coexisten medicina y filatelia, marxismo y psicología. Pero, lo más importante, bautiza al personaje, al médico: visión de su insomnio, fruto ya maduro de su imaginación. ¿El nombre? Díaz Grey. Díaz Grey, por supuesto.

Con el paso de los capítulos de *La vida breve,* del tiempo, de la saga sanmariana en suma, el personaje inventado por Brausen, una noche luctuosa de Buenos Aires, adquirirá mayor y memorabilísima densidad. Estudiante de Medicina en la Universidad de su ciudad natal: Buenos Aires. Socio, ya profesional, de un tal Dr. Quinteros, el cual lo inicia en el negocio de la droga. Primer casamiento, del que le nace una niña. Líos con la policía y huida a Santa María. Fanático de Bach, el ajedrez, el tango y los juegos de cartas.[60] Pero me estoy adelantando.

Es mediodía en el guión fílmico. En lugar de su bata clínica, Díaz Grey viste un traje gris. Nuevo. La mujer entra y se dirige, resueltamente, al rincón oculto por el biombo. Díaz Grey se estira los calcetines, negros, de seda. Más adelante, el guionista confiará lo que esta pareja ilusoria simboliza: el regreso a los orígenes de su amor por la adolescente de Montevideo, la Gertrudis que se revuelve en la cama, rencorosa y baldía. La mujer sale del biombo, con el torso desnudo. El médico observa sus pechos, pequeños, y el medallón que los separa. Ella vuelve a deslizarse tras el biombo.

Llegado a este punto de la composición, Juan María Brausen se da un respiro. Baja del lecho, tálamo roído, arruinado, y camina hacia la ventana para escuchar, más que para ver, el oscuro resuello del Río de la Plata. Afán del que lo distraen los ruidos que Enriqueta Martí, de regreso de la calle, borracha, produce en el departamento *H*. Brausen pega la oreja a la pared. Presentía, sin duda, que la prostituta poseía ya los hilos de su destino. Cesa el barullo. Brausen retoma el hilo del argumento. Nuevo *close up* al médico: Díaz Grey debía "tener los ojos cansados, con una pequeña llama inmóvil, fría, que rememoraba la desaparición de la fe en la sorpresa". Corte a un *big long shot* previo a la escena original, la de la entrada de la mujer al consultorio:

> Ahora la ciudad es mía, junto con el río y la balsa que atraca en la siesta. Ahí está el médico con la frente apoyada en una ventana: flaco, el pelo rubio escaso, las curvas de la boca trabajadas por el tiempo y el hastío; mira un mediodía que nunca podrá tener fecha, sin sospechar

que en un momento cualquiera yo pondré contra la borda de la balsa a una mujer que lleva ya, inquieta entre su piel y la tela del vestido, una cadenilla que sostiene un medallón de oro, un tipo de alhaja que ya nadie fabrica ni compra. El medallón tiene diminutas uñas en forma de hoja que sujetan el vidrio sobre la fotografía de un hombre muy joven, con la boca gruesa y cerrada, con los ojos claros que se prolongan brillando hacia las sienes (OC: 447).

¿Quién es el joven del medallón, este nuevo personaje introducido de súbito en el argumento? Lo sabremos días, páginas adelante. Ajeno a las fuerzas que había desatado, Brausen se rinde al sueño, junto a la desamada.

La imagen inicial, derivada a su vez del recuerdo del pecho cercenado de Gertrudis, copa, medusa, surgió a eso de las dos y media de la madrugada.

b. *Una gota de violencia*

Bajo el falso nombre de Juan María Arce, el guionista se hace amante, padrote es el término justo, de Enriqueta Martí ("Queca") para "vengar en ella y de una sola vez todos los agravios que me era posible recordar. Y los agravios que habían existido, aunque yo no los recordara, los que habían formado a este hombre pequeño, ya no joven". No que deje a Gertrudis. Simplemente se desdobla. Un Brausen humillado y ofendido durante el día. Un Arce rufianesco y brutal por la noche. Con solo pasar de un departamento a otro en el número 600 de la calle Chile de Buenos Aires. Julio Stein le había sugerido que el guión cinematográfico contuviera "una gota de violencia". Brausen la derrama en su propia vida.

Sigo con el *script*.

Brausen no consigue llevar al papel las escenas imaginadas la histórica noche arriba reseñada. De hecho, cuanto todo concluya, del guión quedarán apenas una cuartillas arrumbadas en un cajón. Brausen es consciente del fracaso, de lo que su incapacidad como escritor significa: "yo podría salvarme escribiendo", dice. Y antes: "yo tenía entera, para salvarme, esta noche de sábado; estaría salvado si empezaba a escribir el argumento para Stein; si terminaba dos páginas, o una, siquiera, si lograba que la mujer entrara en el consultorio de Díaz Grey y se escondiera detrás del biombo; si escribía una sola frase, tal vez" (OC: 456). Es que la salvación por la escritura es atributo exclusivo y excluyente de Juan Carlos Onetti, cuando no pasatiempo del médico engendrado por Brausen. Si bien es verdad que el esposo de Gertrudis no redacta el guión, también lo es que no cesa de inventarlo, imaginarlo, soñarlo.

Decidida ya la primera secuencia, prosigue añadiendo las subsecuentes.

Viste a la mujer con un "traje sastre blanco". Le anuda en la nuca el cabello rubio rojizo. La nombra: Elena Sala.

Un domingo por la tarde, minutos antes de llamar por vez primera a la puerta de la Queca —habrá una segunda ocasión, ésta definitiva—, fabula en una mesa del café Petit Electra un nuevo personaje masculino: Horacio Lagos: el esposo, también drogadicto, de Elena Sala. Un tipo bajo y ancho, de cara redonda y ojos pequeños. El Dr. Quinteros, el excómplice de Díaz Grey en Buenos Aires, habría enviado a los Lagos a Santa María.

Más adelante, el joven del medallón se transmuta en Oscar Owen, *El Inglés;* un gigoló, un viejo amigo de Elena y Horacio que, se supone, merodea por los alrededores del puerto provinciano.

El guionista decide que Díaz Grey y Elena Sala salgan en su busca. El lector atento asociará, sin duda, al Owen de *La vida breve* con el inglés de *Avenida de Mayo-Diagonal-Avenida de Mayo*, aquel empleado ferroviario, de apellido Owen justamente, cuya figura se partía, para Suaid, "en mil formas distintas, muchas de ellas antagónicas". Brausen leyó el texto de 1933.

Ni Gertrudis ni Stein ni Enriqueta Martí advierten el juego de identidades, espejos, vidas breves o como usted prefiera denominarle, que Brausen se había conferido a sí mismo: "era Arce en las regulares borracheras con la Queca, en el creciente placer de golpearla, en el asombro de que me fuera fácil y necesario hacerlo; era Díaz Grey, escribiéndolo o pensándolo, asombrado aquí de mi poder y de la riqueza de la vida" (OC: 563).

Pensándolo, pensándolo más que escribiéndolo.

Sin que en esto influya su doble vida de crápula y demiurgo, de *macró* y soñador, Brausen es despedido de la agencia de publicidad. Viaja con la Queca a su natal Montevideo y, un poco más y seduce a Raquel, su cuñada, la hermana de Gertrudis (esto dentro del espíritu que gobierna el guión fílmico: la tentación del pasado amoroso, del amor pasado). Allá en la imaginada Santa María, Díaz Grey y Elena Sala de Lagos, quien le promete al médico ser en breve suya, continúan la búsqueda de Owen. Gertrudis se mantiene en Temperley, en la casa materna; lugar al que se ha retirado con su pecho herido, su marca del desamor.

Con el dinero de la indemnización, Juan María Arce crea "Brausen Publicidad". Simulacro de negociación —sus vidas dobles, secretas, poderosas, son otras— que establece en la céntrica calle Victoria de Buenos Aires, la misma calle donde Baldi narrara, amparado por la obscuridad, sus aventuras en las minas de diamantes del Transvaal y en los tugurios del puerto de Marsella. Brausen comparte una oficina con un tipo de anteojos, especie de Buster Keaton luctuoso, tétrico, que "dejaba adivinar que sólo podía ser simpático a mujeres fantasiosas o amigos íntimos". Su nombre consta: Juan Carlos Onetti, autor de *La vida breve.* Su nombre y el retrato que le hace Juan María Brausen, personaje de la novela recién citada.[61]

La agencia publicitaria dura unas cuantas semanas. Brausen la clausura poco antes de que Gertrudis lo abandone en definitiva. El médico y la morfinómana, esto es, Díaz Grey y Elena Sala, visitan entretanto, en plena sierra, un Obispado.

La sucesión de vidas breves agota, derrumba a Juan María Brausen. La crisis, lógico, alcanza al argumento cinematográfico y una noche insomne, su autor, soñador mejor dicho, decide borrarlo de su mente:

> Volví a la cama, sin sueño, resuelto a suprimir a Díaz Grey, aunque fuera necesario anegar la ciudad de provincia, quebrar con el puño el vidrio de aquella ventana donde él se había apoyado, en el dócil y esperanzado principio de su historia, para contemplar sin interés la distancia que separaba la plaza de las barrancas. Díaz Grey estaba muerto y yo agonizaba de vejez sobre las sábanas / Arrastraba en mi descomposición a Díaz Grey, Elena Sala, el marido, el desesperado ubicuo (Oscar Owen, F. C.), la ciudad que yo había levantado con un inevitable declive hacia la amistad del río (OC: 623).

Nótese que J. B. Brausen habla de Santa María en calidad de obra personal, hija exclusiva de su estro. Semanas antes, al decidir, imaginar, la estancia de Díaz Grey y Elena Sala, siempre tras las huellas de Owen, en un hotel que colinda con el Club Náutico de Santa María, advirtió que el médico por él creado: "contemplaba la mancha negra del pequeño fondeadero, trataba de distraerse evocando las formas y los colores de las pequeñas embarcaciones, llegaba a intuir mi existencia, a murmurar "Brausen mío" con fastidio; seleccionaba las desapasionadas preguntas que habría de plantearme si llegara a encontrarme un día. Acaso sospechara que yo lo estaba viendo; pero, necesitado de situarme, se equivocaba buscándome en la mancha negra de las sombras sobre el cielo gris" (OC: 559).

Me pregunto de nuevo: ¿qué diantres tienen que ver estos pasajes, fruto de una ficción que se estructura a sí misma, en desobediencia de lo real, con la tesis de un Onetti naturalista, especie de distante y desapasionado cronista del fracaso? Abro paréntesis para anticipar que el encuentro entre el guionista y su espectro, Brausen y Díaz Grey, tiene lugar en el seno de la novela. Y que, trece años más tarde, el médico creado una madrugada bonaerense, dará su versión del prodigio.[62] Fin del paréntesis.

Juan María Brausen conjura la crisis. Torna a sus vidas breves: padrote, Dios. En cuanto a lo segundo, hace que Elena Sala se entregue finalmente a Díaz Grey; desapareciéndola, borrándola, liquidándola acto seguido, por culpa de una sobredosis de placer o de morfina. Que esto no está averiguado. En cuanto a lo primero, resuelve dar el paso que, a su juicio, coronará su ardua metamorfosis en Juan María Arce: asesinar a Enriqueta Martí. Salta a la vista, lector, la correspondencia entre los sucesos del guión y la vida "marginal y fantástica", por emplear la expresión de Raucho en *Los niños en el bosque* Elena Sala y Enriqueta Martí. Brausen se atreve más allá del terreno pisado por sus antecesores Suadi, Linacero, Aránzuru, Ossorio. *La vida breve* es un juego total, la puesta en discurso de todo lo intuido, intentado, soñado en los textos anteriores.

La suerte le juega una mala pasada a Juan María Arce. Cuando entra al departamento *H* con el revólver oculto bajo las ropas, dispuesto a cumplir su fatal propósito, se topa con Ernesto, antiguo amante de la Queca, un joven de facciones huesudas que, tiempo atrás, lo echara a golpes del departamento. En la cama, recién estrangulada, la mujer.

Arce, empero, hácese cómplice del homicida. Planea y dirige su huida, primero del edificio de la calle Chile, después de Buenos Aires. ¿Destino final? Sí, lector: Santa María. La pequeña ciudad fluvial donde Brausen fue feliz un verano perdido, la locación del indocumentado scrip fílmico "escondido en el cajón de mi escritorio, a veces junto al revólver, otras a un lado de la caja de balas, entre vidrios verdosos y tornillos inútiles".

¿Qué Santa María, la recorrida en el pasado escasas veinticuatro horas o la del Dr. Díaz Grey?

La segunda, por supuesto.

c. *La ruta del fundador*

Del lugar del crimen, Arce y Ernesto se dirigen a un hotel. Aquí, presa de una tardía fecundidad, el guionista toma papel y pluma a fin de levantar un plano de "la ciudad que había ido construyendo alrededor del médico". Sin embargo, apenas firma el plano lo rompe, minucioso, implacable, hasta que sus dedos "no pudieron manejar los pedacitos de papel" (hay, hubo, otro plano de Santa María, obra de Jorge Onetti, hijo del autor uruguayo. Onetti padre, al igual que Brausen, se deshace del plano: si no lo destruye, lo arrumba, olvida).

Buenos Aires queda atrás.

En un viaje de marchas y contramarchas, los prófugos tocan las poblaciones de Retiro, Rosario, Pergamino. En esta última, Arce adquiere el mapa del Automóvil Club y, toda vez que reincide en "la necesidad de hacer por Díaz Grey algo más que pensarlo", lápices y un cuaderno. Gesto extemporáneo: Díaz Grey ya existía. Únicamente hará uso del mapa: traza "una cruz sobre el círculo que señalaba Santa María".

Final de viaje. Ernesto, el homicida de la Queca, y J. M. Arce, su cómplice y guía, entran al puerto por *Enduro;* caserío proletario que brotó alrededor de la primera hazaña empresarial del viejo Petrus: la fábrica de conservas destinada a industrializar la pesca de la región. Esplendor y caída que, de algún modo, anticipó la suerte del astillero. *Enduro* se localiza más o menos a un kilómetro de la *Plaza Nueva.*

Arce envía a Ernesto a explorar la ciudad. En tanto aquél regresa, hojea viejos números de *El Liberal,* decano de la prensa sanmariana. No lejos de donde mataba el tiempo, en una casa de la costa que hoy ocupa el Dr. Morentz, el prostíbulo de Junta Larsen se iba a pique, irremediablemente.* Regresa Ernesto. La tarde avanzada de un domingo, mientras la Banda Municipal, bajo la batuta de su director fundador, el maestro Fitipaldi, cerraba su actuación, los prófugos atraviesan la *Plaza Nueva.* Cumplíanse treinta y tanto días desde que abandonaron Buenos Aires.

Juan María Brausen pisa tierra sanmariana con ánimo de fundador. Al llegar a la rambla a través de la *Avenida Artigas,* constata gozoso: "lo que yo recordaba de la ciudad o le había imaginado estaba allí, acudía a cada mirada, exacto a veces, disimulado y elusivo otras". Al contemplar a los paseantes domingueros del muelle, colonos suizos en su mayoría, se pregunta "hasta dónde era responsable de los pares de ojos claros que rozaban las proas, las velas, los nombres caprichosos de las embarcaciones". De nueva cuenta en la plaza principal de Santa María, el júbilo todopoderoso, omnisciente de Brausen, estalla:

> No miré hacia la esquina donde estaba el surtidor de nafta; frente a mí se extendía un sector de la plaza que había contemplado Díaz Grey desde alguna de las ventanas que nos rodeaban; recordé que la primera tormenta de primavera había sacudido los árboles y que bajo sus hojas húmedas pasaron los perfumes de las flores recién abiertas, los calores del verano, hombres en *overalls* con sus muestras de trigo envasadas, mujeres con el deseo y el miedo de enfrentar lo que habían imaginado en el aterimiento del invierno. *Todos eran míos, nacidos de mí, y les tuve lástima y amor* (OC: 685).

Los subrayados, lector, son míos y, me temo, redundantes. Dado lo literal de la oración. Muy atrás ha quedado la letanía amarga del fracaso. Ahora bien: ¿todos suyos, todos nacidos de él? Ardua pregunta, cuestión teológica más que histórica que por ahora limítome a consignar. Juan María Brausen, ¿fundador o cofundador de Santa María?

Concluído que fue el paseo, Brausen y Ernesto alquilan, en la Pensión para Viajeros, una amplia habitación cuyas ventanas se abren a la *Plaza Nueva.* Más tarde, el hambre los guía hasta el Berna, la cervecería ubicada en *Artigas,* la avenida arbolada por la que habían descendido al muelle una hora antes. Encuentra lugar en la parte superior del Berna. A

* *Juntacadáveres* (1964).

Brausen, que no ha participado a Ernesto su proeza, le llama la atención una escena que tiene lugar justo debajo de sus ojos, en uno de los reservados. Trátase de la fundamental, ya citada escena de la despedida de Larsen (Capítulo XXIII, Segunda Parte). Un proxeneta expulsado, estupefacto: "Juntacadáveres". Tres prostitutas: Irene, Nelly y "María Bonita" (cuyo verdadero nombre reza: Nora Num, Hija de Pablo Num, taxidermista, inventor de Faruru). Un joven rendido de amor: Jorge Malabia. Un policía: Medina. Un periodista y arúspice: Lanza. Un médico :Díaz Grey: personaje de un fallido guión cinematográfico ambientado en una ciudad de provincia: Santa María.

Díaz Grey, sí.

Empero, el encuentro se produce al día siguiente, cuando la policía les echa el guante, frente a la pensión de viajeros, a los fugitivos.

Sucedió así. Ernesto levántase el primero. Sale a la plaza. Es detenido. Detrás de la ventana, Brausen observa los hechos. Sorprende a otro hombre junto al asesino de Enriqueta Martí y los policías. Es Díaz Grey, que le sonríe. Brausen se dirige al grupo, sabedor de que la flecha disparada por su voluntad secreta, subversiva, réproba, había dado en el blanco. Cito: "Esto era lo que yo buscaba desde el principio, desde la muerte del hombre que vivió cinco años con Gertrudis; ser libre, ser irresponsable ante los demás, conquistarme sin esfuerzo en una verdadera soledad" (OC: 694).

Díaz Grey, su creatura encarnada, le dice:

—*Usted es el otro.*

Y remata:

—*Entonces, usted es Brausen.*

Una lluvia fina, pertinaz, se abatía sobre la ciudad. Aquí desaparece el rastro de Juan María Brausen. El físico, al menos, puesto que su memoria durará lo que dure Santa María. Transportada por la veneración y el agradecimiento filiales, la ciudad le edifica una estatua, estatua ecuestre, en cuya placa conmemorativa leemos:

BRAUSEN-FUNDADOR[63]

e. *Onetti habla de la región imaginaria*

—*Frente a la cámara de Félix Monti:*

Santa María, sí, podría intentar explicar, sin estar seguro de decir la verdad, que surgió justamente cuando por el gobierno peronista yo no podía venir a Montevideo. Entonces me busqué una ciudad imparcial, digamos, a la que bauticé Santa María y que tiene mucho parecido —geográfico, físico— con la ciudad de Paraná, en Entre Ríos... No olvidemos también que Entre Ríos fue artiguista, ¿no?, pertenecía a la confederación de Artigas, junto con Corrientes y no recuerdo con qué otras provincias que contábamos en aquel tiempo.[64]

—*Con Jorge Ruffinelli:*

—Tengo la impresión de que cuando estabas escribiendo *La vida breve* modificaste el proyecto novelístico. Algo sucedió en medio de esa escritura y el resultado fue la creación de Santa María. ¿Me equivoco?

—Yo estoy completamente de acuerdo, pero no podría dar una explicación exacta del proceso. Comienza con una cosa bien realista, que es la imposición de que Juan María B (creo que Brausen, ¿no?) escriba un guión cinematográfico para ganarse la vida. Ahora, a medida que lo va haciendo, se da cuenta de que como guión no sirve, pero sí le sirve a él, ¿cómo te voy a decir?, como desapego de la realidad, como una posibilidad de que no se cumpla: hacer lo que se le de la gana, fabricar Santa María. Eso es la raíz, no veo un proceso consciente en el hombre.

—Si no es infidencia: ¿en aquellos tiempos le habían propuesto a Juan Carlos Onetti escribir algún guión cinematográfico?

—En aquellos tiempos llovían las propuestas: todo mundo quería hacer cine, todo el mundo decía que tenía capitales de tal lado, de tal otro. Pero un guión en serio nunca escribí.

—También a vos Santa María te ha servido y sirve para hacer todo lo que quieras, ¿verdad?

—Sí, evidentemente. Y es posible que gran parte de la literatura actual —lo notamos mucho más en el crecimiento de la literatura de ciencia ficción— lo que está reclamando es la libertad absoluta. Creo que se puede volver muy fácilmente a la vieja oposición romántica-clásica.[65]

—*Ante el auditorio reunido en el otrora Instituto de Cultura Hispánica:*

> Pero (...) vayamos a Santa María, que es donde prefiero ir. A partir de *La vida breve* todo está localizado en Santa María. *La vida breve* es, de mis novelas, la que más me interesa. En ella nace *la saga de Santa María.*
>
> En relidad la escribí porque yo no me sentía feliz en la ciudad en que estaba viviendo, de modo que se trata de una posición de fuga y del deseo de existir en otro mundo en el que fuera posible respirar y no tener miedo. Esta es Santa María y éste es su origen. Yo era un demiurgo y podía construir una ciudad donde las cosas acontecieran como me diera la gana. Ahí se inició la saga de Santa María, donde los personajes van y vienen, mueren y resucitan. Creo que me voy a quedar allí porque soy feliz y todo lo que estoy escribiendo ahora son reuniones con viejos amigos con los que me siento muy cómodo.[66]

El traslado de Juan Carlos Onetti a Santa María es, en efecto, definitivo: desde aquí, por ejemplo, remite un segundo réquiem por Che Guevara.[67] Ahora bien: tengo para mí que la creación del territorio fabuloso era, para el momento de factura de *La vida breve,* un suceso (sueño, mejor dicho) fatal. El flujo de ese discurso sumergido que brota con el primer édito del autor uruguayo, apuntaba, después de Faruru, después de la ciudad ficticia y anticipatoria de *Para esta noche,* en esa dirección. Significado en busca de significante, pueblo perseguido en pos de la costa prometida. En Juan María Brausen se agolpa y resuelve el desapego de lo real: involuntario en Baldi, voluntario en Suaid, Raucho, Linacero, Aránzuru y Ossorio. En cuanto a que "la libertad absoluta" conseguida por Brausen sirve a Onetti para hacer lo que se le antoje, veremos que no es así. En cuanto a la condición dichosa, feliz, de Santa María, mostraré que tampoco es exacto. Repito que la puerca vida acabará por asediar y tomar el recinto fabuloso, el puerto soñado, las imágenes arrebatadas al espejo sucio y desgastado de la *Necesidad.* Todo recomenzará, lector. Como en Montevideo. Como en Buenos Aires. La epónima estatua de Brausen adquirirá una expresión estúpida, bobina. Díaz Grey leerá, puntual, la primera señal del desastre.

XIX. LOS HECHOS VACÍOS

a. La realidad sospechosa; b. Cartas quemadas; c. Imitación de "Juntacadáveres"; d. Asesinato bajo la luna.

a. *La realidad sospechosa*

Después de *La vida breve*, Juan Carlos Onetti da a la estampa tres títulos surgidos de una doble operación: policial, conspirativa. Lector insaciable de relatos criminales, los de la dura y talentosísima pareja Hammett-Chandler en primer término, el narrador uruguayo incursiona, con desigual y sutil fortuna, en el género. Esto debido ante todo, lector, a que en Onetti la intriga es reflejo, no misión fundamental, de la escritura. Una escritura que mina y torna inciertas las bases de la realidad. Los títulos a que me refiero, son, en orden cronológico, los siguientes:

—*Los adioses.*

—*Para una tumba sin nombre.*

—*La cara de la desgracia.*

Mientras el segundo (novela corta) tiene como escenario explícito la región imaginaria de Santa María, el primero y el tercero (respectivamente, novela corta y cuento extenso) transcurren en sitios cuya topología está a discusión. ¿La sierra de Córdoba, Argentina, en el caso de *Los adioses?* ¿Uno de los hoteles de *Villa Petrus,* al sur del litoral sanmariano, en el caso de *La cara de la desgracia?* Lo irrefutable es que Onetti, pese al ejercicio de "libertad absoluta" que le significó la novela de 1950, retoma antiguas consignas del año clave, para su vida y su obra, de 1939. Por ejemplo: la naturaleza autárquica de la palabra (*Periquito el Aguador*). Por ejemplo: la vaciedad de los hechos (Linacero). Abundando, particularmente en las páginas de *Una tumba sin nombre,* en la vía de salvación personal que la verdadera literatura —ascesis, creacionismo puro —dispensa a sus oficiantes.

Mediados de los 50's: Juan C. Onetti regresa a Montevideo sin más éxito que su soledad y honestidad artísticas. Antes de dejar Buenos Aires, concluye el manuscrito de *Los adioses.* La leyenda dice que, hechas ya las galeradas, el editor en turno quiebra estrepitosamente (no, como Petrus, en medio de una lenta e insana agonía). El generoso, tutelar auxilio de Victoria Ocampo evita, a última hora, que *Los adioses* corriera la misma suerte de *Tiempo de abrazar,* cuya versión original, íntegra, quizá jamás leamos. En 1954, la novelita aparece en las librerías de Buenos Aires bajo el sello de la editorial Sur. Por su parte, *Una tumba sin nombre* (después *Para una tumba sin nombre*) se publica, sin bancarrotas de por medio, en Montevideo: Ediciones Marcha, 1959. Otro tanto sucede con *La cara de la desgracia*: Alfa, 1960.

¿Qué empuja a Onetti a regresar a Uruguay? Luis Harss, lo dijimos ya, consigna una especie por lo menos heterodoxa dados los antecedentes del autor de *El pozo*: la promesa de un consulado habría decidido el fin de un exilio de cerca de quince años.

Las tres ficciones aludidas, *Los adioses* y *Para esta noche* de modo señalado, son producto de una narración colectiva: testimonios, rumores, conjeturas, versiones y confrontaciones cuya suma oscurece, sin embargo, el desenlace, la captura de la verdad. Las tres ficciones abren con una mirada, independientemente del lugar que dicha visión (revelación) guarda dentro de la historia. *Quisiera no haber visto del hombre, la primera vez que entró al almacén, nada más que las manos*: dice el testigo principal de *Los adioses* / *Serían las cuatro y media cuando vi o empecé a ver con desconfianza, casi con odio*: dice Díaz Grey, autor de *Para una tumba sin nombre* / *La muchacha apareció pedaleando en el camino para perderse en seguida detrás del chalet de techo suizo, vacío*: dice el supuesto estrangulador de *La cara de la desgracia.*

¿Sobre quién recaen estas miradas, estos *fade ins* que accionan el dispositivo del relato?

Sobre evidencias que no son tales sino certezas dubitativas, mensajes sin código, sendos misterios que los testigos oculares y de oídas creen desentrañar con los instrumentos de la verdad documental. Un suicidio que pone término desde el punto de vista judicial, en modo alguno desde el punto de vista de los sentimientos, a la agonía de un astro deportivo marcado por la enfermedad. Unos funerales que culminan, sin conseguir desentrañarlo, un episodio de Nota Roja. Una muerte brutal, un asesinato, que convoca más que la técnica de la prueba indicaria la duda sobre la existencia de Dios.

Ahora bien: en estos tres casos policiales, en estos tres alegatos contra los hechos, subyace, priva, gobierna aquello que Wolfgang Luchting predica de *Los adioses* pero que, asimismo, define a *Para una tumba sin nombre* y *La cara de la desgracia.* A saber: "una metáfora del quehacer del narrador, del novelista, en una palabra: de Onetti en tanto que escritor".[68] De Onetti en tanto que escritor y de la escritura en tanto que victoria del *Arte* sobre la *Vida.*

b. *Cartas quemadas*

Lugar: un poblado de la sierra, especie de Davos Platz en miniatura.* Hospitales, chalets, hoteles, una presa y un almacén. Hasta aquí llega, procedente del Luna Park de Buenos Aires, de la sección *Deportes* de los diarios, un superastro del basquetbol marcado por un rival impensado y terrible: la tuberculosis. La puerta de entrada a ese poblado que mezcla las vacaciones con la muerte, es un almacén propiedad de un extuberculoso dotado de un sexto sentido: una sola mirada le basta para saber quién saldrá por su propio pie, y quién con los pies por delante, de la sierra. He aquí, lector, su diagnóstico del basquetbolista: "No es que crea imposible curarse, sino que no cree en el valor, en la trascendencia de curarse". Después de todo, el enfermo tiene esa edad maldita de los antihéroes onettianos: cuarenta años.

Los adioses no se agota en la rectificación o ratificación de la profecía hecha por el dueño del almacén. Más aún: la enfermedad termina por ocupar un plano secundario, por dar paso a un relato múltiple, a una caza comunal de "sucesos" que, acto seguido, sintetizo.

El enfermo se niega a ingresar a un sanatorio. Por el contrario, se instala en un hotel* y, más tarde, sin dejar su habitación, alquila un chalet, "la casa de las portuguesas". Como diría el arúspice del almacén, vive sin compartir su muerte. Si bien es cierto que el tuberculoso mantiene contacto con el exterior. Hablo de dos cartas que personalmente deposita en la oficina de correos de la cercana ciudad, (pero cuya contestación recoge en el almacén, sitio en el que se concentra la correspondencia del poblado). Hablo de dos sobres, uno "con letra de mujer, azul, ancha, redonda, con la mayúscula semejante a un signo musical, las zetas gemelas como número tres"; el otro, en cambio, escrito "con una máquina vieja de tipos sucios y desnivelados".

Los caracteres caligráficos y tipográficos de los sobres encarnan, más adelante. Primero llega a la sierra la mujer de la letra azul; madura, lenta, "ancha sin llegar a la gordura". Encuentro que se desgrana en deliquios a todas luces conyugales. Él la lleva al hotel. Ella lo fotografía con una Leica. Se modifica el comportamiento del hombre, hasta la llegada de la mujer de la letra azul, "abstraído y lacónico". Dejan de arribar al almacén los sobres rituales. La esposa permanece dos semanas. Poco después de su partida, reparecen las cartas.

¿Quién se oculta tras los tipos de la vieja máquina de escribir? Lo sabemos la madrugada de un fin de año. Trátase de una mujer joven, cuya figura se recorta en el marco del almacén. "Tenía un traje sastre gris, guantes blancos puestos, una cartera oscura colgada del hombro". Él la

* El escenario de *La montaña mágica,* de Thomas Mann.
* El Royal.

lleva al chalet. Ella permanece a su lado" menos de una semana". Entretanto, lector, arriban al almacén dos cartas con la familiar caligrafía azul. Cartas que el extuberculoso, en vez de entregar, retiene en su poder, "en el fondo del cajón de la correspondencia".

Después del Carnaval, la mujer madura regresa, esta vez acompañada de un niño no mayor de cinco años. Suceso que precede, apenas por 24 horas, la reaparición de la joven. Esta sorprende al hombre, a la esposa y al hijo, en el comedor del hotel.

> Ella, la mujer, levantó la cabeza y la vio. La otra se había detenido a dos mesas de distancia, con la valija que no quiso dejar en la portería, proclamando con su sonrisa alta y apenas arrogante, con la calma de los ojos chatos, que no quería herir ni ser herida, que no le importaba perder o ganar.

Etcétera. Página 49 de la edición (la cuarta) de Arca. El enfermo abandona el grupo familiar y conduce a la joven a "la casa de las portuguesas", el chalet. Al día siguiente, para general escándalo, comen juntos, en el hotel, las dos mujeres, el niño y aquel bígamo cuya consunción borraba las fotografías y las hazañas del pasado. Los conocedores de la historia (todos), del triángulo dibujado a la luz del día, toman partido en favor de la esposa. Consenso ineficaz: es ella, y el niño, quienes abandonan el campo de batalla, la sierra. Insultantemente "libres del mundo", el tuberculoso y la joven amante se enclaustran en el chalet. Sitio al que se hacen llevar botellas de vino, viandas, periódicos. Hasta que, dado el avance de la enfermedad, ya incurable, la pareja se traslada a uno de los hospitales.

Un día, el enfermo desaparece. Su búsqueda conduce, por último, al chalet de las portuguesas. Ahí está, en el suelo, autoasesinado. Junto al cadáver, "el revólver oscuro, corto, adecuado que él se había traído mezclado con la blancura de camiseras y pañuelos que estuvo llevando, en el bolsillo o en la cintura, escondiéndolo con astucia y descaro, sabiendo", etc., etcétera. Página 71. En la cocina del chalet, intactos, tal como fueron recibidos después de atravesar el repudio y la animadversión, los periódicos y las botellas de vino.

Hasta aquí, lector, los "hechos", el tema, de *Los adioses*. Encaro ahora, en el sentido formalista, su argumento, esto es, el modo en que son contados (así como la herida abierta entre lo visto o supuesto y la *Verdad*, verdad ésta aún hoy impenetrada). No sin razón, Luchting advierte, en la novela de 1954, un homenaje de Onetti a Henry James, a su venerable técnica del "punto de vista". Nos imponemos del arribo, tribulaciones, méritos, combinaciones y suicidio del personaje, a través de una óptica ajena y central: la del dueño del almacén (perspicaz profeta).

Testigo de cargo, Narrador estelarísimo que subsume la masa de deposiciones y suposiciones.

Además de él, conducen la averiguación:

Un enfermero.
Reina. Mucama.
Gunz. Médico.
Un mesero.
Andrade. Agente inmobiliario.
El Gerente del Hotel Royal.
Un conductor de ómnibus.
Levy. Mandadero.
Agentes judiciales.
Pueblo en general.
Los lectores.

Lista —la anterior— a la que habría que añadir a las dos mujeres: la esposa, la amante. De otro lado, obran pruebas documentales: las cartas rotuladas con tinta azul, que el almacenero retiene (pero que, una vez leídas, quema).

Lo sobresaliente de *Los adioses* radica, tanto en el proceso de construcción de la novela —novela que se va contando a sí misma, que expone su interioridad, que empalma *Creación* y *Lectura*—,* como en el violento fracaso de sus conclusiones. Conclusiones de las que, en efecto, como lo han subrayado ya algunos críticos —Luchting, Rodríguez Monegal— es cómplice el lector. Desde el preciso instante en que el dueño del almacén contempla por vez primera al exjugador de baloncesto, hasta el hallazgo de su cadáver, el texto narrativo —el punto de vista rector del almacenero, la aquiescencia del lector— recoge, acopia, ordena un cúmulo de rumores, prejuicios, pareceres orientado —el cúmulo— al consenso de una indignación moral, de una afrenta pública.

Pero si bien es verdad que el almacenero comparte el *dictum* de la comunidad, también lo es que no sólo se atribuye una capacidad de observación más aguda, más penetrante que la del enfermero, Reina, el Dr. Gunz, etcétera, sino que, asimismo, tiene plena consciencia del papel que juega en tanto autor, narrador, fabulador. Dirá, hacia el final de *Los adioses*: "Me sentía lleno de poder, como si el hombre y la muchacha, y también el niño, hubieran nacido de mi voluntad para vivir lo que yo había determinado" (recuerde el lector, el júbilo todopoderoso de Juan María Brausen, al regresar a Santa María Refundada).

Autor —narrador— fabulador paradójicamente equivocado.

La joven de los sobres rotulados a máquina no es la intrusa, la advenediza, la enemiga que hace acto de presencia al final para desplazar a

* Como en *El pozo,* como en *La vida breve*.

los legítimos dueños de la vida y, por ende, de la muerte del astro deportivo: la esposa, el hijo. Imposición aún más humillante y pérfida si se toma en cuenta que de ella, la joven, provienen los fondos requeridos para pagar el hotel, el chalet, la atención médica, el sanatorio. El propio enfermo confía esto último al dueño del almacén. Cito: "ella se había hecho responsable de mi curación, de mi felicidad. Heredó un dinero de la madre y tuvo el capricho de gastarlo en esto, en curarme". Pero repito, insisto: la joven no es la amante cínica y brutal, la otra, la "putita", la "mala mujer" de que habla la enfermera Reina.

¿Si no la amante, quién demontres es entonces? Nado a contracorriente del texto, lo remonto desde la escena del cadáver y del revólver.

1')

La víspera del retorno definitivo de la ¿esposa? y el ¿hijo?, tiene lugar, en el cuarto del hotel, una escena —"gran discusión", llámale el enfermero, exagerando —atestiguada por Reina:

—No una discusión —corrigió la Reina con dulzura—. Yo estaba haciendo una pieza enfrente y no tuve más remedio que escucharlos. Pero no se oía bien. Ella dijo que lo único que quería era verlo feliz. Él tampoco gritaba, a veces se reía, pero era una risa falsa, rabiosa. "Gunz te dijo que me voy a morir. Es por eso. El sacrificio, la renuncia". Aquí ella se puso a llorar y enseguida el chico. "Sí", decía él, sólo por turturar: "estoy muerto, Gunz te lo dijo. Todo esto, un muerto de un metro ochenta, es lo que estás regalando. Ella haría lo mismo, vos aceptarías lo mismo".

2)

El depositario del "punto de vista" rehace la escena de la comida común en la terraza del hotel Royal: "Pusieron una mesa en la terraza para la comida y acababan de sentarse cuando la muchacha trepó la escalinata y se les acercó, perezosa, amable. Le dio la mano a la mujer y comió con ellos. Los oyeron reír y pedir vino. La mujer ancha se había desinteresado del niño y era la otra, la muchacha, la que movía regularmente una mano para acariciarle el pelo sobre la frente" (pág. 54).

Sigo remontando el texto:

3)

Arribo, con las manos vacías, al momento en que la "muchacha" aparece en el comedor del Hotel Royal, un día más tarde de la segunda visita de la mujer madura (ahora acompañada por un niño). La ¿esposa? vio a la joven "detenerse, avanzar sin ganas, y la reconoció enseguida. Nunca había visto una foto suya, nunca logró arrancar al hombre adjetivos suficientes para construirse una imagen de lo que debía temer y odiar". Más abajo: "la mujer olvidó las anticipaciones que había construido, recordó haber imaginado a la muchacha exactamente como era, reconoció la edad, la transitoria belleza, el poder y la falsedad de la expresión honrada y candorosa. Estuvo, nuevamente odiándola, sin esforzarse, guiada por una larga costumbre, asistida por la repentina seguridad de haberla odiado durante toda su vida" (págs. 50 y 51).

Hasta aquí los incisos, indicios.

Prestidigitador, tramposo, Juan C. Onetti oculta a los testigos (Reina, Gunz, etcétera) y a sus cómplices (los lectores de *Los adioses*), la personalidad auténtica de la muchacha. Mejor dicho oculta las pruebas, congela la verdad en una de las cartas con tinta azul que el almacenero retiene en el cajón de la correspondencia, bajo una libreta negra. Ocultamiento, truco, a los que el *Testigo de cargo* se pliega sin chistar. ¿Por qué no lee las cartas luego de hurtarlas? ¿Por qué lo hace casi al final? En fin: la joven que se encierra con el tuberculoso en la "casa de las portuguesas" es, señoras, señores, ¡su hija! Así lo establece un párrafo de una de las cartas que el almacenero no sólo abre a destiempo sino que, además, entrega al fuego. Cito de la página 68: "Y qué puedo hacer yo, menos ahora que nunca, considerando que al fin y al cabo ella es tu sangre y quiere gastarse generosa su dinero para devolverte la salud. No me animaría a decir que es una intrusa porque bien mirado soy yo la que se intempone entre ustedes. Y no puedo creer que vos digas de corazón que *tu hija* es la intrusa siendo que yo poco te he dado y he sido más bien un estorbo". El subrayado es mío.

Esto explica, lector, el hallazgo de las botellas de vino, intactas, en la cocina del chalet; botellas símbolo, mientras las transportaba Levy, el mandadero, de esas orgías, esa concupiscencia necrófila que en opinión de todos ocupaba a la pareja. Pista falsa, como las restantes. Padre e hija. Lo visto, oído, inferido, no es lo verdadero. En tanto lee (al fin) las cartas, el fragmento arriba citado, el dueño del almacén enrojece de vergüenza y rabia. "Sentí vergüenza y rabia", dice: "mi piel fue vergüenza durante muchos minutos y dentro de ella crecían la rabia, la humillación, el viboreo de un pequeño orgullo atormentado". Pág. 69 de la multicitada edición de Arca. Vergüenza y rabia suyas, y del enfermero y de Reina y del doctor Gunz y, desde luego, de los mismísimos positivistas lectores de la novela. Juan C. Onetti había conseguido burlar la suficiencia de los hechos, independientemente de las malas artes —pistas falsas, retención de pruebas— empleadas para ese propósito. El padre deshauciado, la hija, el deber filial.

¿Verdaderamente?

Lo dije ya: obsequioso del código más ético que estético promulgado en el 39, Onetti ignora las ocasionales páginas críticas que recaen sobre su obra. Únicamente el caso de Larsen (artista fracasado, no "indigno") lo obliga a romper el voto de silencio. O *Los adioses*. "Media vuelta de tuerca" intitúlase la respuesta onettiana (que a la letra dice):

> Luego de leer inevitables interpretaciones críticas y escuchar en silencio numerosas opiniones sobre *Los adioses*, comprendí que había omitido una vuelta de tuerca, tal vez indispensable. Para mejor comprensión o para que todo quedara flotando y dudoso.

Prosigue:

> Ahora surge desde Lisboa Herr Wolfgang Luchting, escribe sobre el libro con una gracia de profundidad que nada tiene de teutona y al final del estudio aventura, sorprendentemente, una media vuelta de tuerca que nos aproxima a la verdad, a la interpretación definitiva. Pero sigue faltando una media vuelta de tuerca, en apariencia fácil pero riesgosa, y que no me corresponde hacerla girar.

Concluye:

> Lo importante es que gracias a Herr Luchting, mi amigo y cofrade, nos vamos acercando.
>
> J. C. O.

La "media vuelta de tuerca" de Wolfgang A. Luchting se recoge en *El lector como protagonista de la novela*, apéndice de la edición *Los adioses* hecha por Arca. En puridad, lector, son dos las cuñas que el profesor alemán introduce en el texto de *Los adioses*:

A) *El sexo del testigo principal*: ¿si se tratara de una mujer y no, como el lector y la crítica suponen, de un hombre?

B) *La veracidad de la carta*: ¿si el basquetbolista hubiera mentido en lo relativo a la identidad de la muchacha?

La aproximación que Onetti celebra es la del inciso B). Respecto al inciso A), Luchting aduce: "No hay ninguna ley natural o de verosimilitud que prescriba que quien posee un almacén no pueda ser una mujer" (pág. 81). En cuanto al inciso B): "¿Qué pasa si la muchacha no es la hija del hombre? ¿Si éste ha mentido a la mujer, aunque fuese sólo para tener su tranquilidad y, por supuesto, para mantener sus amores *con las dos?"* (pág. 90).

Conjeturas intra y extratextuales, respectivamente. La del sexo femenino se derrumba, a mi juicio, pese a su audacia, con la expresión: "Me sentía lleno de poder". He cotejado las ediciones de Arca y de Aguilar: en ambas, el giro es masculino. Ahora bien: ¿mintió el personaje acerca de la muchacha, hija por fuerza, de acuerdo a su versión, de un matrimonio anterior? Onetti sostiene que si no hay "la última 'turn of the screw' " de *Los adioses,* tal como lo asegura el crítico alemán, sí hay "media vuelta de tuerca" en la interpretación de Luchting.

Meto baza.

¿Y si quien miente no es el tuberculoso sino el dueño del almacén? ¿Por qué destruye las cartas? Quizá el Gran Testigo da una prueba extremosa y calculada de su omnisciencia narrativa y transmite al lector una verdad falsa, deformada, aderezada, truncada, rehecha, distinta de la que contienen las cartas arrojadas al inescrutable fuego. ¿Será ésta la media vuelta de tuerca faltante en la interpretación germánica de la "discutible historia"?

c. *Imitación de "Juntacadáveres"*

Una tumba sin nombre (1959) / *Para una tumba sin nombre* (1967). ¿Por qué la ampliación del título, a partir de la segunda edición? Lo desconozco. Episodio sanmariano y, dentro de su saga particular, última rebeldía de Jorge Malabia, (*Para*) *una tumba sin nombre* documenta una esmerada exploración del acto fundante ínsito en el discurso novelesco. Aún más que en *El pozo* o en *Los adioses,* aunque sin alcanzar el juego de espejos de *La vida breve,* el relato se narra, los sótanos de la literatura afloran a la superficie. Aquí también opera un "punto de vista" unívoco: plano donde inciden testimonios, versiones, contradicciones. Trátase del Dr. Díaz Grey, cuyo paso, de la imaginación de Brausen, a la realidad fictiva (que diría Lezama Lima), reseñamos un capítulo atrás.

> escribí, en pocas noches, esta historia. Lo hice con algunas deliberadas mentiras; no trataría de defenderme si Jorge o Tito negaran exactitud a las entrevistas y no me extrañaría demasiado que resultara inútil toda excavación en los terrenos de la casa de los Malabia, toda pesquisa en los libros del cementerio (OC: 1045).

¿Qué historia?

El cura Bergner, caudillo de la cruzada que avasalló a Junta y sus cadáveres, ha fallecido (lo suple Favieri, sacerdote "chico, negro, escuálido, con una indomable expresión provactiva, casi obscena"). Larsen está por retornar a la "ciudad maldita" para cumplir la profecía de Lanza.

Cuenta el médico: la primera noticia la recibe Díaz Grey por boca de Caseros, empleado de pompas fúnebres. Jorge Malabia había contratado, para esa misma tarde, la inhumación de una mujer de 35 años de edad, fallecida, al tenor del Acta de defunción, de un infarto. Nombre: Rita García, o González, antaño sirvienta de los Malabia. Una vez recogido el cadáver cerca de *Enduro*, la carroza fúnebre debía seguir un itinerario diverso al consagrado por la costumbre: semirodear Santa María a través de parajes despoblados. Además, lector, había un animal, un cabrón, un chivo viejo e inmundo. Era verdad.

Díaz Grey aguardó, puntual, a las puertas del *Cementerio Viejo*. Tiran la carroza fúnebre dos caballos enanos. Detrás, muy atrás, el extraño cortejo: Jorge Malabia y la bestia. Como Barrientos, el cochero, niégase a ir más allá de la entrada —debido al sacrilegio, a la bestia—, Díaz Grey ayuda a Malabia a transportar la caja hasta la fosa. Sorprendido, rabioso, Malabia había interpelado, al llegar al cementerio, a Díaz Grey:

—*¿Por qué está acá?*

—*Pasaba.*

Mintió el médico.

—*¿Por qué no me hace preguntas?*

Dice Jorge, con rencor, cuando todo termina. Díaz Grey se abstiene, guarda silencio. Las confidencias del muchacho vendrían solas, sin esfuerzo. Al día siguiente, Malabia llama a la puerta del consultorio.

Advierto que la novela de 1959 conjunta, opone, versiones contradictorias (no esa hipócrita unanimidad de *Los adioses*). Amén de que, en tanto autor, Díaz Grey busca otra cosa, algo más que el simple engranaje de los hechos. De ahí, pues, que su transcripción, texto, dictado, composición, adolezca de notables errores. Digamos: confundir el día que lo visita Jorge en el consultorio (domingo) con el día de los funerales (sábado). Digamos: atribuir a Malabia ora 21, ora 25 años (22 sería la edad correcta).

Cuenta el rufián adolescente: al otro día de la muerte de Julita Bergner y de la expulsión de "Juntacadáveres", Marcos, el hermano de Julita, y Rita, sirvienta de los Malabia, formalizan sus relaciones hasta entonces clandestinas. Añadiendo un nuevo escándalo público "al reciente del prostíbulo". Meses más tarde, Marcos la abandona. Rita se prostituye e, inadvertida, desaparece de la escena sanmariana. Entretanto, Jorge Malabia y Tito Perotti marchan por fin a la capital (Buenos Aires) para inscribirse en la Universidad. Los jóvenes ocupan un cuarto frente a la Plaza Constitución, no lejos de donde el real Baldi vio por vez primera la cara de la desgracia. Transcurrirá un año entero antes de que los amigos descubran una mujer que, apostada junto al expendio de revistas y periódicos, gánase la vida con un señuelo hijo de la inspiración artística: un chivo que ella debe transportar al Quinto Infierno de Buenos Aires. Supuestamente una tía debió haberlos recogido ahí a ella y a la bestia. Pero la tía no aparece y ella sin un céntimo, esperando desde el amanecer, etcétera. No pocos incautos muerden el anzuelo. Trátase de una coterránea, de Rita.

Jorge Malabia se creía con más derechos sobre Rita que Tito Perotti. Confía a Díaz Grey: "Mía, porque unos años atrás (...) yo la deseé y ella supo que yo la deseaba. También mía, y mucho más por esto —y no se escandalice, no saque conclusiones baratas—, porque yo la había espiado por la ventana hacer el amor con Marcos. La había visto, ¿entiende? Era mía. Y, segundo, era mía su historia por lo que tenía de extraño, de dudable, de inventado. El chivo. La complicación, el artificioso perfeccionamiento que agregaba la presencia del chivo. De modo que la historia no podría ser para Tito" (OC: 1010). Luego de informar a Díaz Grey que fue Tito, sin embargo, el primero en abordar a Rita y que, después de esto él, Jorge Malabia, decidióse por fin a caminar hacia el puesto de periódicos y revistas, suspende la narración de los hechos.

Personalmente había cavado, en el jardín de su casa, la tarde anterior, un hoyo para enterrar al viejo cabrón.

Cuenta el médico: luego de aquel domingo de voluntarias, aunque incompletas confidencias, Jorge Malabia esquiva a Díaz Grey. Este especula con la hipótesis de que la idea del chivo debió surgir de uno de los tantos chulos de Rita. El médico incluso llámalo Ambrosio e imagínalo siempre acostado, fumando, de cara al techo. Asimismo imagina Díaz Grey que la idea del chivo termina por absorber a su inventor, a Rita, a Tito, a Malabia, al mismo relato del que el médico es autor. Por último, fantasea que Jorge Malabia "quería conocer al hombre; estaba seguro que comprendería mejor si lograba verle la cara". Sin embargo, el libre fantasear de Díaz Grey no es capaz de suponer la metamorfosis del retoño de una de las mejores familias sanmarianas, propietaria entre otras instituciones locales de *El Liberal,* en "Juntacadáveres".

Cuenta el rufián adolescente: un año más tarde, Jorge da señales de vida. Aparece de nueva cuenta en el consultorio de la *Plaza Nueva* y lee las cuartillas redactadas por Díaz Grey con: a) la escena de los funerales; b) el inconcluso relato de Jorge; y c) las especulaciones del facultativo. Muéstrase conforme con lo leído. Y añade una revelación: en vez de prestar ayuda a Rita, pasa a convertirse en el "hombre de turno" de la mendiga. Abandona la Universidad. Mugriento, "sudando esa mezcla de odio y angustia que ennegrece la piel", tirado en la cama igual que ese Ambrosio imaginado por Díaz Grey, vive a costa de Rita en una sucesión de —cada vez más— inmundas pocilgas (recuerde el lector, esos descensos a la suciedad de Eladio Linacero y Diego E. Aránzuru). 365 días de abyección. Algo más: Jorge Malabia obliga a Rita a conseguir dinero ya no a través del artilugio del chivo sino de la simple y llana prostitución ("la orden breve de buscar hombres y volver con dinero", diría el narrador de *Mascarada*).

Antes de retirarse, Jorge sorprende al médico con otra revelación: la mujer que sepultaron, doce meses atrás, en el *Cementerio Viejo* de Santa María, no era, en realidad, Rita. Más bien una prima de Rita. Jorge: "esta mujer sin nombre desplazó a Rita, se convirtió en ella". Así como Jorge substituye a Ambrosio, la prima suple a Rita. Únicamente el chivo, la bestia, el cabrón, permanece. Lo anterior, acota Malabia, modifica la historia transcrita y adivinada por Díaz Grey. Aunque el médico responde: "No creo que la modifique".

Cuenta el rival: Díaz Grey archiva, mejor dicho, olvida entre sus papeles el manuscrito de *Para una tumba sin nombre*. No obstante, pasado el tiempo ,ese mítico tiempo sanmariano, se topa, bajo las arcadas coloniales del *Mercado Viejo*, con Tito Perotti. El médico va al grano. Perotti escucha la versión, y sus agregados, de Malabia.

—*¿Así es que eso le contó Jorge? No me asombra, mirándolo bien. Porque él se portó como un hijo de perra. ¿Qué le dijo de mí?*

—*Casi nada. Usted aparece, no más, en el principio de la historia.*

La verdad según Tito Perotti: él fue el primero en acostarse con Rita. Y siguió haciéndolo cuando Jorge se fue a vivir con ella. Sí, sí hubo una prima de Rita: Higinia, que aún vive. La verdadera muerta y sepultada fue Rita García o González. Hacía tiempo que padecía tuberculosis. Jorge Malabia, por su parte, padeció en Buenos Aires "una enfermedad misteriosa". Dicho de otro modo: "una farsa tan imbécil como inmunda". Echado en la cama, calzando alpargatas, vistiendo un pantalón de obrero y una camisa arrugada, pasaba los días fumando y mirando el techo mientras Rita conseguía dinero para mantenerlo a él y al chivo. Él, Tito, lo reprendió más de una vez, advirtiéndole que Rita se consumía. Un hijo de perra, Jorge. Explotando a la mujer, donando la generosa mesada que el padre le giraba a "los comunistas o a los anarquistas". Lo más divertido de todo fue que, en cierto momento, Jorge Malabia quiso casarse con Rita. Pero más allá del gesto, Jorge jamás perdió su verdadera condición: "un hijo de ricos". Aquello de la prima Higinia, concluye Perotti, era un mentira de Malabia destinada a suprimir el remordimiento y la vergüenza de lo sucedido en Buenos Aires.

Cuenta el rufián adolescente: Todo es imaginario, falso, dice Jorge Malabia a Díaz Grey semanas más adelante, al producirse un encuentro accidental entre el personaje y el narrador. Imaginario, falso:

—*Me gusta verlo y estar con usted —dijo—. Por muchas razones. Pero no quiero seguir con esto. (. . .) Hubo una mujer que murió y enterramos, hubo un cabrón que murió y enterré. Y nada más. Toda la historia de Constitución, el Chivo, Rita, el encuentro con el comisionista Godoy, mi oferta de casamiento, la prima Higinia, todo es mentira. Tito y yo in-*

ventamos el cuento por la simple curiosidad de saber qué era posible construir con lo poco que teníamoss una mujer que era dueña de un cabrón, que murió, que había sido sirvienta en casa y me hizo llamar para pedirme dinero. Usted estaba casualmente en el cementerio y por eso traté de probar con usted si la historia se sostenía. Nada más. Esta noche, en casa, le hubiera dicho esto o hubiera ensayado una variante nueva. Pero no vale la pena, pienso. Lo dejamos así, como una historia que inventamos entre todos nosotros, incluyéndolo a usted. No da para más, salvo mejor opinión (OC: 1044).

Dio para más, sí.

Cuenta el rival: meses más tarde, Tito Perotti escribe a Díaz Grey desde Buenos Aires. En uno de los párrafos de la carta, informa que él, Tito, a diferencia de Jorge Malabia, *sí* llegó a conocer al nombre advinado, creado, por Díaz Grey. Ambrosio, "el inventor del chivo".

d. *Asesinato bajo la luna*

Existen dos versiones del relato. La primera, intitulada *La larga historia,* data de 1944 (Montevideo: Alfar, año XXVI, núm. 84). La segunda, publicada por la editorial Alfa en 1960, es decir, dieciséis años más tarde, lleva por título *La cara de la desgracia.* Aquí aparece el tremendo epígrafe: "Para Dorotea Muhr— Ignorado perro de la dicha".

Omito el mínimo cotejo de los dos textos: *La cara de la desgracia* propone una perfección, un estado superior de la prosa onettiana que, incluso, como aduce Hugo J. Verani, invoca la composición poética.

Una probable lectura de *La cara de la desgracia* encontrará el tema del amor prohibido, la fascinación por la nínfula, a un H. H. porteño que se consume en la imagen —piel, sexo— de una Lolita de la misma región. Lectura intachable. No obstante, el largo cuento o pequeña novela de 50 páginas, remira la realidad para transmutarla, de nueva cuenta, en una zona de ambigüedad y sospecha.

Aunque aclaro: 1) en *La cara de la desgracia* la metáfora del oficio narrativo, la sombra de la mano del escritor sobre la página en blanco, prácticamente desaparece (Narrador-Personaje, esta vez, no Autor-Narrador-Personaje). 2) a diferencia de *Los adioses* y *Para una tumba sin nombre,* apenas si existen testigos y obran pruebas documentales. En otras palabras: los "sucesos" o hechos, amén de su parquedad, ocurren en la soledad de las dunas, bajo la luminosidad lunar de la playa.

Lugar: *Villa Petrus.* Al sur del litorial sanmariano. Digo *Villa Petrus* porque se menciona, con todas sus letras, uno de los hoteles del balneario: el *Atlantic.* Un montevideano convalece del suicidio (y escándalo) de su hermano Julián, estafador descubierto. En el mismo hotel para una niña, casi muchacha. De la que él, adulto, marcado, se prenda ("El rostro que dejaba fluir, sin propósito, sin saberlo, contra mi cara seria y gastada de hombre, la dulzura y la humildad adolescente de las mejillas violáceas y pecosas"). Una noche, la encuentra sola, "bajo la exagerada luna de otoño". Platican. Pasean. Se besan. La desflora. Regresan al hotel. Pero la muchacha, casi niña aún, amanece en otro lugar, en la playa, brutalmente golpeada, brutalmente estrangulada. La policía informa al hombre que la niña padecía sordera y que él era, a todas luces, el asesino. Culpabilidad que acepta. "No se preocupen; firmaré lo que quieran. Pero esto no tiene importancia. Nada, ni siquiera esto, tiene de veras importancia".

También en este texto, junto a lo real se levanta lo impenetrable: sentimientos que no encajan en la cáscara fáctica: ¿soñó que él le hablaba, ahí en la playa, y que ella le respondía? ¿Hubo otro hombre, oculto, el verdadero asesino, siguiendo los pasos de la pareja? "¿Usted cree en Dios?" (OC: 1358).

* * *

Debo citar otro momento feliz de la conspiración antirrealista: *El álbum*, capítulo de la vida de Jorge Malabia, cuento dado a conocer el año de 1953 por la revista *Sur*. Carmen Méndez, una forastera alojada en el Hotel Plaza, seduce al adolescente Malabia con el relato de una y mil aventuras, mentiras, ambientadas en la India, Escocia, Nueva York, Maguncia, Lima, etcétera. La fascinación de lo fabulado, fementido. "Ya no me interesaba leer ni soñar, estaba seguro de que cuando hiciera los viajes que planeaba con Tito,* los paisajes, las ciudades, las distancias, el mundo todo me presentaría rostros sin significado, retratos de caras ausentes, irrecuperablemente despoblado de una realidad verdadera" (CC²: 165).

Empero, lector, al final del cuento Jorge Malabia descubre, en un álbum de fotografías, que todo lo narrado por la forastera, ¡oh ultraje!, ¡oh dolor!, oh espanto!, ¡oh infamia!, era verdad, verdadero. Este golpe de la fortuna es el que expulsa a Jorge Malabia del País de las Maravillas.[69] Joven de súbito "envejecido".

* Tito Perotti, por supuesto.

XX. PÁGINAS EPILOGALES: EL SIGNO AUTÓFAGO

¡Qué costa, qué playa,
qué aire, qué cultura!
Orsini

Pueblo jodido, pueblo
de ratas.
Larsen

1

A raíz de su fundación en el Capítulo II, Primera parte, de *La vida breve*, Santa María se propaga como un aroma mezcla de jazmín e invierno.

Cerca de tres décadas más tarde, podemos distinguir diáfanamente cuatro paisajes (postales): el casco urbano, la isla, el litoral, la llanura; tres *etnias*: suizos, alemanes, nativos; una economía dependiente del trigo y la avena cosechados por los agricultores helvéticos; dos periódicos que llevan, en el título, su signo y animosidad enfática: *El Liberal, El Orden*; una fábrica de conservas; la Escuela Experimental; el cinematógrafo y coso deportivo *Apolo*; la sala teatral *El Sótano*; dos cementerios; una de las ruinas más famosas del orbe;* un balneario; dos casas de pompas fúnebres: *Cochera Suiza, Miramonte*; múltiples y prestigiados establecimientos comerciales; cinco alojamientos, algunos de ellos de más de una estrella: Hotel Plaza (de luenga tradición, en pleno centro), Hotel Victoria (a unos pasos del muelle, conveniente para quienes el primero "ya no es lo bastante moderno y lujoso"), Hotel de la Playa (a un costado del fondeadero del Club Náutico), Pensión para Viajeros (no lejos del Plaza) y Altos del Berna (en la majestuosa *Avenida Artigas*); una sorda inquina racial entre la Colonia Suiza y los naturales; una ciudad rival: Colón, ciudad dotada de un puerto, si no fluvial, sí aéreo; un Consejo Municipal; dos grupos de presión: La Acción Cooperadora del Colegio,

* *Puerto Astillero.*

formada por exalumnas de la Escuela Confesional, y la Liga de Caballeros Católicos (extensión de esa Liga de Decencia que prohibió la muestra de ropa interior en los aparadores de la Zona Comercial). Etc., etcétera.

Santa María: caserío rosa y crema bañado por un río calmo, verdoso. Al frente: la *Isla de Latorre*. Detrás: la llanura que cesa bruscamente en las faldas de la sierra. Al norte: pútrido, espectral, *Puerto Astillero*. Al sur: rutilante, desenfadada, *Villa Petrus*.[70]

De 1950 en adelante, salvo contadas excepciones, el uruguayo Juan Carlos Onetti ha ejecutado una Crónica Sanmariana. Guiado, esto hay que subrayarlo, por la sola intuición y memoria artísticas. Hubo, sí, lo dije ya, un plano de la región, trazado por su hijo, el también novelista Jorge Onetti. Pero el plano de marras desapareció intacto, desempleado. De ahí ciertos errores topográficos, como el de colocar la *Estatua de Brausen,* cuyo domicilio es la redonda y novohispana *Plaza Vieja,* en la bullente y moderna *Plaza Nueva,* frente a la catedral.

Las excepciones de la saga, lector, serían las siguientes novelas: *Los adioses* (1954). Cuentos y/o relatos: *Justo el treintaiuno* (1964) y *Matias el telegrafista* (1917).

La saga, a su vez, estaría integrada como sigue. Novelas: *La vida breve* (1950). *Una tumba sin nombre* (1969), *El astillero* (1961), *Juntacadáveres* (1964) y *La muerte y la niña* (1973). Cuentos y/o relatos: *El álbum* (1953), *Historia del Caballero de la Rosa y la Virgen encinta que vino de Liliput* (1956), *El infierno tan temido* (1957), *La cara de la desgracia* (1960), *Jacobo y el otro* (1961), *Tan triste como ella* (1963) y *La novia robada* (1968). Doce títulos en total.

2

Pero en Santa María y en *Puerto Astillero* y en *Villa Petrus* suceden historias de Montevideo y Buenos Aires: desamor, estafa, decaimiento, suciedad. Dos grandes novelas —*El astillero* y *Juntacadáveres*— se conciertan para castigar a un hombre, a un esforzado que reclama su parte a la vida: Larsen. Ricardo de la Rosa y Sra. ostentan su felicidad como si se tratara de la más intolerable, la más abominable visión. Aquí también tiene lugar la tenebrosa bienvenida, la tenebrosa liturgia del fin de la adolescencia. Al igual que en Montevideo y Buenos Aires, en Santa María tropezamos con los *cadáveres pavorosos* de *antiguas ambiciones,* las *formas repulsivas de sueños que se fueron gastando.* ¿Qué emancipación, qué libertad absoluta, qué herejía conmemora entonces la estatua ecuestre de la *Plaza Brausen*?

Las historias habrán ganado en cálculo, agudeza, impiedad. He citado varias de ellas. Pero me faltan dos: ejemplares.

—Risso, el periodista que por tantos años escribiera la columna hípica de *El Liberal,* casa con una muchacha, una actriz: Gracia César. Ella lo traicionará. Él la perdonará. Ella le enviará, ramillete terrible, fotografías obscenas tomadas en Río, en Lima, en todos los puntos que toca su periplo teatral. Sólo mudan el hombre y la pose. Gracia César, desnuda, penetrada, indeleble. Risso la perdonará, leyendo en las fotografías una escritura pasional, mensajes de amor a él, sólo a él, destinados. Pero una de las fotografías, quizá la más obscena de la colección, será remitida por la amadísima, la putísima, a la hija que Risso tuvo en su matrimonio anterior, y el periodista se quitará la vida (*El infierno tan temido,* cuento publicado por la revista *Ficción,* de Buenos Aires, en su número 5, enero-febrero de 1957; ficción de la que Onetti ha tenido a bien revelarnos su contextualidad: "se basa, con irrespetuosa fidelidad, en una anécdota que me contó Luis Batle Berres; y recuerdo que intentó frenar mi entusiasmo diciéndome que yo no tenía la pureza adecuada para escribir esa historia").

—Una mujer (lo que resta, sobrevive, de la muchacha) cansada de su matrimonio, del fin del amor, de "la sensación de estafa iniciada al final de la infancia, atenuada en la adolescencia gracias a deseos y esperanzas", envuelve un *Smith and Wesson* en una bolsa de agua caliante hasta que el cañón del revólver adquiere "temperatura humana"; luego lo introduce en "la boca ansiosa" y, bang, se vuela la tapa de los sesos (*Tan triste como ella*: melodrama publicado por Alfa de Montevideo en 1939, hecho de sangre escenificado en *Villa Petrus* del que da interesante y freudiana noticia crítica Emir Rodríguez Monegal).[71]

Insisto: las historias habrán ganado en cálculo, agudeza, impiedad. Empero, son "sucesos", estampas de almas devoradas, de iniquidades. De ahí que el doncel Jorge Malabia envejezca al descubrir, en un álbum fotográfico, la cara de la realidad, de la desgracia.

3

Sentencio:

—Santa María es entregada al autor Onetti por el personaje y guionista cinematográfico Juan María Brausen. Una realidad ficticia, imaginada. A partir de entonces, el novelista trabaja dentro de esa realidad paralela a la otra, la realidad cuyo entredicho, cuya evasión inicia Víctor Suaid. No obstante, la realidad desplazada resurge, impera de nuevo. Y el proceso finaliza.

—La realidad "real".

Murmura Juan Carlos Onetti, sin mayor interés del que ha dado prueba a lo largo de nuestra charla regada con una botella de *Los Reyes.* El cansancio, todo en realidad, lo ensombrece.

Lo asedio:

—La realidad "real", sí. Santa María se desploma. La de Onetti es una conspiración finalmente conjurada.

—Si yo fuera el lector de mis libros te diría: tienes razón, tienes razón. Comenta, con cierta animación. Insisto:

—La realidad "real" cobra venganza, encuentra la manera de colarse en la realidad imaginaria e imponer sus temas, su fatalidad, sus horrores cotidianos.

—Siempre, siempre es así. Salvo en la novela rosa.

4

Quizá por eso *La muerte y la niña,* el más reciente episodio sanmariano, pequeña novela aparecida tres años antes de mi conversación con Juan C. Onnetti y seis antes que este libro, vése plagada de funestos presagios.

Augusto Goerdel asesina pública, impunemente a Helga Hauser, su esposa, al dar el paso prohibido por la medicina pero no por la religión: la cópula conceptiva. Jorge Malabia es un hombre hecho, es decir, deshecho. Díaz Grey casa con Angélica Inés Petrus, la ambición nupcial de Larsen, y abjura de Dios Brausen, de su "voluntad insondable". Las cuestiones teológicas prosperan sobre las demás; se entroniza una reflexión obsesiva acerca de los orígenes, la semilla: párrafos destinados al nacimiento de Díaz Grey; parrafadas que evocan el arribo, a las costas sanmarianas, de la bamboleante *Flor de Mayo*. La inmigración helvética. Largo viaje. Hambre y desamparo apagados en la Biblia. Los años duros. Hasta "que las rubias, severas ratas desembarcadas con menos esperanzas que rabia suicida fueran ricas y engordadas, dominaran la ciudad fundada por nuestro Señor Brausen". El cura Bergner, muerto años atrás, no mucho después de encabezar la cruzada contra "Juntacadáveres", se pasea de nuevo, redivivo, por las calles de Santa María. Es precisamente Bergner quien advierte —y Díaz Grey quien testimonia— el cambio operado en la *Estatua del Fundador,* de Dios Brausen, del inventor de Santa María. "Y fue el padre Bergner el primero en descubrir, luego de santiguarse, a la luz de los faroles de la plaza, que la cara del jinete de la estatua dedicada a Juan María Brausen, había comenzado a insinuar rasgos vacunos": escribe Díaz Grey. "La dureza del bronce no mostraba signo alguno de formación de cuernos; sólo una placidez de vaca solitaria y rumiante": anota el médico luego de inspeccionar personalmente la estatua.

5

Insistí en vano, aquel septiembre de 1976. Onetti se niega a hablar de sus planes: ese texto, ese manuscrito, ese "novelón" comenzado después de 1964, del que se habría desprendido *La muerte y la niña* (al igual que *El astillero* se desprende de *Juntacadáveres*). Corre el rumor de un

Apocalipsis que se abate sobre la ciudad ilusoria. ¿Desastre económico, social, estético?

Hay una broma ultraprivada, de catecúmenos:

—*Mirá si un día reaparece el Colorado y te incendia toda Santa María, y te quedás sin tema.*

Dijo un día a Onetti el onettista Roberto Oreggioni.

El *Colorado,* recuerdo al lector, es un personaje de *La casa en la arena,* un piromaníaco que le prende fuego a la casa donde tiene a buen recaudo, por órdenes del Dr. Quinteros, a Díaz Grey y a Molly.

¿Fuego, en efecto? ¿Un incendio voraz y purificador que estalla en el rojo edificio de la *Aduana,* en pleno puerto, y sube, trepa por las calles arrasándolo todo: la redacción de *El Liberal,* la cervecería Berna, el Club Progreso, la Torre de la Municipalidad, el consultorio del Dr. Díaz Grey? ¿Un incendio que se expande y devora el barrio proletario de *Enduro,* los hoteles y bares de *Villa Petrus,* los restos de *Puerto Astillero,* antes de atravesar, nube ardiente, el río sin nombre ni espuma y llover sobre la *Isla de Latorre*?

¿O, acaso, el fin de Santa María se escribe con la guerra racial que, a postre de tres generaciones, humillaciones de toda laya, imposible mestizaje, enfrenta, cuerpo a cuerpo, las almas suizas y nativas?

Más afortunado que yo, Jorge Ruffinelli obtuvo un adelanto de Juan Carlos Onetti. Este admite haber aprobado, más no escrito aún, el final imaginado, en broma, por Oreggioni. Ruffinelli:

—Me tranquilizo, entonces, Santa María tiene esperanzas.

—¿Y qué sabés vos? ¿Y qué sé yo lo que va a pasar? Pero lo lindo, en caso de que el *Colorado* la incendie, sería mandar un telegrama: "Voraz incendio destruyó Santa María..."

—Si terminás así me recordaría *Cien años de soledad*: un escritor destruye su propio mundo narrativo. Como una muestra de pesimismo total.

—Bueno, en Santa María —lo acabo de releer— quedaría una pareja. Ese pedazo, mirá, "no es porque lo haya escrito yo", pero es maravilloso.

—¿Me estás hablando del novelón?

—Del novelón.

—¿Y cómo se desarrolla?

—Tiene una primera parte en Montevideo. La segunda, que es la que ahora me agarró, sucede en Santa María. Por benevolencia de Brausen, que me permite volver. Yo no sé si te acordás de aquel tipo, jefe de un departamento policial, que tiene una entrevista con Larsen, cuando se suicida aquel otro tipo... Bueno, revisarás.* Este tipo dispara de Santa

* El oficial es Medina, el suicida Gálvez.

María y luego se pone a buscar gente que esté en iguales condiciones que él. Es decir, que hayan disparado de Santa María sin permiso del autor o de Dios que es Brausen (...). Mucha gente le dice: "¿Hace tiempo que no va a Santa María? Si va no la conoce. ¡Qué cambiado que está aquello!" Y cuando el tipo llega a Santa María se encuentra con que es un poblacho tropical... Porque no sé si tu te acordás que cuando la liquidación de "Juntacadáveres", las fuerzas vivas habían decidido hacer todo el trasbordo por medio de la ciudad de Colón. Desembarcar en Colón para boicotear a Santa María y que se cerrara el prostíbulo. Bueno, según parece, esto siguió; y después les convino económicamente, aumentaron la flota de camiones, los dueños eran los colonos, de modo que Santa María fue en decadencia absoluta, y cuando (Medina) llega se encuentra como si en Santa María hubiera pasado un terremoto y estuviera por allá por Ecuador, Paraguay o Bolivia.[72]

¿Es éste el escenario de la prometida resurrección de "Juntacadáveres"? Vaya Brausen a saberlo.

En lo personal, lector, preferiría el desenlace ígneo, típico de toda herejía. Simple y llana unidad de estilo.

Pero pongo punto final.

¿Importa a fin de cuentas que Onetti culmine (o no) el "novelón"? ¿Qué éste opte, ya por el fuego, ora por las cenizas de una decadencia tercermundista de Santa María?[73] No, por supuesto. No en lo substancial. Como no importa, substancialmente, el fracaso de la herejía, la venganza de los "sucesos" sobre los "sueños". Lo central, aquí, es lo elegido: A) todos arrastramos cadáveres de ilusiones asesinadas, sin derramamiento de sangre, en un paraje de los veintitantos años: la literatura es un retorno, una transgresión, un narcótico, el lienzo de Dorian Grey; B) la *Historia* es una tierra de nadie: el *Arte* la patria verdadera y solitaria. Lo elegido y consumado.

México, D. F. a 1o. de julio de 1979.
Septuagésimo aniversario del nacimiento de
Juan Carlos Onetti.

DE ÚLTIMA HORA:
VORAZ INCENDIO DESTRUYE SANTA MARÍA

Manos amigas, piadosas, me facilitan un ejemplar de *Dejemos hablar al viento,* la más reciente novela de Onetti, apenas unos días después de que aparece publicada en España (Bruguera, 1979, 253 páginas). Devoro, con el ánimo crítico suspenso, su familiar adjetivación, sus dos partes, sus cuarenta y un capítulos. ¿Revoca Onetti, ajeno, indiferente, mi interpretación? No. La saga sanmariana, máxima herejía, toca a su fin.

Razones de tiempo y de espacio me exoneran de un análisis prolijo. Limítome, pues, a subrayar los rasgos más acusados de *Dejemos hablar al viento* (novela que hace recordar, intensamente, la voluntad y la forma artísticas de *La vida breve*).

1. Se trata, en efecto, del "novelón" ya anticipado por Onetti. Personaje central: Medina. Escenarios: Buenos Aires (llamado, aquí, Lavanda) y Santa María. Sin permiso de Dios Brausen, "por una crisis de orgullo", Medina huye a Lavanda, donde, bajo el amparo de Frieda von Kleistein y el Dr. Quinteros, vive varias vidas breves (primera parte). Ya de regreso, reasume su cargo policial, se instala en un fracaso sin fisuras y promueve una empresa colectiva de la que hablaré más abajo (segunda parte).
2. Resucita, en efecto, E. Larsen, "Juntacadáveres", bajo el nombre de Carreño. Literalmente podrido —los gusanos le brotan de la nariz mientras habla— dirige, en Lavanda, por fin, un burdel perfecto.
3. Interviene, agente de Brausen, Juan Carlos Onetti.
4. Se transcriben fragmentos de páginas anteriores (*El pozo, La vida breve, El astillero*).
5. Desfilan los sanmarianos viejos —excepción hecha de Jorge Malabia, suplido, en cuanto símbolo de la adolescencia, por Julián Seoane— y en algunas partes de la ciudad se ven letreros con esta leyenda: ESCRITO POR BRAUSEN.
6. La decadencia social y económica de Santa María es patente. Figúrese el lector que el Hotel Plaza ya no es lo que era sino, ay, una modestísima vecindad.
7. Se incluye un texto anterior: *Justo el treinta y uno*; empero, se deja fuera un reciente texto malabiano: *Presencia.*
8. *El Colorado* le pone efectivamente fuego a Santa María, a los signos, a la escritura. Idea de Medina apoyada, con fuertes sumas de dinero, por los sanmarinos viejos ("obra de beneficencia" llama, a la empresa, Díaz Grey).
9. El incendio de la ciudad soñada por Brausen hace casi tres décadas, no empieza, sin embargo, como yo lo auguré, en la *Aduana,* sino en el barrio —casuchas, basura— de *Enduro*. Crepitar, "ruido

de grandes telas que sacudiera el viento". Gritería que llega "de la calle, del hotel, del techo y del cielo'.

10. Sobrevive (¿sobrevive?) efectivamente una pareja: Medina y Gurisa.

Onetti afirma estar trabajando en una nueva (postmariana) novela.

Diciembre 79.

APÉNDICES

A. NOTAS

[1] La intachable discreción (o inmaculado desdén) del uruguayo comprende obra y vida. Algo se dibuja, empero, de Onetti a través de sus conversaciones con Harss, Gilio, Ruffinelli, Castillo, Ángel María Gutiérrez, etcétera; y de las siguientes páginas autobiográficas: "Autorretrato", "Infancia" y "Credo" en *Onetti* (Marcha, 1973); y "Por culpa de Fantomas" (Cuadernos Hispanoamericanos, 1974).

[2] "Juan Carlos Onetti y una escenografía de obsesiones", en *Homenaje a Juan Carlos Onetti* (págs. 149 a 159).

[3] "Reportaje en dos tiempos al autor de *El astillero*", en *Personas y personajes* (págs. 189 a 205).

[4] Empresario, el más osado, de Santa María. Se apaga en medio de un fracaso habitado por la demencia. Para un retrato personal y familiar: págs. 962, 1062, 1063, 1121, 1127, 1132, 1133, 1134, 1135, 1178, 1179 y 1254 de la edición de Aguilar.

[5] "Novela primitiva y novela de creación en América Latina", en *La crítica de la novela iberoamericana contemporánea* (págs. 183 a 197). El elogio y descubrimiento de Onetti se lee a fojas 187 y 188.

[6] No me propongo rastrear las influencias gozadas o sufridas por Onetti: el ámbito de validez de mi lectura se ciñe al texto, a su autoelaboración y posible autodestrucción. Por otra parte, en sus contadas revelaciones, pero, sobre todo, en su "alacraneo literario", el autor nombra a sus maestros: Faulkner a la cabeza. Remito a la lectura de la compilación *Réquiem por Faulkner y otros artículos.*

[7] "La fortuna de Onetti", en *Homenaje a Juan Carlos Onetti* (pág. 80).

[8] "La literatura: ida y vuelta", en *Réquiem por Faulkner y otros artículos* (pág. 202).

[9] "Hacia Onetti", en *Homenaje a Juan Carlos Onetti* (pág. 285).

[10] Prólogo a *Obras completas de Onetti* (pág. 18).

[11] "El lector como protagonista de la novela", ensayo que epiloga la segunda edición de *Los adioses* (pág. 79).

[12] "Las fuentes de la nostalgia y de la angustia", en *Crisis,* Núm. 10 (pág. 50).

[13] *Nueva novela latinoamericana* 2 (pág. 366).

[14] "Onetti antes de Onetti", pág. XXIII.

[15] "Explicación de 'Periquito el Aguador' ", en *Réquiem por Faulkner y otros artículos* (pág. 15); y "Las fuentes de nostalgia y de la angustia" (pág. 51).

[16] La versión de Onetti se encuentra en la recién citada "Explicación de 'Periquito el Aguador' ".

[17] Acerca del Uruguay de la década de los 30's, remito a: "Origen de un novelista y de una generación literaria", ensayo de Ángel Rama que epiloga la segunda edición de *El Pozo; Uruguay, hoy,* en particular los trabajos de Carlos Real de Azúa y Martínez Moreno; *Los tupamaros en la década de los años setenta* de Ángel Gutiérrez, específicamente el capítulo "La historia"; y *Antolo-*

gía de Marcha. El 31 de marzo de 1933 marca un hito en la historia contemporánea del país: Terra golpea la democracia, asume ilegítimamente el poder.

[18] Escribe Hugo J. Verani en su ya citada "Contribución a la bibliografía de Juan Carlos Onetti": "Onetti, un escritor. 1973. Documental en colores, mediometraje de setenta minutos. Dirección de Julio Jaimes, reportaje de Julio Jaimes y Jorge Ruffinelli, cámara y fotografía de Félix Monti, sonido de Nerio Barberis, producción de Jaime Piqué". La revista *Crisis* transcribe el "reportaje" con el título "Las fuentes de la nostalgia y de la angustia".

[19] "Las fuentes...", pág. 52.

[20] Sobre *El Liberal*: págs. 681, 817, 1273, 1275, 1293 y 1365 de la edición de Aguilar.

[21] "Las fuentes...", pág. 50.

[22] "Origen de un novelista y de una generación literaria" (pág. 55).

[23] "Pero la gente del pueblo, la que es pueblo de manera legítima, los pobres, hijos de pobres, nietos de pobres, tienen siempre algo esencial incontaminado, algo hecho de pureza, infantil, candoroso, recio, leal, con lo que siempre es posible contar en las circunstancias graves de la vida" (OC: 70).

[24] Irreverentísima alusión a una gesta histórica del país, la de Lavieja y sus treinta y tres orientales recogiendo la bandera de Artigas.

[25] "Origen de un novelista...", pág. 60.

[26] F. Canaro-L. C. Amador. Voz: Carlos Gardel.

[27] "Semblanza de un genio rioplatense", en *Nueva novela latinoamericana* 2 (pág. 366).

[28] *Ibid.,* pág. 370.

[29] El jurado mexicano se integró con Alfonso Reyes, Genaro Fernández MacGregor, Julio Jiménez Rueda, Alfonso Teja Zabre y Octavio Barreda. El segundo lugar correspondió a Gregorio López y Fuentes; el tercero a José Mancisidor. Datos tomados de la octava edición de *Nayar* (Editorial Porrúa, "Sepan cuantos..." 1978).

[30] "Creación y muerte de Santa María", en *Réquiem por Faulkner...* (pág. 232).

[31] *Ibid.,* pág. 233.

[32] *Ibid.,* pág. 232 y 233.

[33] Pág. 189.

[34] "Onetti antes de Onetti", pág. XX.

[35] *Ibid.,* pág. XXI.

[36] *Ibid.,* pág. LIV.

[37] "Irse, Jason el vagabundo, sobre el camino público. Los maizales de oro, los arroyos veloces, los chiquillos sucios de las charcas, las tropas mugientes, la fruta robada en la noche, la sed satisfecha boca abajo, el sueño cubierto por las estrellas temblorosas, el despertar con el sol lamiéndole la cara. Todo eso era el camino ancho y sin vereda" (TDA[b]: 66).

[38] Benvenuto *et alia.* El trabajo de Rama lleva por título "La generación crítica".

[39] *Réquiem por Faulkner...*, pág. 10.

[40] El manuscrito de marras se intitula "Introducción a la Verdadera Historia de Primer Falansterio Sanmariano". Sobre el falansterio: págs. 848, 882, 884, 885, 886, 887 y 1416 de la edición de Aguilar.

[41] VVAL-8/LD 33[1]/3, UNAM, 1967. Presentación de José Emilio Pacheco.

[42] "Por culpa de Fantomas", págs. 226 y 228 (respectivamente). Entre los modelos del personaje reseñados por Onetti falta, quizá, uno: Wolf Larsen, el temible capitán de *El lobo de mar* de Jack London, novelista amado y plagiado por Víctor Suaid y (sin duda) Eladio Linacero.

[43] "Creación y muerte de Santa María", pág. 222.

[44] "Estaba escribiendo una novela llamada *Juntacadáveres,* y repentinamente, caminando por un pasillo de la casa de apartamentos donde yo vivía, se me apareció, irresistible, el final de mi personaje llamado Larsen. Fue así que mi novela

El astillero se introdujo como una cuña en *Juntacadáveres,* y no pude seguir escribiendo esta novela hasta no liquidar la primera" (Onetti). "Por culpa de Fantomas", pág. 226.

[45] Benedetti denomina, con razón, a uno de tales anónimos, "obrita maestra de la ponzoña"; reza: "Tu novio, Juan Carlos Pintos, estuvo el sábado de noche en la casa de la costa. Impuro y muy posiblemente ya enfermo fue a visitarte el domingo, almorzó en tu casa y te llevó a ti y a tu madre al cine. ¿Te habrá besado? ¿Habrá tocado la mano de tu madre, el pan de tu mesa? Tendrás hijos raquíticos, ciegos y cubiertos de llagas y tú misma no podrás escapar al contagio de esas horribles enfermedades. Pero otras desgracias, mucho antes, afligirán a los tuyos, inocentes de culpa. Piensa en esto y busca la inspiración salvadora en la oración" (OC:876, 877).

[46] Págs. 787 a 789, 794, 818, 822 y 823, 831 a 837, 864, 876, 877, 906 a 908, 950, 952, 961, 968, y 971 a 973 de la edición de Aguilar.

[47] *Ibid.,* págs. 971, 972.

[48] *El astillero* (OC:1050).

[49] "*El astillero*: una historia invernal", en *Cuadernos Hispanoamericanos* 292/294 (pág. 550).

[50] "En el hueco voraz de Onetti", *Ibid.,* pág. 544.

[51] El episodio lo narra Díaz Grey. *El astillero* (OC:1135).

[52] "Juan Carlos Onetti, o las sombras en la pared", pág. 225.

[53] Prólogo a *Obras completas,* págs. 14 a 16.

[54] *Crisis* Núm. 10, pág. 53.

[55] "Juan Carlos Onetti, o las sombras en la pared", pág. 225.

[56] *Crisis* Núm. 10, pág. 50.

[57] La isla cuenta con una solitaria construcción: el *Palacio de Latorre,* muestra de la arquitectura decimonónica de Santa María. Declarado monumento, se encarga su custodia a un exabogado: Aránzuru. *El astillero* (OC:1135).

[58] *Crisis* Núm. 10, pág. 52.

[59] "Por culpa de Fantomas", pág. 224.

[60] Para un retrato teológico y escatológico de Díaz Grey: págs. 442, 443, 446, 689, 695, 808, 840, 1110, 1113, 1137, 1237, 1248, 1253, 1265, 1268, 1422 de la edición de Aguilar.

[61] *La vida breve* (OC: 607, 608, 616).

[62] *La muerte y la niña,* pág. 23.

[63] El caballo: "sorprendido cuando despegaba las patas para lanzarse a la carrera, con su cola ondulante, con su tonalidad de pasto en otoño"; el jinete: poncho norteño, botas españolas, chaqueta militar, perfil semita, cabeza sardónica y ojijunta (OC: 1177).

[64] *Crisis* Núm. 10, pág. 52.

[65] "Creación y muerte de Santa María", págs. 226 y 227.

[66] "Por culpa de Fantomas", págs. 225 y 226.

[67] *Réquiem por Faulkner...,* pág.. 189.

[68] "El lector como protagonista de la novela", pág. 85.

[69] Para un retrato personal y familiar de Jorge Malabia: págs. 689, 693, 797, 913, 925, 989, 990, 992, 994, 995, 996, 998, 999, 1000, 1005, 1014, 1023, 1024, 1037, 1042, 1043 y 1049 de *Obras completas*; y págs. 53 a 59, 67, 68, 70, 71, 75, 111, 119 y 131 de *La muerte y la niña.*

[70] Véase "Fundación (y tres postales) de Santa María", en *Los Universitarios,* números 68-69 (marzo) y 70-71 (abril), 1976.

[71] "La fortuna de Onetti", en *Recopilación de textos sobre Juan Carlos Onetti* (págs. 92, 93).

[72] "Creación y muerte de Santa María", págs. 230, 231.

[73] Imágenes de la miseria Lumpen ya iniciada en *Enduro,* el barrio proletario de Santa María, y *El Chamamé,* antro de *Puerto Astillero.*

B. BIBLIOGRAFÍA

AINSA, Fernando: *Las trampas de Onetti*. Montevideo, Alfa, 1970, 194 páginas.

ALEGRÍA, Fernando: *La novela hispanoamericana. Siglo* XX. Buenos Aires, Centro Editor de América Latina, 1967, 62 páginas.

BENEDETTI, Mario: "Juan Carlos Onetti y la aventura del hombre", en *Recopilación de textos sobre Juan Carlos Onetti*. La Habana, Casa de las Américas, 1969.

CONCHA, Jaime: "El astillero: una historia invernal", en *Cuadernos Hispanoamericanos*. Núms. 292-294. Madrid, Instituto de Cultura Hispánica, 1974.

CURIEL, Fernando: "Fundación (y tres postales) de Santa María", en *Los Universitarios*, México, UNAM, Núms. 68-69 (marzo) y 70-71 (abril), 1976.

——— "Juan Carlos Onetti: el orden imaginario", en *Revista de la Universidad*, volumen XXX. Núm. 7, marzo de 1976.

DELEUZE, Gilles: *Proust y los signos*. Barcelona, Anagrama, 1972, 185 páginas.

GILIO, María Esther: *Personas y personajes*. Buenos Aires, La Flor, 1974, 205 páginas.

GUTIÉRREZ, Ángel: *Los tupamaros en la década de los años sesenta*. México, Extemporáneos, 1978, 191 páginas.

GUTIÉRREZ, Carlos María: "Onetti en el tiempo del cometa", en *Réquiem por Faulkner y otros artículos*. Montevideo, Arca, 1976.

HARSS, Luis: *Los nuestros*. Buenos Aires, Sudamericana, 1966, 461 páginas.

LATCHAM, Ricardo: "Una tumba sin nombre" en *Recopilación de textos sobre Juan Carlos Onetti*. La Habana, Casa de las Américas, 1969.

LOVELUCK, Juan: "Crisis y renovación en la novela de Hispanoamérica en *Coloquio sobre la novela hispanoamericana.* México, F. C. E., 1967, 149 páginas.

LUCHTING, Wolfgang: "El lector como protagonista de la novela", en *Los adioses.* Montevideo, Arca, 1966.

MAGGI, Carlos: "Onetti: una rebelión sin rebelión", en *Recopilación de textos sobre Juan Carlos Onetti.* La Habana, Casa de las Américas, 1969.

ONETTI, Juan Carlos: *Obras completas.* México, Aguilar, 1970, 1431 páginas; prólogo de Emir Rodríguez Monegal.

——— *Réquiem por Faulkner y otros artículos.* Buenos Aires, Arca, 1976, 235 páginas; edición y prólogo de Jorge Ruffinelli.

——— *El pozo.* Montevideo, Arca, 1965, 107 páginas, seguido de "Origen de un novelista y de una generación literaria" por Ángel Rama.

——— *Los adioses.* Montevideo, Arca, 1966, 90 páginas; seguido de "El lector como protagonista de la novela" por Wolfgang A. Luchting.

——— *Tiempo de abrazar.* Barcelona, Bruguera, 1978, 282 páginas.

——— *Para esta noche.* Montevideo, Arca, 1967, 189 páginas.

——— *Cuentos completos.* Buenos Aires, Corregidor, 1976, 384 páginas; edición y prólogo de Jorge Ruffinelli.

——— *Cuentos completos.* Buenos Aires, Centro Editor de América Latina, 1967, 224 páginas.

——— "Por culpa de Fantomas", en *Cuadernos Hispanoamericanos,* Núm. 284, Madrid: Instituto de Cultura Hispánica, 1974.

——— "Páginas de Onetti", en *Cuadernos Hispanoamericanos.* Núms. 292-294. Madrid, Instituto de Cultura Hispánica, 1974.

——— "Semblanza de un genio rioplatense", en *Nueva novela latinoamericana 2.* Buenos Aires, Paidós, 1972, 388 páginas; compilación de J. Lafforgue).

——— *El astillero.* Buenos Aires, Compañía General Fabril Editora, 1961, 218 páginas.

——— *La muerte y la niña.* Buenos Aires, Corregidor, 1973, 134 páginas.

——— *Tiempo de abrazar y los cuentos de 1933 a 1950.* Montevideo, Arca, 1974; precedido de "Onetti antes de Onetti" por Jorge Ruffinelli.

——— "Las fuentes de la nostalgia y de la angustia", en *Revista Crisis,* Núm. 10, Buenos Aires, 1974.

RAMA, Ángel: "La generación crítica", en *Uruguay, hoy.* Buenos Aires, Siglo XXI, 1969.

——— "Origen de una novelista de una generación literaria", en *El pozo.* Montevideo, Arca, 1965.

RODRÍGUEZ Monegal, Emir: "La fortuna de Onetti", en *Homenaje a Juan Carlos Onetti*. Long Island City, Anaya-Las Américas, 1974.

RUFFINELLI, Jorge: "Onetti antes de Onetti, en *Tiempo de abrazar y los cuentos de 1933 a 1959*. Montevideo, Arca, 1974.

——— "Creación y muerte de Santa María", en *Réquiem por Faulkner y otros artículos*. Buenos Aires, Arca, 1976.

VISCA, Arturo Sergio: "Trayectoria narrativa de Onetti", en *Recopilación de textos sobre Juan Carlos Onetti*. La Habana, Casa de las Américas, 1969.

YURKIEVICH, Saúl: "En el hueco voraz de Onetti", en *Cuadernos Hispanoamericanos*, Núms. 292-294. Madrid, Instituto de Cultura Hispánica, 1974.

VARIOS: *Recopilación de textos sobre Juan Carlos Onetti*. La Habana, Casa de las Américas, 1969, 197 páginas; selección y nota introductoria de Reinaldo García Ramos.

América Latina en su literatura. México, Siglo XXI, 1978, 494 páginas; coordinación e introducción de César Fernández Moreno.

Homenaje a Juan Carlos Onetti. Long Island City, Anaya-Las Américas, 1974, 292 páginas; editor Helmy F. Giacoman.

La crítica de la novela iberoamericana. México, UNAM, 1973, 234 páginas; presentación, selección y bibliografía de Aurora M. Ocampo.

Nueva novela latinoamericana 1. Buenos Aires, Paidós, 1969, 309 páginas; compilación de Jorge Lafforgue.

Nueva novela latinoamericana 2. Buenos Aires, Paidós, 1972, 388 páginas; compilación de Jorge Lafforgue.

Antología de Marcha. 1939. Montevideo, Biblioteca de Marcha, 1974; selección y prólogo de Hugo Alfaro.

Cuadernos Hispanoamericanos 284. Madrid, Instituto de Cultura Hispánica, 1974, 206 páginas.

Cuadernos Hispanoamericanos. Núms. 292-294, Madrid, Instituto de Cultura Hispánica, 1974, 750 páginas.

Teoría de la literatura de los formalistas rusos. México, Siglo XXI, 1978, 235 páginas; antología y presentación de Tzvetan Teodorov.

Coloquio sobre la novela hispanoamericana. México, F. C. E., 1967, 149 páginas.

Uruguay, hoy. Buenos Aires, Siglo XXI, 1969, 455 páginas.

Siendo director general de Publicaciones José Dávalos, se terminó la impresión de *Onetti: obra y calculado infortunio* en Imprenta Madero, S. A., Avena 102, México 13, D. F. el día 30 de abril de 1980. Su composición se hizo en tipos 10/12, 10/10 y 8/9. La edición consta de 2 000 ejemplares.